衍续与嬗代

中国传统价值观漫论

施正康　陈达凯　著

上海书店出版社
SHANGHAI BOOKSTORE PUBLISHING HOUSE

序

《衍续与嬗代：中国传统价值观漫论》出版于2000年，相隔二十年之后能够重版，说明了这本书的关注之所在，仍然是今天中国社会的关注之所在。

中国人的传统价值观是在数千年历史里累计和升华的，又是在前人昭示后人和后人承接前人中延续和贯连的。由此形成的古老而常新，既是一个漫长的过程，也是一个具体的过程。对于个体而言，价值提供了人生意义之所在，有此意义，而后知所取舍，知所选择，知所向往，知所守定。取舍、选择、向往，守定汇合而成的，便是人在世间的安身立命之地。孟子说："先立乎其大者，则其小者不能夺也"，他所说的"大者"，显然正是人生意义给予的立命之地。对于群体而言，则价值以是非之分和善恶之分为人世立义理，使人既在社会之中，无分贵贱，无分贫贱，无分贫富，无分长幼，都共知什么是对的，什么是错的；什么人是好人，什么人是坏人；什么事情可以做，什么事情不可以做，而后以此自处，以此处人，便构成了一种以共有的价值相维系，而能够安己安人的稳定关系。因此，儒学以"圣人之治天下，亦安天下而已"为理想，明白地陈说了历史中国的社会秩序与伦理秩序之重合和同一。由于社会秩序与伦理秩序相重合和同一，则天理、国法、人情已在中国人的价值观念串结之下汇为一体，于是两千多年来，治理便是教化，教化便是裁判。严复说"不见夫畏怖清议者乎？刑章国宪，未必惧也，而斤斤然以乡里月旦为怀。美恶毁誉，至无定也，而礼俗既成之后，则通国不敢畔其范围。人宁守饥寒之苦，不忍舍生，而愧情中兴，则计短者至于自杀"。他用"礼俗既成"说明了共奉的价值之化为共奉的准则，而持此以评判人与事，其所可和其所否便成了一种社会裁判。比之"刑章"所体现的国家裁判，社会裁判无疑更富笼罩力，并因之而更加无所逃于天地之间。所以两千多年中国礼法并用，而礼之位尤在法之上。

自 19 世纪末进化论以"天演"之名传入中国，又被当时的中国人简约化为"物竞天择，适者生存"和"物竞天择，优胜劣败"，而后是一世之优与劣皆以强弱相分，以利害相分，旧日由是非善恶之辨筑为根基的伦理秩序便身当其冲而成了先被质疑的东西。这个过程由梁启超发其端绪，以新道德、旧道德、公德、私德为断断之辨，之后继起的还有"社会道德、国家道德种种新名词"，遂使原来熟知的道德悬空升为一片人不能识的迷雾。林语堂曾引西国寓言说：百足本以其众多的脚而行走自如，一日与螳螂讨论哪一只脚应该先走，哪一只脚应该后走，结果是第二天已不会走路了。对比当日多见的"未见其公德之有可表见，而私德则早已蔑弃矣"，则新道德、旧道德、公德、私德之类亦犹是也。所以同是梁启超，在阅历既多之后又说：

吾昔以为中国之旧道德恐不足以范围今后中国之人心，而渴望发明一种新道德以补助之，由今以思，此直理想之

2

言，而绝非今日可以见诸实际着也。何也，道德者行也，而非言也。苟欲言道德也，则其本原出于良心之上之自由，无古无今无中无外无不同一，是无有新旧之可言。

道德延续于历史变迁之中，因此道德不会没有变化。然而道德延续于历史变迁之中，又说明道德的变化是出自内生，从而前后承接的。梁启超的困而知返，是一种认识的深化。而"道德者行也，而非言也"，则尤其正确地说明了道德的传承只能实现于具体过程之中。同一个道理，潘光旦说："人的本性中最可鼓励我们的一点是他在好的榜样面前，能够受到感动。"并说这种好榜样的由来，一是"过去的贤人哲士"，二是"在权位而从政的人"，三是"师道"之所在。与这种榜样之所在的感动和被感动相连的，便是种种人的具体性和事的具体性。以此为尺度，则《衍续与嬗代》一书之自有价值而可读可想，正在它叙述了历史留给我们的传统价值观，在两千年传承过程中的人情、物理、故事，而后昔日的具体性能够催化出后来的具体性。

本书由施正康教授和陈达凯教授合作。达凯是我多年的朋友，虽平日见面不多，然淡水之交，贵相知耳。他以此为题目与正康教授合作撰述，应当寄托着自身的深思和关怀。就此而言，这也是一种延续和承接。

杨国强

3

目录

治 与 乱

尾　　语

再版后记

引　言

十几年前，我们就对中国传统价值观念的研究产生兴趣。这是一个非常值得思索也非常需要认真思索的课题。但是，在多次涌起的"文化热"、"经济热"中，它或是被忽略，或是被淡化，较少有踏踏实实的成果。造成这种现象的原因之一，很可能是这一研究本身的难度——史海茫茫，前辈的研究成果大多聚集在政治史、军事史、经济史、文化史等领域，对于隐埋于其结构深层的价值观念体系的研究却少有人问津。不以特定的视角去重新梳理历史，大概无法全面把握中国传统价值观念的内涵，至于分析、批判和继承，那就更无从谈起了。

中华民族历来重视价值判断。价值观念对社会各阶层的思想和行为有极大的影响和制约作用。风俗、习惯、舆论、法令，甚至家规、乡约都在不断地以各种方式维护和强化这些观念。而以儒家思想为主流意识的中国知识精英更是殚思竭虑，揆情度理，将其中有利于统治的内容哲理化，提高到理论层面。共同的价值观念是维系一个社会、一个国家、一个民族不可或缺的东西。但是，价值观念的过于划一和僵化不变，则会变成思想精神的枷锁。千百年来，过于划一的价值观念恰如一串强人就范的先验逻辑锁链，将中国人禁锢在难以逾越的雷池之中。于是，咱们的老百姓大多变成不争不怒的顺民；出类拔萃、暴富冒尖者成为众矢之的；矫情伪饰、弄虚作假蔓延成社会的通病；知识精英们既为强烈的"经国济民"使命感所驱动和折磨，又不得不在脱离现实的道德章句中寻求精神寄托，耗磨人生。

毋庸置疑，传统价值观念体系对中国古代文明的辉煌成就有过积极的作用，但是它又使我们的祖先在强盛时故步自封、裹足不前，毫无顾惜地宣泄自己的余能；在衰弱时死抱古训，追忆陈迹，依然夜郎自大，不思改过。整个社会平稳而无生气，和睦而无力量，僵化而仍具弹性，虽然屡经大的动荡和大的破坏，各方面的变化却微乎其微。在千百年的进程中，传统社会却如时针的走动，完成了"零"的路程。

迈入新世纪的中国正以亘古未有的崭新面貌自立于世界民族之林。几千年的文化传统如何在新的世界格局中衍续？几千年的价值观念积淀如何在新旧制度交替中嬗代？这无疑是一个有历史重负的民族在继续前进、持续发展中必须直面正视并认真思考的问题。本书将从虚与实、公与私、治与乱、生与死这四对中国人生活中历来占重要地位的价值范畴入手，探讨它们的根源、沿革、表现、后果及影响，以期对中国社会深层次的这些命题作出回答。

价值观念的研究虽然是一个新的领域，而我们仍然采用了非常传统的学术研究方法。本书多方采撷史料，不烦引经据典。这样做的目的，一方面是传统的题目用传统的方法研究更为和谐，另一方面是希望将这个题目做得严谨踏实，使我们的论证更贴肉切骨。因为做这种题目是很容易滑进空泛虚张的浆糊洞里的——而尊重史实，重视原始资料，正是避免"失足"的警戒。

就本意而言，我们引证资料力求做到认真筛选，使它们容易读懂或稍做解释引导便能读懂，其中一些还是较少为人注意的很有意思的史料，读这些史料本身就是一种文化享受。在此基础之上，希望我们的阐述、分析和评论，能够起到帮助读者沿着这些史实铺筑的隧道，去理解那古代文明深层的精神基础的路标作用。

虚与实

在中国创世纪神话传说中，天地本来混沌如一枚鸡子，后来被盘古刀凿斧劈，一分为二，清的上升为天，浊的下降为地。天虚是阳，地实是阴。华夏文明虽然扎扎实实诞生在这看得见摸得着的黄土地上，但是，我们的祖先对虚幻无际的苍天却怀有更大的敬意。天命、天意、天性、天道、天理……这些概念除了各自的特殊性涵义略有差别之外，其共同涵义则都是指宇宙万物的本原、根据和普遍法则。由是，"天"成为精神世界的代表。人心向善，体现了天的阳，也就是对精神世界的追求；人情趋贪，体现了阴，也就是对物质世界的追求。对精神世界的追求，讲仁议义，自然都是务虚；对物质世界的追求，讲富讲利，捞的便是实惠。将虚与实放在中国人的价值天平两端，向上翘起的该是哪一头？

聒噪千年的义利之争

两千多年前的孔老夫子"罕言利"，因为，"见小利，则大事不成"[1]，又讲过"君子喻于义，小人喻于利"。[2]由于留下了这句

---

① 《论语·子路》。
② 《论语·里仁》。

千古名言，儒学后人便对义利之辨十分用心。孟子步其后尘，青出于蓝而胜于蓝，在义利问题上走了个极端。梁惠王高高兴兴地迎接他，问他"不远千里而来，亦将有以利吾国乎?"他却对这种满腔希望兜头一盆冷水："王何必曰利，亦有仁义而已矣"；"王曰何以利吾国，大夫曰何以利吾家，士庶人曰何以利吾身，上下交征利，而国危矣。"①汉代董仲舒给江都王编了个故事，说鲁国国君问柳下惠能不能出兵伐齐，柳下惠回去后面有忧色。他倒不是为国君想打仗而发愁，而是以为"吾闻伐国不问仁人，此言何为至于我哉!"原来伤心是为了人家没有将他视为仁人，而只是问他打仗争利的事，真是太委屈人了! 董仲舒对此却大加赞赏，并由此阐发自己的观点："夫仁人者，正其谊（义）不谋其利，明其道不计其功。"②儒家正统的义利观念由是建树起来。儒家对"义利之辨"的关注，朱熹的"义利之说，乃儒者第一"可以算是最能说明问题的了。

和儒家"贵义贱利"的道义论最对立的是法家"唯利无义"的行为功利主义了。商鞅、韩非从不讳言利。韩非认为："夫言行者，以功用为之彀者也。"彀，张满弓弩，意为言行都应以功用为目的，求利是人们一切活动的原始动力，③只有公开它，认识它，利用它，才能治理好国家。他说父母"产男则相贺，产女则

---

① 《孟子·梁惠王上》。
② 《汉书·董仲舒传》。
③ 《韩非子·问辩》。

杀之"，是因为"虑其后便，计之长利也"。①造车人希望别人富贵，制棺材者希望别人短寿，并不是前者心好，后者心恶，而是"人不贵则舆不售，人不死则棺材不买，情非憎人也，利在人之死也"。②君臣之间也是一种犹如买卖的利害关系，"臣尽死力以与君市，君重爵禄以与臣市"③；"明主知之，故设利害之道以示天下而已矣。"④多么犀利的目光和何等深刻的分析！在这里，只有功利的目的是至高的，一切道德规则的约束都必须服从这一目的；时间、地点、条件都可以变化，但行动准则只能是唯"利"。秦始皇从中大受教益，施诸实践，很快吞灭六国，建立起统一的王朝。赤裸裸地讲利，虽然功效显著，但随之而来的是不同利益者的矛盾也日渐公开和激化。对此，法家的武器只有刑杀，结果如火上浇油，焚毁了帝国，也宣告了法家的义利观的失败。

"义利并重"的墨家义利观介于儒、法义利观之间，这种义利观带有显明的规则功利主义的特征。墨家也尚利："若事上利天，中利鬼，下利人，三利而无所不利，是谓天德。故凡从事此者，圣知也，仁义也，惠忠也，慈孝也。是故聚敛天下之善名而加之。"⑤因此，要旨是"利人乎即为，不利人乎即止"。⑥但是又不是见利忘

---

① 《韩非子·六反》。
② 《韩非子·备内》。
③ 《韩非子·难一》。
④ 《韩非子·奸劫弑臣》。
⑤ 《墨子·天志下》。
⑥ 《墨子·非乐上》。

义，尚利的同时也应该重义，因为"万事莫贵于义"；① "知者之为天下度也，必须虑其义，而后为之行。是以劲则不疑，远迩咸得其所欲，而顺天鬼百姓之利。"②所以，在后期墨家那里，这两个看来似乎势同水火的范畴被统一得毫不含糊："义，利也。"③在这种义利观看来，功利的目的是重要的，但它的实现却必须顺义，必须遵循道德规则的约束；考虑利和义，虽有前后之序，却无轻重之畸，以至还会有"必去喜、去怒、去乐、去愁、去爱、去恶，而用仁义"④这种以义抑利（情欲）的态度。

先秦的各种义利观虽然如针尖麦芒，针锋相对，但各言各说，自立门户，倒也相安无事。真正当面交锋的义利之争始于汉昭帝始元六年（前81年）的盐铁会议。从各郡国赶来的儒生代表——贤良文学们坚持孔孟重义轻利的传统，他们说："窃闻治人之道，防淫佚之原，广道德之端，抑末利而开仁义，毋示以利，然后教化可兴，而风俗可移也。""夫导民以德，则民归厚；示民以利，则民俗薄。俗薄则背义而趋利……是以王者崇本退末，以礼义防民，欲实菽粟货财。"⑤言者皆请罢盐、铁、酒酤、均输官。与之辩难的御史大夫桑弘羊则公开鄙视儒家的仁义之说，他说："言之非难，行之为难。故贤者处实而效功，亦非徒

① 《墨子·贵义》。
② 《墨子·非攻下》。
③ 《墨经·上》。
④ 《墨子·贵义》。
⑤ 《盐铁论·本议》。

陈空文而已。"他认为应该像商鞅那样"举而有利，动而有功"，一举一动都以功利为目标，才能真正对国家对人民有益，使自己"功如丘山，名传后世"。①对于那些耻言财利高唱仁义的儒生，他的讥笑不能说不尖刻："文学能言而不能行，居下而讪上，处贫而非富，大言而不从，高厉而行卑，诽誉訾议以要名采善于当世。"②把儒生沽名钓誉的伪善面目揭露无遗。然而汉代毕竟不像秦代，汉武帝尚且是"内多欲而外仁义"，与霍光、金日磾、上官桀同受顾命的桑弘羊也不敢毫无顾忌地打出重利的旗帜，在辩论中，他就一再宣称自己施行的政策"非开利孔为民罪梯者"，"非有司欲成利"，在气势上已输了半局。③

汉以后，随着儒学独尊地位的逐步确立，重义轻利的价值观念也日益稳固。到宋代，"儒者之论鲜不贵义而贱利，其言非道德教化则不出诸口矣"。④用义利来评判人的活动成为普遍通行的原则。程颢说："大凡出义则入利，出利则入义，天下之事，惟义利而已。"⑤把世界上的事情这样绝对地划分成非此即彼，非彼即此的对立的两种，看起来好像出自大程先生这种"书笃头"的书生意气，其实正反映了当时社会的价值评判尺度。划入"义"范围内的事当然会受到社会的赞许和鼓励，划入"利"范围内的

①　《盐铁论·非鞅》。
②　《盐铁论·地广》。
③　《盐铁论·本议》；《盐铁论·利议》。
④　《直讲李先生文集·富国策》。
⑤　《河南程氏遗书》，卷十一。

事理所当然就要遭到社会的谴责和制止。

南宋时，朱熹和陈亮进行的一场王霸义利之辩把这一争论又推向一个新的高潮。双方争论的内容已不再仅仅局限于重义还是重利，而是涉及更为广泛的历史问题和社会问题。陈亮认为历史上能作出功绩的杰出人物都是有德有义的，他们的活动符合天意。例如唐太宗政绩卓著，使唐王朝国运长久，他的动机与行为就无可指责；即使是弑兄杀弟逼父一事，也是顺天为民之举。陈亮说："天未尝不假手于人，是以太宗抽矢喋血，忍于同气，犯天下不义之名而不恤，彼其心以为是天实为之，而非吾过也。天人之厌乱极矣，岂其使建成、元吉得稔其恶以自肆于民上哉！"①但是朱熹的看法就全然不同，他不同意把功绩作为衡量、区分义利的砝码，因为人世间靠欺罔成功的例子太多了。对唐太宗的所作所为，朱熹说："太宗之心吾恐其无一念不出于人欲也，直以其能假仁借义以行其私，而当时与之争者，才能智术既出其下，又不知有仁义之可饬，是以彼善于此，而得以成功耳。"②公正地说，对于唐太宗的分析，朱熹要比陈亮高明得多。但是他们两人对古人的评论是为了阐发自己的义利观。陈亮意把一切有功利，对国家对人民有实际好处的事都划入"义"的范围，使传统儒学功利化；朱熹则坚持排斥功利，以动机是出于天理还是出于人欲作为"义"、"利"的界限，他认为，如果把汉唐时偶然出现的成

---

① 《龙川文集·问答二》。
② 《晦庵集·答陈同甫书》。

功和尧舜、三代同日而语，必将"使义利之别不明，舜蹠之涂不判，眩流流之观听，坏学者之心术"。①

朱陈之间的义利之争虽然使陈亮的功利主义为人们所重视，但实际后果却是朱熹反功利主义的胜利。陈亮感叹当时的社会风气："为士者耻言文章行义，而曰尽心知性；居官者耻言政事书判，而曰学道爱人。相蒙相欺，以尽废天下之实，则亦终于百事不理而已。"②而此后儒生空谈性理轻视实务之风更重。这种风气不但在士林弥漫（可以说南宋以名空谈务虚之风的回潮，朱熹之过大矣！）而且扩及整个社会统治阶层。顾炎武总结明朝灭亡的教训，以为尚空谈轻务实也是祸源之一。他说："孰知今日的清谈，有甚于前代者？昔之清谈谈老庄，今之清谈谈孔孟。未得其精而已遗其粗，未究其本而先辞其末。不习六艺之文，不考百王之典，不宗当代之务，举夫子论学论政之大端一切不问，而曰一贯，曰无言。以明心见性之空言，代修己治人之实学。股肱惰而万事荒，爪牙亡而四国乱，神州荡覆，宗社丘墟。"③

国家、民族的深切痛苦警醒了知识阶层，他们要抛弃宋明理学的空谈，转入经世致用的实途，然而，清初接连而起的文字狱，用血淋淋的屠刀挡住了这一转向。不甘心屈服的遁入考证学，而大部分人则沿着统治者指定的方向，重新捡起程朱理学，

---

① 《晦庵集·答陈同甫书》。
② 《龙川文集·送吴允成运幹序》。
③ 《日知录·夫子言性与天道》。

脱离实际，崇尚"心性迂谈"的风气比之明末有过之而无不及，反功利主义在清廷中有更大的市场。甚至在鸦片战争后，国家、民族再次面临严重危机的时候，朝野舆论仍为反功利派所左右。

在清末的戊戌变法中，各色人物纷纷登场亮相，一显身手，其中最让人迷惑不解的要数翁同龢了。这位笃信理学的帝师，满脑子陈腐不堪的保守观念。他极端反对引进西方先进工业技术，对"火轮驰骛于昆明，铁轨纵横于西苑，电灯照耀于禁林"忧心忡忡，对求富求强的洋务活动深恶痛绝，百般阻挠李鸿章、张之洞要求修筑铁路的建议。但是，也正是同一个翁同龢，居然向光绪皇帝大力推荐了冯桂芬的改革开放味十足的《校邠庐抗议》和雄心勃勃的激进改革家康有为，最终以这场改革运动的最重要的支持者而载入史册。对于这些相互矛盾的思想和举动，史学家或以为他为增强帝党力量走过了头，或断定他在维新思潮影响下改变了立场。其实并非如此，因为翁同龢貌似反常的所有举动实际上都符合他内心恪守的义利价值标准。他在三十二岁时的一篇日记中曾写道："欲立一誓，从心体上著力，凡富贵利达之念，扫除净尽，然后能住得事，然后能见得理，勖之哉！"①

可见那时的他早已是一个坚定的反功利主义者了。后来入宫当了皇帝的师傅，更是经常向光绪讲论义利之别的意义，希望皇帝好义远利。他反对造铁路，因为他认为这些计划完全是为了求

_____

① 《翁文恭公日记》，卷二。

11

利，是鼠目寸光。他赞赏冯桂芬提出的"以中国之伦常名教为原本，辅以诸国富强之术"的主张，接受康有为保国、保教的改良宗旨，因为他认为这些都没有越出儒家重义的范围，符合他捍卫匡复道义的夙志。

在时代大变动的漩涡中，传统的义利观将一个守旧的官僚推到改革前沿，确实是个奇迹，但这也正是翁同龢与维新派貌合而神离的原因。聒噪千年的义利之争其实只是重复一个老问题，它只是不断提醒人们：传统的义利观念之争，是不可能争出具有革命性的新思想武器来的。

"义生利"和"德生功"

义利之争的焦点，表面上看好像是在要不要把义和利分开，但实际上，即使最坚决的反功利卫道士也知道，义和利在实际上是分不开的。中国的义利观念早在氏族社会后期已经萌生，传说中的三王五帝都是德行高超，能以仁义感化人民的圣贤。那时的社会充满了义，"大道之行也，天下为公，选贤与能，讲信修睦，故人不能独亲其亲，不独子其子，使老有所终，壮有所用，幼有所长，鳏、寡、孤、独、废疾者皆有所养"。[1]在这样的社会里，义和利是紧密结合在一起的。氏族部落的全体成员必须在义的旗

① 《礼记·礼运》。

帜下团结一致，依靠集体的力量战胜恶劣的自然环境和其他氏族部落的侵犯，获得各种维持生存的物质。离开了义，氏族集体就容易陷于衰弱和瓦解，就会丧失大量利益，最后甚至难以生存。

后来，氏族制度逐渐地走向瓦解。但是，中国并没有发展成一个可以允许个体独立生存的社会，义的作用不但没有消失，反而走向加强："礼义以为纪，以正君臣，以笃父子，以睦兄弟，以和夫妻，以设制度，以立田里。"①义成为符合社会礼制的行为规范，成了一切制度的基本准则，因此，它仍然具有极强的功利性。据《国语》、《左传》等书的记载，在当时社会里，诸如"义以生利"，"义以建利"，"义者，利之足也"，"德义，利之本也"，"废义则利不立"，"不义则利不阜"等等言论甚为流行。这说明，在春秋时期，义和利还没有完全对立，利要由义来保障，义要由利来体现。两者相辅相成，是谁也离不开谁的。

使义和利对立起来，大概要算是孔老夫子的功劳了。然而，孔子之所以能赋予义和利有两种对立的属性，并不是因为义已经成熟到可以离开利而独立存在，而是义已经把一部分它所必不可少的利融化在自己的范畴中，而把另一部分妨碍义的利排斥到自己的对立面。这种成熟是封建礼制发达的结果，它的特征是：凡是符合礼制的行为已足以保证统治者获得最大的长远的利；凡是不符合礼制的行为则必然危害统治者的长远利益，它所带来的利

---

① 《礼记·礼运》。

13

是私利，是小人之利。董仲舒曾说："及至周室之衰，其卿大夫缓于谊（义）而急于利，亡推让之风而有争田之讼"，周王朝的灭亡正在于义的沦丧。他告诫统治者："尔好谊则民乡（向）仁而俗善，尔好利则民好邪而内望也，近者视而放之，远者望而效之，岂可以居贤人之位而为庶人行哉。"①

对于义的这种变化，宋代大儒程颐有些领悟："君子未尝不欲利，然孟子言'何必曰利'者，盖只以利为心则有害，如'上下交征利而国危'便是有害。'未有仁而遗其亲'，'未有义而后其君'，不遗其亲，不后其君，便是利。仁义未尝不利。"②朱熹说得更明白："利是那义里面生出来底，凡事处制得合宜，利便随之，所以云'利者，义之和'，盖是义便兼得利。"③又说："'罕言利'者，盖凡做事，只循这道理做去，利自在其中矣……圣人岂不言利？"④利自在义中最能反映儒家义利观念的内在基础，如果义无利有害，谁还要它呢？问题其实只在于把利放在第一位还是把义放在第一位。把义置前，凡事先考虑义不义，有了义必然生出利，这种利是不求自得，不请自来，当然比那种孜孜求利最后反而落空要强得多了。

由于统治阶层的利己附在义中，所以重利轻义的重点实际上

---

① 《汉书·董仲舒传》。
② 《河南程氏遗书》，卷十九。
③ 《朱子语类》，卷六十八。
④ 《朱子语类》，卷三十六。

是要淡化人民的求利之心。中国历史上有许多理财家和改革家，他们受到后世文人的谴责和辱骂。他们的主要罪状倒并不是所实施的改革措施上的失误，而是认为他们开了社会上逐利之风气，败坏了人心。甚至连颇具功利主义色彩的南宋思想家陈亮也批评王安石的改革使"天下已纷然趋于功利而不可禁"。①这些理财家和改革家之所以被说成是败坏社会风气的祸首，原因在于他们总是先动员君主计较功利，使"上好利"。在道德家们看来，君主一好利，就失去了用以感化人民弃利从义的道德力量，社会非乱成一团不可。

重帝王的道德修养，迷信道德力量的可能，是义可以生利的一种转化。孟子说："以力服人者，非心服也，力不赡也；以德服人者，中心悦而诚服也。"②传说舜的时候，有苗族不服，禹要去讨伐，舜不同意，认为自己崇尚德化还不够，兴师动武不应该。于是修教三年，把兵器作舞具，以示偃武修文。结果，有苗臣服了。这个"舜舞干戚而有苗服"的故事，历来是被当作以德服人的典范的。汉宣帝时，呼韩邪单于率部内附。臣下乘机大献赞词："陛下圣德，充塞天地，兴被四表，匈奴单于向风慕义，举国同心，奉珍朝贺，自古未之有也。"③于是成了又一则以德服人的典范。相反，如果多灾多难，危机四起，那么，除了举办大型祭祀活动

① 《龙川文集·题跋》。
② 《孟子·公孙丑上》。
③ 《汉书·宣帝纪》。

15

希望感动天地之外，也只能在皇帝的德行上去找原因了。汉元帝时，自然灾害连年不断，皇帝下诏说："今朕恭承天地，托于公侯之上，明不能烛，德不能绥，灾异并臻，连年不息。"又说："朕战战栗栗，夙夜思过失，不敢荒宁。惟阴阳不调，未烛其咎。"消灾禳祸也自然要靠皇帝加紧自我修养，完善德性。并要求"公卿大夫其勉思天戒，慎身修永，以辅朕之不逮"。①有时候，皇帝觉得光是在口头上或是文字上检讨检讨自己还不足以息天之怒，便要请丞相代过。翟方进就是因灾异被汉成帝赐诏自尽的。

值得注意的是，王朝越是衰弱，政治越是黑暗，统治集团对道德所寄予的希望也就越大。每逢危难，皇帝总会先下个罪己诏，痛骂自己失德，并决心自新，要臣民替他分忧解难。北宋王朝在金兵压境时无计可出，徽宗皇帝想想自己所作所为，实在拿不出什么来取信臣民，竟抬出祖上功德来号召天下。他在罪己诏中说："追维前愆，悔之何及！思得奇策，庶解大纷。望四海勤王之师，宣二边御敌之略。永念累圣仁厚之德，涵养天下百年之余，岂无四方忠义之人，来徇国家一日之急。"②结果呢？还是不能挽回亡国被掳的命运。明末李自成大军向北京逼近，崇祯皇帝在穷途末路之际也祭起了"罪己诏"这个法宝，企图以"皆朕抚御失宜，诚感未孚"，"己实不德，人则何尤？"等空话挽救早已民心丧尽的王朝的灭亡命运。

---

① 《汉书·元帝纪》。
② 《宋史纪事本末》，卷五十六。

道德确实有它的感召力量，关于中国传统道德价值观念，我们暂且留在以后详说，这里只是先粗略地提一下由义生利而衍化出的德生功观念。一旦这种观念走向极端，过犹不及，道德的感召就会演示出人间一幕幕悲喜剧。

俗不可耐的铜臭

当我们发现重义轻利并不是不要利，而是以义生利时，中国社会中那种普遍地轻视财富，至少是表面上普遍地轻视财富的态度就不难理解了。东汉王充说："人之仕也，主贪禄也，礼义之言，为行道也。犹人之娶也，主为欲也，礼义之言，为供亲也。仕而直言食，娶可直言欲乎？"[①]在这个社会里，以礼义掩饰贪禄为欲是正常的、理所当然的事；不用礼义作掩饰，赤裸裸地追利求欲，反而会为千夫所指，为社会所不容。所以，王充又说："解情而无依违之意，不假义礼之名，是则俗人，非君子也。"[②]王充是个愤世嫉俗的学者，他用犀利的文笔揭露并讥讽社会上盛行的虚伪。不幸得很，在掩饰与虚伪已经被视为自然的社会里，这种揭露与讥讽充其量只是一闪即逝的火花，而与空气融为一气的虚伪竟延续了几千年，成为社会最基本的行为法则。

货币的使用在中国可追溯到三千几百年前的商朝，这是中华

---

① 《论衡·问孔》。
② 《论衡·问孔》。

文明悠久的象征之一。但是，钱在中国历来不曾有过好名声。汉代贡禹说："自五铢钱起以来七十余年，民坐盗铸钱被刑者众，富人积钱满室，犹亡厌足，民心动摇，商贾求利，东西南北各用智巧……贫民虽赐之田，犹贱卖以贾，穷则起为盗贼。何者？末利深而惑于钱也。是以奸邪不可禁，其原皆起于钱也。"[①]贡禹目睹钱对于社会的腐蚀力，因而进一步提出"疾其末者绝其本，宜罢采珠玉金银铸钱之官，亡复以为币"，主张取消货币。当然，他的这种建议过于脱离实际，是根本不可能实现的。

《管子·国蓄》记："三币，握之则非有补于暖也，食之则非有补于饱也。先王以守财物，以御民事，而平天下也。"当然这就被视为治国之宝。古代经济生活最重要的两项内容，一曰食，二曰货，货就是货币。有关经济的历史记录多以"食货"命名，也足以反映货币的重要性。正因为太重要了，罪尤弊端也都归结到它的头上。西晋有个叫鲁褒的隐士写了一篇脍炙人口的奇文《钱神论》。文中通过一个社会不齿的富贵公子之口，对钱的神威大吹大擂："钱之所在，危可使安，死可使活。钱之所长，贵可使贱，生可使杀。是故忿净辩讼，非钱不胜；孤弱幽滞，非钱不拔；怨仇嫌恨，非钱不解；令问笑谈，非钱不发"，"钱能转祸为福，因败为成，危者得安，死者得生。性命长短，相禄贵贱，皆在乎钱，天何与焉？天有所短，钱有所长，四时行焉，百物生

----

① 《汉书·贡禹传》。

焉，钱正如天；达穷开塞，振贫济乏，天不如钱。"钱比天还灵。又对当时社会上人人爱钱的现象作了淋漓尽致的描写："京邑衣冠，疲劳讲肆，厌闻清谈，对之睡寐，见我家兄（孔方兄，钱也）莫不惊视。钱之所祐，吉无不利，何必读书，然后富贵！""洛中朱衣，当途之士，爱我家兄，皆无已已。执我之手，抱我始终，不计优劣，不论年纪。宾客辐辏，门常如市。谚云：'钱无耳，可暗使'，岂虚也哉？又曰'有钱可使鬼'，而况于人乎？"

然而，正是在这个人人爱钱，个个为钱的年代里，对钱的公开蔑视也发展到了顶点。鲁褒是隐士，远离尘世名利场，他作《钱神论》不是为了歌颂金钱的万能，而是为宣泄自己对士人贪鄙的愤怒和对钱财的极度轻视。而世俗社会中，尽管到处离不开钱，也总有一些人要显示自己对钱的极端轻视。王衍的妻子郭氏与晋惠帝的皇后贾氏有亲戚关系，"藉宫中之势，刚愎贪戾，聚敛无厌"。对于妻子的贪鄙，王衍的厌恶达到极点。为了表示自己不同流合污，他说话从来不提"钱"字。郭氏想难难他，"令婢以钱绕床，使不得行。衍晨起见钱，谓婢曰：'举却阿堵物！'"[1]这是一个很有名的故事，把钱别称为"阿堵物"即源于此。王衍固然机警聪明得可以，但即使在那样的社会情势里，这种举动也不免使人觉得可笑。

口不言钱，不妨碍要钱用钱。外轻内重，这是中国人对钱财

---

[1] 《晋书·王衍传》。

最典型的态度。内心对钱财的热切往往能转化为外表极度的冷漠,这是何等了不起的理智行为!热切出于对钱财功用的现实态度,冷漠在于对钱财危害的警觉。文人士大夫对钱财的理性态度关系到他们的声誉。就是那些时时刻刻要和金钱打交道的下层市井工商,也多将此视为讳忌。生意场中为什么会有那么多的手势、暗示、省略语?就是因为在交易中既非讨价还价不可,又不愿意公开讲钱的缘故。久而久之成为通用的惯例。市语的发展也和此大有关系。元代陶宗仪在《辍耕录》中说:"乃今三百六十行,各有市语,不相通用,仓猝聆之,竟不知何等语。"有了旁人听不懂的市语,较之王衍用"阿堵物"来称钱更为方便,同行中人如果为钱发生争执,哪怕争得再凶也不用感到羞愧了。

钱是万能的,又是万恶的。许多事靠钱运动得以成功,而许多事又因和钱沾上边而遭社会菲薄。东汉崔烈出身世家,才高名重,很受时人推崇。后来"因傅母入钱五百万,得为司徒","于是声誉衰减"。崔烈自己也有所觉察,"久之不自安,从容问其子钧曰:'吾居三公,于议者何如?'钧曰:'大人少有英称,历位卿守,论者不谓不当为三公;而今登其位,天下失望。'烈曰:'何为然也?'钧曰:'论者嫌其铜臭。'"①崔烈官迷心窍,却被铜臭坏了名声,也算得上损失巨大了。当时买官鬻爵风行,但不少人知道铜臭沾不得,宁愿不当官也不买官。刘陶"徙为京兆尹,到职,当

---

① 《后汉书·崔寔传》。

出修官钱，直千万；陶既清贫，而耻以钱买职，称疾不听政"。①有的人甚至以自杀来抗议当政者的卖官政策，保全自己的清名。

对铜臭的回避甚至扩及一切与钱财有关的事务。中国历代不乏有才干有气魄的理财家，但没有一个能善始善终并得到后世公正的评价，原因就在于他们和钱财的关系太密太深。孔子的学生冉求为季康子理财，效益显著。孔子却公开声明："非吾徒也。小子鸣鼓而攻之，可也。"②学生沾了铜臭，哪怕有天大的成绩，老师也不认师徒关系了。南宋的叶适深明事理，他知道理财的重要，呼吁社会重视财计。但是，他却把历代著名的理财家从管仲、商鞅、桑弘羊、刘晏到王安石通通骂作聚敛的小人，并认为这是由于长期以来"君子避理财之名，小人执理财之权"而造成的。③然而，他可能没有进一步仔细想一想，君子为什么要避理财之名？原因在于即使是君子，一经手理财，沾上铜臭，就要被社会鄙夷，被后世斥为小人。社会的这种评价标准根深蒂固，即使如叶适这样讲求实际者也难以避免对前人的不公正评价，这也恰恰反映出在这种社会氛围中，囿于旧观念之深的必然。

理财会沾上铜臭，这会为自己带来耻辱。而反过来呢？陈平回答汉文帝说丞相不知天下钱谷出入之数是理所当然的，后世都认为他讲得得体，有丞相风度。不理财不知财计倒成为一种光

---

① 《后汉书·刘陶传》。
② 《论语·先进》。
③ 《水心文集·财计》。

荣！魏晋以后，居于高位的上层统治者更不屑顾及财政，甚至连一切日常政治、军事实务也委托下级处理。《梁书·何敬容传》说："魏正始及晋之中朝，时俗尚于玄虚，贵为放诞，尚书丞郎以上，领案文簿，不复经怀，皆成于令史。逮乎江左，此道弥扇。"何敬容因"独勤庶务，为世所嗤鄙"。世风如此，倒真有点像天方夜谭了。隋唐以后此风稍抑。及至明中叶，轻实事鄙理财之风复炽。袁世振愤于朝野对理财官员的偏见和不公平待遇，感慨地说："是何长民者之多贤，而司榷者之尽不肖耶！""乃今时士夫一当钱谷之司，歉然若有所浼，而待之者亦曰：'某为善士，勿以是累之。'夫钱谷果能累人哉？"①榷，指政府专卖行为，引申为政府财务；司榷者为财务官。当财务官经管钱谷之事本来没有什么不光彩，也不应受到歧视，但只要长期以来形成的旧观念不改，钱谷累人的局面就难以更改。鸦片战争以后，在近代文明的影响下，改良思潮在国内兴起，兴利除害、求富求强的活动多起来，但"拘迂之士，动谓朝廷宜闭言利之门，而不尚理财之说"。②可见观念的改新殊非易事，这方面的阻力仍然大得很。

名利论一：隐士效应

逃避铜臭污染的最佳选择莫过于躲进深山荒野当个隐士。

---

① 《明经世文编》，卷四百七十五。
② 王韬：《弢园文录外编·兴利》。

《隋书·隐逸传》说："自肇有书契，绵历百王，虽时有盛衰，未尝无隐逸之士。故《易》称'遁世无闷'，又曰'不事王侯'；《诗》云'皎皎白驹，在彼空谷'；《礼》云'儒有上不臣天子，下不事王侯'；语曰'举逸民，天下之人归心焉'。虽出处殊途，语默异用，各言其志，皆君子之道也。……魏晋以降，其流逾广。其大者则轻天下，细万物，其小者则安苦节，甘贱贫。或与世同尘，随波澜以俱逝，或违时矫俗，望江湖而独往，狎玩鱼鸟，左右琴书，拾遗粒而织落毛，饮石泉而荫松柏。放情宇宙之外，自足怀抱之中，然皆欣欣于独善，鲜汲汲于兼济。而受命哲王，守文令主，莫不束帛交驰，蒲轮结辙，奔走岩谷，唯恐不逮者，何哉？以其道虽未弘，志不可夺，纵无舟楫之功，终有贤贞之操。足以立懦夫之志，息贪竞之风，与夫苟得之徒，不可同年共日。所谓无用以为用，无为而无不为者也。"自商周至明清，隐士无代不有，而衰世的隐士比盛世更多。每当王朝衰败，社会被金钱财富腐蚀得百孔千疮、乌七八糟、难以自救时，人们对隐居生活的向往和对隐士的敬意就格外强烈。于是，利欲熏心的社会反倒以轻利作为道德评价的最高标准，为逃避罪恶社会而隐居的高士反成了罪恶社会的道德精神支柱。这就是封建社会的隐士效应。

春秋战国时礼崩乐坏，"天下熙熙，皆为利来；天下攘攘，皆为利往"。①而社会对轻利重义之士的评价甚高。孔子认为"士

---

① 《史记·货殖列传》。

志于道，而耻恶衣恶食者，未足与议也"，①提倡"贫而乐道"，和隐士的宗旨相去不远。荀子则以为"志意修则骄富贵，道义重则轻王公，内省而外物轻矣"。②肯定轻视富贵荣华是品性高超的表现；认为保持自己的人格，不做财物官爵的奴隶，是君子与小人相区别的标志。韩非主张君主以利、威、名来驾驭臣民，但是在细察社会之后，发现相当大的人群的价值观念和他的期望大相径庭，愤愤然之余他不禁有些感叹："夫立名号，所以为尊也，今有贱名轻实者，世谓之高。设爵位，所以为贱贵基也，而简上不求见者，世谓之贤。威利，所以行令也，而无利轻威者，世谓之重。法令，所以为治也，而不从法令，为私善者，世谓之忠。官爵，所以劝民也，而好名义、不进仕者，世谓之烈士。刑罚，所以擅威也，而轻法不避刑戮死亡之罪者，世谓之勇夫。民之急名也，甚其求利也。如此，则士之饥饿乏绝者，焉得无岩居苦身以争名于天下哉?"③韩非说的烈士就是以后的隐士，显然，他对社会上通行的高、贤、重、忠、烈士、勇夫的评价标准极其不满，要实现他的政治理想，就非得要改变这些标准不可。然而，后世以儒术治国的政治家们大多主张顺水推舟，利用社会既成的价值评价标准来维护统治者的利益。

范晔在《后汉书·逸民传》序中说隐士们"或隐居以求其

---

① 《论语·里仁》。
② 《荀子·修身》。
③ 《韩非子·诡使》。

志，或回避以全其道，或静己以镇其躁，或去危以图其安，或垢俗以动其概，或疵物以激其清"；"彼虽碌碌有类沽名者，然而蝉脱嚣埃之中，自致寰区之外，异夫饰智巧以逐浮利者乎！"他的意思是，即使隐士的行为目的是为沽名钓誉，也比社会中的争权夺利者好。做隐士必须放弃大部分本可争取的物质利益。其实商鞅早就说："上世之士，衣不暖肤，食不满肠，苦其志意，劳其四肢，伤其五脏，而益裕广耳，非生之常，而为之者，名也。"①这种"非生之常"的求名行为并非普通人所愿意实践的。隐士能获得社会的尊重，正因为他们行常人之不能，确属难能可贵。

走得更远的隐士们是连名也不要的。东汉韩康"常采药名山，卖于长安市，口不二价，三十余年"。一次，有个女子因他不肯还价，"怒曰：'公是韩伯休耶？乃不二价乎？'康叹曰：'我本欲避名，今小女子皆知我，何用药为？'乃遁入霸陵山中"。②这是不要名的典型。南朝梁时的阮孝绪写了一本《高隐传》，将自古以来的隐士分为三品：上为言行超绝，名氏弗传者；中为始终不耗，姓名可传者；下为挂冠人世，栖心尘表者。刻苦一生，连名也不留的上品隐士不会很多。大多数隐士隐居的目的不是避祸就是求名，而社会所以能看重他们，也正是因为他们求名的成功。有人说："儒以名为训，率天下人而争名，故孝子思以孝名，

---

① 《商君书·算地》。
② 《后汉书·逸民传》。

25

忠臣思以忠名。"①隐士求名也是儒教的变形。范仲淹说："士不爱名，则圣人之权去矣。"薛季宣说："人主为社稷计，唯恐士不好名，诚人人好名畏义，何乡不立。"陈埙说："求士于三代之前，惟恐其好名；求士于三代之下，惟恐其不好名耳。"②这些宋儒对求名的解释阐述，大概可以算是中国传统的名利观念的代表了。

赵翼在《廿二史札记》卷五"东汉尚名节"条中说："驯至东汉，其风益盛，盖当时荐举征辟，必采名誉，故凡可以得名者必全力赴之。"东汉选举制度对尚名节之风的影响是无庸置疑的。但是，从另一方面来考察荐举征辟制度的诞生正是社会重名这一价值观念影响的结果。

隐士受社会偏爱在东汉初已成定局。光武帝求贤若渴，大举逸民，博士范升很反感。他上奏说："臣闻尧不须许由、巢父，而建号天下；周不待伯夷、叔齐，而王道以成。伏见太原周党、东海王良、山阳王成等，蒙受厚恩，使者三聘，乃肯就车。及陛见帝廷，党不以礼屈，伏而不谒，偃蹇骄悍，同时俱逝。党等文不能演义，武不能死君，钓采华名，庶几三公之位。臣愿与坐云台之下，考试图国之道。不如臣言，伏虚妄之罪。而敢私窃虚名，夸上求高，皆大不敬。"③范升的话应该说是有道理的，隐士对新王朝的巩固和发展不可能有多大贡献，何必一定要给予那么

---

① 费行简：《近代名人小传》。
② 《十驾斋养新录》，卷十八。
③ 《后汉书·逸民传》。

优渥的待遇呢？但光武帝的想法却与范升大不相同，他以"自古明圣主必有不宾之士"为理由，不但放隐士们归乡，而且另加赏赐。尊重隐士，既可表示出自己是有德之君，又能劝化社会风尚，一石两鸟，收获不可谓不丰；只须点头之劳，何乐而不为呀！光武帝对自己的老同学、著名隐士严子陵的宽容礼让，眷顾爱惜，就是出于这样的目的。

隐士之名虽与统治者推崇有关，但主要来自社会的公认，有时统治者也无可奈何。逢萌在西汉末做过小吏，后来当了隐士。东汉初北海太守请他，他不理。"太守怀恨而使捕之。吏叩头曰：'子康（逢萌的字）大贤，天下共闻，所在之处，人敬如父，往必不获，只自毁辱。'太守怒，收之系狱，更发它吏。行至劳山，人果相率以兵弩捍御，吏被伤流血，弃而还。"[①]人们对隐士的爱戴竟胜过对官府的畏惧，反映出隐士效应深厚的社会基础。正因为社会普遍存在敬重隐士，敬重惜名远利行为的观念，东汉统治者才要采取荐举征辟的选官方式，让那些在民间有好名声，受百姓拥护的名士加入到统治集团中，以增强王朝的统治力量。

唐宋以后，科举制兴起，荐举征辟已不像汉代那么重要，但政府对隐士的社会价值仍很重视。宋真宗颁诏征隐士种放："汝隐居丘园，博通今古，孝悌之行，乡里所推，慕古人之遗荣，挹君子之常道。屡览守藩之奏，弥彰遁世之风，载渴来仪，副予延

---

① 《后汉书·逸民传》。

27

仁。今遣供奉官周旺赍诏，召汝赴阙，赐帛百匹、钱十万。"尚未见人，已经先大加赞扬，召来后更是恩宠有加。其目的，据真宗自己表白无非以下两点：一、"朕求茂异，以广视听，资治道"，广开言路兼听则明；二、"朕优待之，盖以激浮竞也"，有点买千里马骨的用意。①

名利论二：忘名、立名和窃名

社会重名，所以求名的人多。但是，去当隐士并不是求名的唯一方式。《颜氏家训·名实篇》说："上士忘名，中士立名，下士窃名。"上、中、下之分就是名的区分，忘名而称上士，是得了最高的称号，这和重义轻利而得大利同出一理。忘名者不计较名，"逃名而名我随，避名而名我追，可谓百世之师者矣!"②看起来，最高明的求名办法就是忘名了。但光是忘名并不能得名，还要有名士的气质行为。孔子说："君子病无为焉，不病人不已知也。"③不怕人不知道你，只怕自己无所作为。《管子·法法》中也说："贤人之行其身也，忘其名也。"这些忘名都是以有所作为为前提，实际上只要求在立名行为时不先考虑能不能出名。这种对待名的态度和庄子那种完全否认名的价值，主张"圣人无名"是

---

① 《宋史·隐逸传》。
② 《后汉书·逸民传》。
③ 《论语·卫灵公》。

有根本区别的。忘名不是不要名，而是用超脱求名的方式来赢得最高的名声。它是重虚的，却又有务实的基础，把重点放在修身修行上。

孔子和他的学生子张曾就"达"和"闻"作过一次讨论。子张认为只要"在邦必闻，在家必闻"就可以算是个达士了。孔子不同意，他认为单是"闻"，有知名度，并不能算"达"。"夫达也者，质直而好义，察言而观色，虑以下人。在邦必达，在家必达。夫闻也者，色取仁而行违，居之不疑。在邦必闻，在家必闻。"①孔子的意思是：一个人纯朴正直、好仁好义、恭敬谦虚，在家在国都能保持自己完善的操行，可称为达士。而那些假仁假义、言行不一，窃得虚名无羞愧之意的人，虽然在家在国都受到人们的赞誉，也只能算是个闻人。达士大概可称得上是忘名的上士，而闻人只是窃名的下士。孔子贬低闻人，抬高达士，可能和自己的境遇有关。孔夫子在世时的不得志为大家熟知。《荀子·宥坐》说："孔子为鲁摄相，朝七日而诛少正卯。门人进问曰：'夫少正卯鲁之闻人也，夫子为政而始诛之，得无失乎？'"少正卯名气比孔子大，学生比他多，这样的闻人能不引起老夫子的嫉恨吗？

世界上能出名的机会本来不多，闻人用窃名的手段夺去了这些机会，忘名的达士有时真可能老死而无人知晓。孔子一定想当个达士，但又担心真的默默无闻。在他七十一岁时，忍不住流露

---

① 《论语·颜渊》。

29

出忘名者内心的空虚："君子病没世而名不称焉。"①于是，他就作了一部《春秋》，为自己立名："后世知丘者以《春秋》，而罪丘者亦以《春秋》。"②从忘名者变为立名者，虽说降低了规格，但却是一种很实际的选择。能以忘名的方式去取名固然最佳，不能，则退而求其次，以立名方式去取名，也不失为正当途径。立名是儒家积极的入世态度的表现之一。

立名，既需要修身行道，又需要必要的扬名手法。东汉赵壹德才兼备，就是缺名望，只能做个小小的计吏。"光和元年举郡上计，到京师，是时司徒袁逢受计，计吏数百人皆拜伏庭中，莫敢仰视，壹独长揖而已。"这一与众不同的失礼行为引起袁逢注意，一问话，赵壹出言不凡，立即受到尊重。赵壹去造访河南尹羊陟，因为"公卿中非涉无足以托名者"，谁知羊陟根本看不起他，躺在床上接见他。赵壹又是个出其不意，上前来个大哭丧。"陟知其非常人，乃起，延与语，大奇之。"结果，羊陟和袁逢一起推荐他，结果是赵壹"名动京师，士大夫想望其风采"。③赵壹立名的手段实在过于高明，恐怕不是一般的人能做得到的，但立名不能光靠修行的道理大多数人都是很清楚的。郑玄《戒子书》说："显誉成于僚友，德行立于己志。若致声称，亦有荣于所生。"④立

---

① 《论语·卫灵公》。
② 《史记·孔子世家》。
③ 《后汉书·文苑传》。
④ 《后汉书·郑玄传》。

30

德行和成显誉是立名的两个必不可缺的组成部分，缺了前者就是窃名，缺了后者就有可能被埋没。唐宋以后虽然以科举取士，但事先取得名家赏识，受到推荐，获得声望也很重要。一些诗人和文学家初入社会，总要先执自己的作品去拜访已成名的大家。唐代白居易到长安后去拜访顾况，他的"离离原上草，一岁一枯荣，野火烧不尽，春风吹又生"一诗，使顾况大为叹赏，便为他到处延誉，诗名果然大振。宋代苏洵从四川到京师，得到欧阳修器重并推荐，他的文章"士大夫争传之，一时学者竞效苏氏为文章"。①

　　隐士本应属于忘名者，但历代总有一些人要搞一点显名扬姓的花招。唐代田游岩要当隐士，那就去隐居吧，却偏偏要筑室在许由庙旁，自称"许由东邻"，唯恐天下不知他是有高行的隐士。后来唐高宗去看他，他诚惶诚恐，说："臣泉石膏肓，烟霞痼疾，既逢圣代，幸得逍遥。"②马屁拍得十分到家，结果封了高官，皇帝还亲为他旧居题额，写了"隐士田游岩宅"。虽然隐士是一点不隐了，但名气却是大大地播扬开来。宋代种放也是如此，他和母亲隐居终南山，有人向太宋表荐，太宗令州里发三万钱让他赴京。种放准备上路，因"素与张贺善，诣贺谋其事，贺曰：'君今赴召，不过得一簿尉耳。不如称疾，俟再召而往，当得好官。'

---

　　① 《宋史·苏洵传》。
　　② 《旧唐书·隐逸传》。

放然之，即托贺为章奏称疾"。①后来真宗优礼召用，果然封了个好官，并一直受皇帝宠信，"有人诒书嘲其出处之迹，且劝以弃位居岩谷，放不答"。②种放当隐士原本不过是求名求利的手段，一旦名利地位到手，哪里还有轻易放手的道理！

立名要取得效果，必然会不择手段。从这点上看，立名和窃名并没有太大（或者说太明显）的区别。王莽或许可称为窃名的典型，但如果抛开封建正统观念，肯定他篡汉建新的合理，那他的一系列行为也只能算是立名而已。当然，有些人品行很坏，沽名钓誉，反而德高望重；有些人才能有限，欺世盗名，竟成旷世之才，这些人才是真正的窃名者。然而，立名也好，窃名也好，共同点都是求名取利。清末一个市民说："儒以名为训，率天下人而争名，故孝子思以孝名，忠臣思以忠名，无论其行之真伪，而心先已不可问。"③行之真是立名，行之伪是窃名，从本质上讲，它们是没有区别的，这是下层市民阶层观念上的觉醒。

晚清的左宗棠可能因为搞过洋务自强活动，对传统名利观有了一些新见："天下圆顶方趾之民无算数，要其归有二，曰：名也，利也。人率知之，能言之。然察其志之所分，与其途之所自合，则亦曰利而已矣，乌有所谓名者哉！名有三，曰：道德之名，文章之名，一艺一技之名。古人吾弗能知，吾思夫今人之于

---

① 《宋朝事实类苑》。
② 《宋史·隐逸传》。
③ 费行简：《近代名人小传》。

32

名，以道德名者，人因其道德而名之乎？抑已因其名而道德者也。或市于朝，或市于野，归于厚实已矣。以文章名者，亭林顾氏所谓巧言令色人哉；负盛名招摇天下，屈吾身以适他人之耳目，期得其直焉，不赢又顾而之它尔。以一艺一技名者，其名细，今之君子不欲居，然亦百工之事也。"①求名、求利殊途同归，这是事实，但直言名、利一途，名、利无别，却实在是儒家大忌。清代钱大昕说："道家以无为宗，故曰圣人无名，又曰无智名，无勇功，又以伯夷死名与盗跖死利并言，此悖道伤教之言，儒者所弗道也。"②左宗棠敢于公开揭穿名的虚假，点破名的实质，把名归入利之中，是传统的名利观念在步入西风侵袭的近代之后所发生的一丝变化。但是，传统观念实在太深厚了，长久浸濡其中的社会并不愿意接受左宗棠所点穿的那种真实。立名、重名、惜名，这是中国人从来引以为傲的传统美德，凭什么要让如此美好的东西陷到利的泥淖中去呢？

聚 财 和 散 财

重义轻利的价值观念虽然备受褒扬，但却并不妨碍一部分人积聚财富，也不可能抑制大部分人对财富的企望和对富人的羡

---

① 《左文襄公全集》。
② 《十驾斋养新录》，卷十八。

33

慕。孔子"罕言利"，也不得不承认"富与贵，是人之所欲也"。①
司马迁说："贤人深谋于廊庙，论议朝廷，守信死节隐居岩穴之
士设为名高者安归乎？归于富厚也。是以廉吏久，久更富，廉贾
归富。富者，人之情性，所不学而俱欲者也。"②大家都想富，有
本事获得成功的自然受到社会的注目。司马迁把那些收入能和有
封地的贵族相比的富翁称为"素封"，认为他们"身有处士之义
而取给"，"治生不待危身取给，则贤人勉焉"。而对那些因无能
而受穷的大加奚落："若至家贫亲老，妻子软弱，岁时无以祭祀
进醵，饮食被服不足以自通，如此不惭耻，则无所比矣。""无岩
处奇士之行，而长贫贱，好语仁义，亦足羞也。"③或许有人以为
司马迁愤而作史，言多激烈，与传统观念多有抵牾。其实，他的
财富观离传统并不是太远，更遑论背离传统了。孔子曾说："富
而可求，虽执鞭之士，吾亦为之；如不可求，从吾所好。"④对可
以求得的富也是当仁不让、心安理得的。他又说："不义而富且
贵，于我如浮云。"⑤那么义而富且贵，就该不是浮云而是可以享
其惠的甘霖了。乃至认为："邦有道，贫且贱焉，耻也。"⑥觉得在
一个有道的社会里，如果不能谋取富贵，应该感到耻辱。这样看

---

① 《论语·里仁》。
② 《史记·货殖列传》。
③ 《史记·货殖列传》。
④ 《论语·述而》。
⑤ 《论语·述而》。
⑥ 《论语·泰伯》。

来，司马迁的观点和孔老夫子的想法实在是相去不远的。

孔子的学生子贡"废著（卖出积贮）鬻财于曹、鲁之间，七十子之徒，赐（子贡字）最为饶益。原宪不厌糟糠，匿于穷巷。子贡结驷连骑，束帛之币以聘享诸侯，所至，国君无不分庭与之抗礼"。司马迁认为子贡比原宪高明，"夫使孔子名布扬于天下者，子贡先后之也。此所谓得执而益彰者乎?"①其实，子贡的重要作用，孔子也并不否认。他说："回也其庶乎，屡空。赐不受命，而货殖焉，亿则屡中。"②颜回安贫乐道，是孔子最得意的弟子。把子贡和颜回相提并论，反映了孔子对成功的聚财者的肯定。子贡的聚财方法无非是囤积居奇、贩运倒卖。如果以"本富为上，末富为次，奸富最下"的标准来衡量，子贡最多只能算是次等的末富，甚至不免有下等奸富的嫌疑。不过他聚的财主要用来为老师扬道，在他的老师那里，此举肯定是符合"义"的标准了。

当一个人未富时，不太会引起社会的注意，所以社会评价一个人聚财的正当不正当，合义不合义，并不太计较其聚财的手段（除了公开的杀人越货或极损德的谋财行为外），而是很注意其聚财以后的用法。东汉大富翁孙奋，聚财达一亿七千万之巨，"富闻京师，而性俭啬"，他的一个堂房侄子在梁冀手下当官，他只送绢五匹，招待他吃干鱼。这件事后来被梁冀知道了，"冀素闻奋富且啬，乃以一镂安革遗奋，以贷钱五千万。奋知冀贪暴，畏

---

① 《史记·货殖列传》。
② 《论语·先进》。

之，以三千万与。冀大怒，乃告郡诈认奋母为守官藏婢，云盗白珠五斛、紫金千万收考。奋兄弟死狱中，财贷尽没"。①梁冀是东汉后期外戚中权势最盛的一个，被皇帝称为"跋扈将军"，皇帝的生死废立尚且操纵在他手里，更不用说一个无权无势的孙奋了。但是，孙奋之死，并没有人替他惋惜，因为整个社会认为富而吝啬属于不义，因此也为社会所不容。梁冀虽然残暴，时人却认为孙奋是咎由自取。西晋王戎身居高位，但"性好兴利，广收八方园田水碓，周遍天下。积实聚钱，不知纪极，每自执牙筹，昼夜算计，恒若不足。而又俭啬，不自奉养，天下人谓之膏肓之疾。女适裴顾，贷钱数万，久而未还。女后归宁，戎色不悦，女遽还直，然后乃欢。从子将婚，戎遗其一单衣，婚讫而更责取。家有好李，常出货之，恐人得种，恒钻其核。以此获讥于世"。②官僚聚财，在魏晋时并不罕见。《晋书·江统传》载："秦汉以来，风俗转薄，公侯之尊，莫不殖园圃之田，而收市井之利，渐冉相仿，莫以为耻。"由此可知王戎获讥于世的并不是他拼命聚财，而是他聚财后的吝啬行为。确实，像王戎这样吝啬到这般地步的豪富者倒真是比较少见的。但在聚财之后因用财不当而引起社会非议，以至招杀身败家之祸的却不乏其人。

东汉末年有一部流传在民间的《太平经》，据说黄巾军造反的领袖张角曾从中吸取不少思想观点。这部书表述了不少流行于

---

① 《三辅决录》。
② 《晋书·王戎传》。

其时的价值观念。例如对于财富，此书持这样的看法："或积财亿万，不肯救穷周急，使人饥寒而死，罪不除也，或身即坐，或流后生。所以然者，此乃中和之财物也，天地所以行仁也，以相推通足用，令人不穷。今反聚而断绝之，使不得遍也，与天地和气为仇。或身即坐，或流后生，会不得久聚也。"又认为："此家但遇得其聚处，比若仓中之鼠，常独足食，此大仓之粟，本非独鼠有也。少内之钱财，本非独以给一人也，其有不足者，悉当从其取也。愚人无知，以为终古独当有之，不知乃万尸之委输，皆当得食于是也。爱之反常怒喜，不肯力以周穷救急，令使万家之绝，春无以种，种无以收，其冤结悉仰呼天。天为之感，地为之动，不助君子周穷救急，为天地之间大不仁人。人人可求以祭祀，尚不给与，百神恶之。"①书中反映了一种较为普遍的观点：聚财并不可恨，可恨的是只聚不散，不肯周穷救急，使财物断绝。明末李自成起义，攻克洛阳后，李自成亲自审问福王。福王罪恶累累，罄竹难书，而李自成只定他一条罪："汝为亲王，富甲天下，当如此饥荒，不肯发分毫帑藏赈济百姓，汝奴才也。"②下令打他四十大板，枭首示众。从东汉末到明末，时隔一千四百多年，但这一观念竟然没有一丝一毫的改变。

聚财必须散财，这也是社会重义轻利观念对经济活动的一种制约。几千年的封建社会中，懂得这个道理的人很多，善于处理

---

① 《太平经·六罚十治诀》。
② 徐树丕：《识小录》，卷二。

财富聚散关系的也不少。范蠡在帮助勾践复国报仇以后就变名易姓，弃官经商，"十九年之中三致千金，再分散与贫交疏昆弟"。司马迁对此称赞："此所谓富好行其德者也。"①范蠡所行的德就是散财。《战国策·齐策》中记载了这样一个故事：孟尝君的食客冯谖代他去薛邑收债，到了那里却把债券全部当众烧毁，把债都免了。回去后，孟尝君问他买了什么东西回来。冯谖说："君云：'视吾家所寡有者。'臣窃计：君宫中积珍宝，狗马实外厩，美人充下陈；君家所寡有者，以义耳，窃以为君市义。"烧掉债券，免掉债务，是为孟尝君买义。冯谖很懂得聚财散财的道理，孟尝君已经积聚起大量财富，再不散财，就要陷于不义，就会丧失民心。后来，孟尝君失势罢官，回到薛邑，人民夹道欢迎。此时他才明白冯谖当年烧债券的作用，不禁对冯谖大为感谢："先生所为文市义者，乃今日见之。"类似的记载也见于《宋书·顾恺之传》：南朝宋时，顾绰"私财甚丰，乡里士庶多负其债，恺之每禁之，不能止。及后为吴郡，诱绰曰：'我常不许汝出债，定思贫薄亦不可居，民间与汝交关，有几许不尽，及我在郡，为汝督之，将来岂可得，凡诸券书皆何在？'绰大喜，悉出诸义券一大厨与恺之，恺之悉焚烧，宣语远近，负三郎债，皆不须还，凡券书悉烧之矣。绰懊叹弥日"。顾恺之也是替顾绰散财买义，防患于未萌。

---

① 《史记·货殖列传》。

散财给乡民虽可免灾，但不及散财给政府可以避祸。汉武帝时，"豪富皆争匿财，唯卜式数求入财以助县官。天子乃超拜式为中郎，赐爵左庶长，田十顷，布告天下，以风百姓"。卜式散财，名利双收。后来，"天子既下缗钱令而尊卜式，百姓终莫分财佐县官，于是告缗钱纵矣"。①告缗是汉武帝为打击工商富户的一次经济大清洗，政府用强暴手段劫取民间财富，使"商贾中家以上大氐破，民偷甘食好衣，不事畜臧之业"。②聚财过多而不肯分利给政府，遭到政府的报复也许就是必然的了。如果大部分聚财者都能像卜式一样入财助官，告缗事件大概就不会发生了。值得注意的是，政府强制散财的直接后果正是民间聚财欲望的衰落。明亡前夕，政府缺兵，缺将，缺饷，国库囊空底尽，但皇帝、勋戚、太监和大臣的私财却丰裕得令人吃惊。崇祯自己不带头拿出内帑，却要百官捐饷救国。左都御史李邦华上疏说："祖宗设立内帑，原积有余之财以供有事之用。今军兴告急，司农掣肘，士无重赏，何由得其死力？社稷杌陧，皇上犹吝此余物乎？皮之不存，毛将焉附。窃恐尽捐内帑尚无及于事也。……天下大矣，未有天下义安而天子患贫者，特恐有力者负之而趋耳。"③李邦华劝皇帝散财的理由，其实是一个中国最流行的古训：钱财是身外之物。吝惜钱财，导致国破人亡，聚财还有什么意思呢？

---

①　《汉书·食货志》。
②　《汉书·食货志》。
③　《皇明李忠文先生文集·总宪奏议》。

崇俭和抑奢

中国人的财产观念，除了涉及聚散问题外，还涉及俭奢问题。聚财离不开俭，勤俭起家最为社会推崇。被尊为天下治生之祖的白圭虽然经商有术，善于运用智谋，把握发财时机，但他的成功和他"能薄饮食，忍嗜欲，节衣服，与用事僮仆同苦乐"①的作风分不开。散财和俭也并不是完全矛盾的。《晏子春秋》有论："啬于己不啬于人，谓之俭；啬于人不啬于己，谓之吝；啬于人并啬于己，谓之爱。俭者，君子之德；爱与吝，小人之事也。"因而崇俭的观念和聚散财的观念是一致的。

然而，俭之所以能成为中华民族的主要传统美德，恐怕和中国几千年来的经济发展状况有关。在以农业经济为主的封建国家里，社会总财富的增长如此之慢，如此有限，而人口增长却相对要快得多。要让更多的人获得生存条件，提倡低消费，形成崇俭的社会风气就变得极其必要了。"奢者富不足，俭者贫有余，奢者心常贫，俭者心常富。"②通过这种心理转换，贫富颠倒，理智战胜感情，安贫成为比较容易的事。根据俭奢贫富的这种辩证关系，俭由是成为安定人民的良方，稳固统治的法宝。《管子·八观》中提出，看一个国家治理得好不好，有没有发展强盛的希

---

① 《史记·货殖列传》。
② 《谭子化书·俭化》。

望，可以从八方面去观察。其中之一就是"视宫室，观车马衣服，而侈俭之国可知也"。"主上无积而宫室美，氓家无积而衣服修，乘车者饰观望，步行者杂文彩，本资少而末用多者，侈国之俗也。国侈则用费，用费则民贫，民贫则奸智生，奸智生则邪巧作。故奸邪之所生，生于匮；匮之所生，生于侈；侈之所生，生于毋度。故曰：审度量，节衣服，俭财用，禁侈泰，为国之急也。"在这里，崇俭禁侈是被作为一项基本国策提出来的。

历代有所作为的帝王多能率先倡导崇俭之风。汉文帝"躬衣弋绨，足履革舄，以韦带剑，集上书囊以为殿帷；盛夏苦暑，欲起一台，计直百万，以为奢费，而不作也"。[①]曹操"雅性节俭，不好华丽，后宫衣不锦绣，侍御履不二采，帷帐屏风，坏则补纳，茵蓐取温，无有缘饰"。[②]李世民攻克洛阳后，看到隋朝富丽堂皇的宫殿，大发感叹："逞侈心，穷人欲，无亡得乎！"[③]他以隋亡为鉴，即位之初，"抑损嗜欲，躬行节俭，内外康宁，遂臻至治"。[④]宋太祖"见孟昶宝装溺器，捧而摔之曰：'汝以七宝饰此，当以何器贮食？所为如是，不亡何待！'"[⑤]元世祖"思太祖创业艰难，俾取所居之地青草一株，置于大内丹墀之前。谓之'誓俭

---

① 《潜夫论·浮侈》。
② 《三国志·魏书·武帝纪》注引《魏书》。
③ 《资治通鉴》，卷一百八十九。
④ 《贞观政要》。
⑤ 《宋史·太祖本纪》。

草'。盖欲使后世子孙知勤俭之节"。①但是，统治者提倡节俭，主要还是做做样子。清末王韬说："俭德先于君躬，而民风自能丕变，所谓上行而下效，革奢之道，即系于此焉。"②讲的就是这个道理。汉文帝可算是俭了，但据应劭《风俗通》记载："文帝虽节俭，未央前殿至奢，雕文五采，画华榱壁珰轩槛，皆饰以黄金。"唐太宗初期虽能持俭，但渐终不克。到贞观十三年，已经"意在奢纵，忽忘卑俭"，"好尚奇异，难得之货，无远不臻；珍玩之作，无时能止"。③所以帝王崇俭，主要目的是为了率导民风，以利巩固统治，绝非不要享乐。但总的来说，这种率导对中国传统的崇俭抑奢观念是起了相当的强化作用的。

崇俭抑奢对绝大部分中国人来说，不单单是个经济问题，更是个道德问题。而许多人对俭奢的道德价值更为重视。奇怪的是，儒学创始人孔子对俭倒并不怎么推崇。他认为俭奢要从礼的角度去考虑。一方面不能因为俭而违反礼制。比如，他当了官就不能没有车，"使吾从大夫之后，不可徒行也"。④作为一个君子，穿衣的样子、颜色、质地都必须讲究，饮食也要"食不厌精，脍不厌细"。⑤另一方面，也不能因为奢而违反礼制。譬如，臣子的享受超过了君主，那就是越规，就是僭礼，不可原谅。所以，孔

---

① 《草木志》，卷四上。
② 《弢园文录外编》。
③ 《贞观政要》。
④ 《论语·先进》。
⑤ 《论语·乡党》。

子认为："奢则不逊，俭则固。与其不逊也，宁固。"①两者都有缺点，相比之下，俭稍好些。然而，后世儒生却把俭奢绝对化了，俭成为道德高尚的凭据，奢则为品德不佳的表征。汉代公孙弘才能平平，只会看武帝颜色行事，当宰相六年，毫无作为和功绩，但是后人却给他很高的评价。汉平帝下令褒奖其后代的诏书说："汉兴以来，股肱在位，身行俭约，轻财重义，未有若公孙弘者也。位在宰相封侯，而为布被脱粟之饭，奉禄以给故人宾客，无有所余，可谓减于制度，而率下笃俗者也，与内富厚而外为诡服以钓虚誉者殊科。夫表德章义，所以率世厉俗，圣王之制也。其赐弘后子孙之次见为适者，爵关内侯，食邑三百户。"②由此看来，公孙弘所有的优点就在于一个"俭"字。东汉末刘虞"以俭素为操，冠敝不改，乃就补其穿"，"虽为上公，天性节约，敝衣绳履，食无兼肉，远近豪俊夙僭奢者，莫不改操而归心焉"，③以俭德感化人，后来被公孙瓒杀害，"百姓流旧，莫不痛惜"。如果照孔子的标准，公孙弘、刘虞都是俭而失礼了，但社会却对这种节俭的操行给予肯定。宋代罗大经说："奢则妄取苟取，志气卑辱；一从俭约，则于人无求，于己无愧，是可以养气也。"④元代孔齐说："俭者，美德也。人能尚俭，则于修德之事有所补。不暴殄

---

① 《论语·述而》。
② 《汉书·公孙弘传》。
③ 《后汉书·刘虞传》。
④ 《鹤林玉露》，卷一。

天物，不重裘，不兼味，不妄毁伤，不厚于自奉，皆修德之渐，为人所当谨。"又说："夫俭之德，于人厚矣。……人生好俭，则处乡里无贪利之害，居官无贿赂之污，舍此，吾未见其能守身也。"①俭能修德守身，奢则伤风败俗。明代嘉靖年间，何塘上的《民财空虚疏》说："今承平既久，风俗日侈，起自贵近之臣，延及富豪之民，一切皆以奢侈相尚。上下之分，荡然不知。……殊不知风俗奢侈，不止耗民之财，且可乱民之志。盖风俗既以奢僭相夸，则官吏俸禄之所入，小民农桑之所获，各亦不多，岂能足用？故官吏则务为贪饕，小民则务为欺夺。"②因奢侈之风引起社会消费水准的超前，的确是造成社会风气败坏，吏治不清的重要诱因。

社会以俭为德，就难免没有弄虚作假示人以俭，以此来博取名声的人。公孙弘以俭成名，汲黯却指出："弘位在三公，奉禄甚多，然为布被，此诈也。"③看来在当时已受怀疑。宋代寇准"居家俭素，所卧青帏二十年不易，或以公孙弘事靳之，公笑曰：'彼诈我诚，尚何愧！'"④可见公孙弘之诈在宋代已成定论。寇准虽讲自己是诚意守俭，但司马光在《训俭示康》文中说："近世寇莱公豪侈冠一时，然以功业大，人莫之非，子孙习其家风，今

---

① 《至正直记》，卷二。
② 《昭代经济言》，卷四。
③ 《汉书·公孙弘传》。
④ 《邵氏闻见录》，卷七。

44

多穷困。"①寇准的这个诚又从何说起？既然俭已成为一项道德操行的标准，人人都要竭力标榜自己的俭朴。一些达官贵人养尊处优，却偏要在一两件事上表现得特别节俭，结果，被社会表彰有俭德的反倒是那些富有的统治阶层人物。广大衣不蔽体，食不果腹的穷人，虽然已经俭得不能再俭，但绝对无人会称赞他们的俭德。俭的这种异化可能也是社会重虚轻实思维定势的一种表现。但这种异化肯定有利于统治者永远高高在上，占据社会道德风尚的领导地位，尽管他们中的大部分早已腐化得丧失了这种资格，而所谓崇俭的光辉却把这一切给掩饰起来了。

社会以奢为罪恶，人们对奢侈行为普遍地憎恶。欧阳修在评论寇准和杜衍时说："二公皆为名臣，而奢俭不同如此，然祁公（即杜衍）寿考终吉，莱公（即寇准）晚有南迁之祸，遂殁不返，虽其不幸，亦可以为戒也。"②杜衍因俭得善终，寇准因奢得恶报，这虽然有点像佛门轮回报应之说，但却反映出社会对俭奢的好恶感。元代孔齐说："以古今之好奢侈暴殄天物者验之，多不善终。或过于衣服，必贫而无衣；或过于饮食，必贫而无食。至于遗剩饭粒于地以饲鸡犬者，往往皆饿死；寻常虚费蒭布帛者，多冻死，吾见亦多矣。"③中国有句谚语："惜衣得衣，惜食得食"，又有"不惜衣裳，得冻死报，不惜饮食，得饿死报，寻常过分，获

---

① 《温国文正司马公文集》。
② 《归田录》，卷一。
③ 《至正直记》，卷二。

贫穷报"，说的都是同一个意思。

奢者不得善终，并不是上天报应，也不是人们的诅咒，而是社会报复。俗语说："树大招风，财多招灾。"三国时糜竺说："人生财运有限，不得盈溢，惧为身之患害。"①过度奢侈等于炫耀自己的财富，犯了"财不露白"的大忌，必然遭灾。晋代石崇豪奢之极，"后房百数，皆曳纨绣，珥金翠。丝竹尽当时之选，庖膳穷水陆之珍"。又和贵戚王恺斗富比奢，以蜡代薪，以赤石脂涂屋，作锦步障五十里，出示珊瑚树高三四尺者六七株，王恺"恍然自失矣"。后来失势被诛，临刑前"叹曰：'奴辈利吾家财。'收者答曰：'知财致害，何不早散之？'崇不能答"。②这是一个因财因奢遭害的突出例子。在封建社会中不少人能守俭，一方面是为了作道德表率，另一方面也是为了避害。明代王锜在《寓圃杂记》中讲了这样一件事：南京有一个姓张的画家，"游苏、杭间，其为人好修饰，虽行装，必器物皆具。一夕，泛江而下，月明风静，舣舟金山之足，出酒器独酌。将醉，吹洞箫自娱，为盗者所窥。夜深，盗杀允怀于江，尽取其酒器以去，视之，则皆铜而涂金者也"。王锜说："此亦可为虚夸者之戒。"张生为了显露自己的富有豪奢而丧生，类似的教训在民间是流传得很多的。财不露白的古训使许多富人有钱装穷，有财诉苦。他们既舍不得散财救济穷苦，又怕财多招灾，唯一的办法就是用俭朴来掩饰富

① 《拾遗记》，卷八。
② 《晋书·石崇传》。

有。有人说："人生虽至富贵，但住下等屋，穿中等衣，吃上等饭。"①屋是最露眼的，几里外就能望见；衣饰次之，但大家也都能看见；唯有饭菜，吃在肚里谁也不知。有钱花在吃上——大块吃肉，大碗喝酒——这既实惠又不招眼。中国人讲究吃的习惯，也许与这种心理状态有关吧！

不患寡而患不均

"不患寡而患不均"，孔夫子的这句话几千年来一直被作为指导社会财富分配的最主要的原则。这里的均不是把所有财富都完全平均分配，而是指一种以封建等级制为基础的均平。对于这一原则，荀子的解释更加明确而彻底。他肯定"分均则不偏"，"势位齐，而欲恶同，物不能澹则必争，争则必乱，乱则穷矣"。他看得比较清楚：如果人人都有同等的地位，必然有大体相同的物质享有欲望，供应发生不足便会引起争乱。所以必须"制礼义以分之，使有贫、富、贵、贱之等，足以相兼临者"。②他非常推崇《尚书·吕刑》中的一句话："维齐非齐"（只有不齐才能齐），以此来说明这一原则，很富有辩证法的味道。荀子提倡明确社会等级差别，是为了使"贵贱有等，长幼有差，贫富轻重皆有称"。

---

① 《至正直记》，卷二。
② 《荀子·王制》。

各个阶层严格按照自己的地位获取相应的利益，各守其分就是均。如果贫富轻重不相称就是不均。这一切都是以礼作为制衡手段的。因而，这种等级平均主义实际上是重义轻利观念的变态。

实行这种等级平均主义，首先要老百姓淡化物质享受欲望，因为社会最下层那一部分人的要求如果太高，等级分配就难于维持。孟子设计了一个"五亩之宅，百亩之田"的社会结构模式。提出的物质生活目标是"七十者衣帛食肉，黎民不饥不寒"。[1]不活到七十岁和帛肉无缘，生活水平是低得可以了。但"出入相友，守望相助，疾病相扶持，则百姓亲睦"，[2]精神生活很丰富。人际关系融洽，大家无争利之心，无相害之意，社会要保持均就很容易。其次，要统治集团成员不超度攫取利益。董仲舒说，公仪子在鲁国做宰相，回家见到妻子织布极为生气，把她休了；在家吃饭，吃到自己园里种的蔬菜，气得把园子里的菜全拔了，这是古代贤人君子的优良作风。他认为："受禄之家，食禄而已，不与民争业，然后利可均布，而民可家足。"[3]像公仪子这样不与民争利的，历史上不多见，但是作为一种观念，对后世的影响却不小。明太祖曾作《稽古定制》，在序中说："是以唐宋为因为官之家亦有不谙道理兴贩沽贾侵民之利，所以各有禁令。我朝文武官员有不遵礼法，既享厚禄，犹且贪心不已。往往令子弟家人坐

---

① 《孟子·梁惠王上》。
② 《孟子·滕文公上》。
③ 《汉书·董仲舒传》。

贾行商，侵夺民利。"为此，他命令翰林参照旧制，订出禁止官员及其家属经商谋利的条令。官不经商只是不与民争利的一部分。不与民争利，不超度取利，以保持社会均态包括不横征暴敛，不恃权兼并土地等等内容。再次，对过于富裕者，尤其是对那些没有相应政治、社会地位的富户进行经济上的约束。这是"不患寡而患不均"的重点。董仲舒说："大富则骄，大贫则忧，忧则为盗，骄则为暴，此众人之情也。"所以要"制人道而差上下也，使富者足以示贵而不至于骄，贫者足以养生而不至于忧，以此为度而调均之。是以财不匮而上下相安，故易治也"。①对太富的损裁，对太贫的补益，缩小贫富差距，缓和社会矛盾，是儒家理想的治国方案，但历代统治者往往把重点放在裁富上。明代黄绾说："今之论治者，见民日就贫，海内虚耗，不思其本，皆以为巨室大家吞并所致，故欲裁富惠贫，裁贵惠贱，裁大惠小……今之为官者，皆曰'我之为政，士夫、巨室不悦，小民悦之'。人称之者，亦曰：'士夫、巨室不悦，小民悦之。'此皆习俗之见，不思之故。"②黄绾站在富人一边反对裁富惠贫的传统理论、方式和习俗，我们不能说他完全有理，但他对丁当权者把民贫的责任完全推卸在富人头上的指责，还是有一定道理的。在生产力低下的农业社会里，把社会财富看成一个基本不变的常量，一部分人多拿会造成另一部分人缺乏的观点容易为大家接受。汉

---

① 《春秋繁露·度制》。
② 《明道篇》，卷四。

代贤良义学认为"利于彼者必耗于此"①就明确地表达了这一社会财富分配公式。唐代白居易说："地之生财有常力，人之用财有常数。若羡于上，则耗于下也；有余于此，则不足于彼也。"②说的也是同样的道理。宋明以后，"天地生财，止有此数"的概念被许多人反复援引，虽然大多是用劝说政府赋敛不可过重，但作为一种思维定势对裁富益贫观念的强化起了很重要的作用。在这种总财富为常数的思想束缚下，追求全社会共同富裕的努力被视为梦呓，而一部分人先富又有损他人的生存，最好的办法只有让大家都贫，维持在恰好能解决温饱的生活水平上。这样，贫而均，均无贫，人人心满意足，不争不乱，提前进入大同世界。

中国历代实行过许多以"均"为中心的经济政策。董仲舒提出的"限民名田，以澹不足，塞兼并之路"主张是较早的一种，颜师古为其作注说："名田，占田也，各为立限，不使富者过制。"③其重点在不使富者太富。西汉末年大司空师丹说："今累世承平，豪富吏民訾数巨万，而贫弱愈困……宜略为限。"丞相孔光、大司空何武据此议订了具体的限田标准，但这一均平措施最后终因外戚权贵反对而流产。北魏至隋唐所行的均田制，也是患不均思想的产物。均田制的创始人李安世认为，古代井田制的精神是"使土不旷功，民罔游力。雄擅之家，不独膏腴之美；单陋

---

① 《盐铁论·非鞅》。
② 《白氏长庆集·策林》。
③ 《汉书·食货志》。

之夫，亦有顷亩之分。所以恤彼贫微，抑兹贪欲，同富约之不均，一齐民之编户”。①实行均田制正是体现这一精神，使"细民获资生之利，家右靡余地之盈"。②

唐中叶均田制瓦解后，经济政策中"均"的重心从均田转到均税均役上。王安石的许多改革措施都是以均税均役为目标的。他对"患不均"很重视，认为这是君主的天职："天命陛下为神明主，驱天下士民使守封疆，卫社稷，士民以死徇陛下不敢辞者，何也？以陛下能为之主，以政令均有无，使富不得侵贫，强不得凌弱故也。今富者兼并百姓，乃至过于王公，贫者或不免转死沟壑，陛下无乃于人主职事有所阙，何以报天下士民为陛下致死？"③明代海瑞把均赋役作为自己的重要职责："井田不可得矣，而至于限田，限田又不可得，而均税行焉，下下策也。而尤谓不必行也，弱不为扶，强不为抑，安在其为民父母哉！"又说："徭而谓之均者，谓均平如一，不当偏有轻重也。……若不审其家之贫富，丁之多少，税之虚实，而徒曰均之云者，不可以谓之均也。"应该"不许照丁均役，仍照各贫富各田多少，贫者轻，富者重，田多者重，田少者轻，然后为均平也"。④在一些明智的政治家看来，均税均役已经是一种最软弱的均平措施了，而要真正

①　《魏书·李安世传》。
②　《魏书·李安世传》。
③　《续资治通鉴》，卷二十四。
④　《海瑞集·兴革条例·户属》。

实施这一均平，却还有许许多多的难处。

"杀尽不平方太平"

对统治者来讲，"不患寡而患不均"往往是一种模糊的原则或朦胧的理想，对下层人民来讲却有难以形容的巨大吸引力。儒家的均以等级差异为前提，实质上并不均；而且，即使这种有等级的均在中国历史上也往往只是昙花一现。有权势者总是千方百计多占财富，使人民连最起码的生活条件也不能获取，这时候，儒家的"患不均"原则就无能为力了。社会不均迅速扩大，到了忍无可忍时，下层人民便用自己的患不均方式来打破不均的社会。

从秦末的陈胜、吴广起义到近代太平天国起义，激发的导火线虽不同，但基本原因都是由于社会的严重不均。大部分封建王朝的反叛者的最终愿望无非是重建一个较为均平的社会。从这点来看，农民起义似乎只是在完成儒家知识分子不能完成的"患不均"任务。被统治者没有自己的思想武器，只能从统治者的思想武库中去借取，这是农民起义的局限性；但是，这些思想武器一旦被借用，便变得更激进更锋利。黄巾起义的领袖张角从《太平经》中吸取"其治太平均"的思想，将它变为要推翻腐朽的东汉政权的"黄天太平"[①]思想——"青出于蓝而胜于蓝"，自然要激

①　《三国志·吴志·孙坚传》。

进得多。但是，在起义过程中，平均方式只表现在"燔烧官府，劫掠聚邑"上，变成一种对财富的仇恨和破坏。

"均贫富"的主张在中唐以后已被一些政治家明确提出，当然，其内容丝毫没有超出等级平均主义的范围。而唐末农民起义领袖黄巢自称"天补平均大将军"，他的平均行动就大大突破了等级平均。《旧唐书·黄巢传》记载，义军进入长安后，"遇穷民于路，争行施遗"。又告喻市民："黄王为生灵，不似李家不恤汝辈，但各安家。"并向城内富户"淘物"，拿出来平均。到了北宋初，王小波、李顺在四川发动起义，以"我疾贫富不均，今为汝均之"①为号召，所到之处，"悉召乡里富人大姓，令具其家所有财粟，据其生齿足用之处，一切调发，大赈贫乏"。②将富贵的余财拿出来搞平均分配，救济穷人。北宋末南宋初，钟相在洞庭湖一带组织乡社，为起义作准备。他提出"法分贵贱贫富，非善法也。我行法，当等贵贱，均贫富"。③钟相的这一主张对于深受富贵者欺压盘剥的下层民众有极大的吸引力。当建炎四年（1130年）钟相正式举起义旗，建立政权时，附近农民立刻响应，队伍很快扩展到四十万之多。

在蒙古贵族统治的元代，社会的不平不仅反映在贫与富之间，而且反映在不同民族之间。"贫极江南，富夸塞北"就是贫

---

① 《宋史·樊知古传》。
② 《梦溪笔谈》，卷二十五。
③ 《三朝北盟会编》，卷一百三十七。

富差别、民族差别悬殊的综合体现。同时，元代统治者维护这种不平所采取的措施也比以往各个朝代更残暴更严厉。由此产生的后果是，广大民众对均平的要求也更强烈更激进。在元末农民起义中，平均主义的口号不仅提得更加明确，而且实现平均的手段也更加激烈；平均不单单是拉平差别，还包括对以前不平的清算。"天遣魔军杀不平，不平人杀不平人，不平人杀不平者，杀尽不平方太平。"①这首在当时广为人流传的充满杀气的诗，反映了下层人民对社会不均的积忿已到忍无可忍的地步，一旦爆发，便成为一股可怕的破坏性力量。杀尽不平不是一句空话，《嘉靖邵武府志》卷二中有一篇碑文记到南方红巾攻打邵武时，提出"摧富益贫"口号，"以诱村民从逆，凡窭者之欲财，贱者之欲劫，与凡子弟无赖者，皆群起趋亡，旬日间，聚至数万，大掠民家，散入山谷搜劫，无获免者"。碑文作者与义军立场不同，难免发诬罔诋毁之言，但我们很可以从这段记述中了解到当时均平行动的激烈程度，对富有的不平者穷追不舍，不杀尽不罢休。此时的均平已不单是求得经济上的均平，也不可能有什么建立共同富裕的均平社会的设想。除了杀还有烧，从对贫富不均的愤恨发展到对财富本身的仇恨。从这个意义上讲，不患寡而患不均的思想在一些农民起义中才真正得以实现，不幸的是这种实现又是以社会生产力的大破坏为前提的。

---

① 《辍耕录》，卷二十七。

农民起义中的平均主义不仅表现在对社会不平的冲击和摧毁方面，也表现在起义军内部的供给制度方面。东汉末黄巾起义利用太平道，其教义就是主张平均分享物质财富。当时和太平道很接近的五斗米道（"受其道者，辄出米五斗"①）在张鲁的领导下于汉中地区建立了政权，实行"义舍"、"义米"制度。"置义米肉，悬于义舍，行路者量腹取足；若过多，鬼道辄病之。"②很有共产共用的味道。北宋方腊起义利用的摩尼教（又称吃菜事魔教）和太平道、五斗米道有很多相似之处。例如"如投其党，有甚贫者，众率财以助，积微以至于小康矣。凡出入经过，不必相识，党人皆馆谷焉。凡物用之无间，谓为一家，故有无碍被之说，以是诱惑其众"。③明末李自成起义虽然不利用宗教，但起义军内部"所掠金帛、米粟、珠贝等物俱上掌家；凡支费俱出自掌家，但报成数。请食不足，则均短之。人不能囊一金，犯者死"。④李自成自己饭食"粗粝与众共之"，"衣帽不异人"，不搞特殊化，坚持一律平等。

在内部供给上最提倡平均主义的是太平天国。洪秀全等人在农民传统的平均主义思想中又加上基督教的平等精神。在《天朝田亩制度》中提出："盖天下皆是天父主皇上帝一大家，天下人

---

② 《三国志·魏书·张鲁传》。

③ 方勺：《泊宅编·青溪寇轨》。

④ 查继佐：《国寿录·徐一源传》。

人不受私，物归上主，则主有所运用；天下大家处处平均，人人饱暖矣。"上帝面前人人平等，都是兄弟姐妹。"有田同耕，有饭同食，有衣同穿，有钱同使，无处不均匀，无人不饱暖。"①为了保证分配上的均平，每当收成后，"除足其二十五家每人所食可接新谷外，余则归国库。凡麦、豆、苎麻、布帛、鸡、犬各物及银钱，亦然。"有特殊需要如婚娶、社会救济等均由国库开支。太平天国《天朝田亩制度》不仅要消灭人间的不平，而且要彻底消灭产生这种不平的私有制，在封建社会中可算是一种超时代的思想了，然而它的源泉却仍然离不开儒家的天下大同理想。儒家的大同永远只能是一种对上古的怀旧，这样的平均纲领也只能是一种无法实现的乌托邦幻想，只能停留在口头上和纸面上。

由此可见，患不均思想一直在影响着下层人民的反抗斗争，它虽然显示出一定的进步意义。然而，由于它本质上是统治阶级思想的一部分，必然有许多毒素，这些毒素在农民起义中也同样得到强化和放大。其中最主要的就是不患寡，只注意财富的均分而不注意财富的创造，甚至以毁灭财富和破坏生产条件为前提，去争取均平。西汉赤眉起义军在王莽诛灭后思乡情切，都想解甲归田。樊崇等人计议，"虑众东向必散，不如西攻长安"。②而此时长安在绿林军控制下，政权基本掌握在农民将领手中。樊崇不愿让部下归乡搞生产，而要带他们去与反莽盟军争权。赤眉军进入

① 《太平天国》，第一册。
② 《后汉书·刘盆子传》。

56

长安后，"诸将日会论功，争言欢呼，拔剑击柱，不能相一。三辅郡县营长遣使贡献，兵士辄剽夺之。又数虏暴吏民，百姓保壁，由是皆复固守"。后来，"城中粮食尽，遂收载珍宝，因大纵火烧宫室，引兵而西"。①一路又靠抢劫维持供应，最终"掠无所得"，士兵冻饿至死，部队不攻自败。赤眉军的失败和悲惨的结局，究其原因，自身的错误最为根本。甚至东汉初关中的凋敝萧条也有他们应负的责任。农民领袖参加起义后忽视农业生产甚至鄙视农业生产的事例很多。唐初，窦建德败亡后，他的部将刘雅回漳南务农，另一些部将想重新造反，便请他一起去，刘雅说："天下已平，乐在丘园为农夫耳。起兵之事非所愿也。"②不料因此激怒其他部将而被杀。明末李自成起义已经有了明确的政治目标，并在经济上提出均田免粮的口号，但他们占领北京后把工作重心都放在追赃助饷上，也就是放在均产上，而对均田恢复生产却没有进一步明确的政策，更谈不上落实的措施。张献忠在四川建立的大西政权更是完全依靠没收和四出打粮解军饷，结果弄得"成都百里外，耰锄白梃，皆与贼为难"。③而张献忠尚执迷不悟，最后竟发展到大肆屠杀人民，血洗火烧成都的疯狂地步。统统杀光烧光，均得彻底，寡得也彻底。

---

① 《后汉书·刘盆子传》。
② 《旧唐书·刘黑闼传》。
③ 《康熙成都府志·贼盗·张献忠》。

公与私

那则脍炙人口的寓言故事说：几个人聚会喝酒，每个人都应该出一份酒。一个人想："我用一壶清水代替酒，和其他人的酒倒在一起，一定可以混过去。"他果然照此办理，而其他人也和他一样想一样做，结果，大家的酒杯里当然都是清水，但是谁也不愿揭露真相，大家连声赞美酒的芳香醇厚，祝贺酒会的圆满成功。这样的故事好像有点荒唐，但是这些酒友的心态却很有国民性。聚酒是公，各人出的一壶酒是私，公由私组合而成。如果有人不愿聚酒，提出要在家独酌，其他人一定会谴责他私心太重，以致会群起而攻之。他不能不去。如果他去了，哪怕只是带了一壶和其他人一样的清水，他也是克己奉公。大家庆祝聚会的成功，并不是辨不出水和酒，而是为了表示自己对公的尽心尽力。这时候酒或水已经不重要了，重要的是那个虚幻的共同体——"公"的存在和延续。要喝酒吗？尽可以回家去喝，但是千万不要给人看见，因为自己这一份本来可以心安理得享受的酒，经过与公的转换，已经等同于偷来的东西，变得只能偷偷摸摸小心谨慎地一干了之了。"公"表面上失败了，实际上胜利了。中国传统社会普遍地缺乏公德，但是"公"的压力比世界上任何一处都要重得多，重整体轻个体的价值取向在各方面都以强烈的倾向表现出来。

中国的家和家族

家庭是中国社会最基本的细胞。对于个人来讲，家庭是公；对于社会来讲，家庭又是私。但是，这两种公私关系的深度和作用却有很大的不同。

《周易·彖传》解释"家人"卦："女正位乎内，男正位乎外。男女正，天地之大义也。家人有严君焉，父母之谓也。父父，子子，兄兄，弟弟，夫夫，妇妇，而家道正。正家，而天下定矣。"这段话强调的是：家庭中的每一个成员都必须摆正自己的位置，父亲要像父亲，儿子要像儿子，兄、弟、夫、妇都正其位，各尽其责。确实，这样的家庭是个中国式的模范家庭，但每个正了位的成员也就此失去他个体的独立价值，个体的存在仅仅是家庭存在和延续的需要。个人隐没在家庭中，家庭代表的公吞噬了个体的私。

在家庭里，父母是严君，是公的化身。孔子说："父在，观其志；父没，观其行；三年无改于父之道，可谓孝矣。"[①]儿子应该对父亲绝对地服从。在这方面古圣人舜可算得上是一个典型了。据《史记·五帝本纪》记载，舜的父亲瞽叟偏爱后妻之子象，三个人合谋害舜。一次，父亲叫舜修谷仓，等他上了屋顶，便抽去梯子放火焚烧。舜情急生智，用两个大笠当翅膀，腾空跳

---

① 《论语·学而》。

下，保了性命。又有一次，父亲叫舜浚井，等他下去后，便和象一起拿石块泥土把井填死，幸好舜下去后见情况不妙，从井底找了一条岔道逃遁了。父母兄弟几次要害舜的性命，而"舜复事瞽叟爱弟弥谨"。后来尧禅位给舜，"舜之践帝位，载天子旗，往朝父瞽叟，夔夔唯谨，如子道。封弟象为诸侯"。瞽叟、象的所作所为同被舜流放的四凶并无多大差别，而舜却如此宽容，给予优渥的待遇，显然他认为恪守子道、兄道比帝道更重要。

在《尚书·尧典》中有舜对契发的一道命令："契！百姓不亲，五品不逊。汝作司徒，敬敷五教，在宽。"其意思是："契啊！现在百姓不够和睦，人与人之间的五种关系不融洽，你去当司徒官，要认真施行人伦五常的教化，要宽厚。"所谓五品，即父母兄弟子五种关系。五教，即父义、母慈、兄友、弟恭、子孝。说来说去，原来就是用家道来教育老百姓，以达到政治教化的目的，这也就是《周易》所讲的"正家，而天下定矣"。舜要用五教来治理人民，所以竭力维持自己破裂的家庭，恪守家道，为天下作个榜样。

舜的故事经历千年可能已经经过历史记录者不少理想化的加工了。然而，正是这些加工，更能反映出中国古代对个人、家庭、社会三者之间关系的理解和安排。个人的价值已经融化在家庭之中，个人的一切活动都成为家庭利益的活动，尤其是为家长的活动。《二十四孝图》中有个老莱子娱亲的故事。老莱子七十岁了，双亲健在。为了让他们高兴，老莱子身穿五彩衣服，装作婴儿在父母前爬行；不小心摔了一跤，又装着婴儿啼哭。七十岁的老头，自己可能也儿孙满堂了，但在父母面前他只是个儿子，他活着的全部价值就在于让父母高兴。

家庭和社会的关系则要复杂得多。从理论上讲，家庭应该服从社会，服从国家，但在中国实际生活中，家和国常常是并行的，国家的利益往往只是一家一姓的利益。刘邦得了天下，大封同姓子弟为王，并立誓："非刘氏而王者，天下共击之。"国和家融为一体。明太祖"大封宗藩，令世世皆食岁禄，不授职任事，亲亲之谊甚厚"，①使自己的整个家族成为国家的寄生虫。这种国家一体的理想对农民起义的影响也很大。西汉末的绿林、赤眉起义军分别找了两个姓刘的来当自己的皇帝。元末红巾军起义时，拥戴韩山童为明王，还要宣称他是宋徽宗的八世孙。

另一方面，社会关系的主要准则都与家庭关系有密切的联系，甚至可以说是家庭关系的放大。从这一意义上讲，社会无法隐没家庭的独立价值，而家庭有时倒可以包纳社会的价值。孟子说："君子有三乐，而王天下不与存焉。"这三种比做帝王还要快乐的事情，第一件就是"父母俱存，兄弟无故"。②家庭完整无损，是最值得高兴的事。有一次，一个学生给他出难题，问："舜为天子，皋陶为士，瞽叟杀人，则如之何?"孟子认为，舜作为天子不能阻止皋陶行使职权逮捕杀人犯瞽叟，但作为儿子，他应该

① 《明史·食货志》。
② 《孟子·尽心上》。

为父亲解难。"舜视弃天下，犹弃敝屣也。窃负而逃，遵海滨而处，终身欣然，乐而忘天下。"①显然，孟子是以自己的价值判断代舜作抉择。在中国，能弃天下像扔掉一双烂草鞋这样的人历代少有，但把一家一姓利益放在国家民族利益之上的却是大有人在啊！

家的价值在大家族中尤能体现。中国从原始社会逐渐进化到封建社会，社会形态虽然有很大变化，家族制度却没有消失，也没有削弱。在新的社会环境中，家族制度还几度复兴并且不断强化，最后在全国普遍地确立了族权的合法地位。完整的族权包括了政治、经济、军事、道德文化教育等各方面的权力，有时甚至比高高在上的国家政权更加系统更加有效，因而常常是国家政权藉以稳定统治的有力工具。

累世同居的大家族最受统治者的重视。封建王朝不断旌表嘉奖他们，以示鼓励提倡。自宋以来同居十世，历时二百六十年的浙江浦江郑氏，在明初被朱元璋召见，"诏郑氏子弟三十以上者来见，擢郑济左春坊左庶子，伴子孙"。后来，明成祖又亲赐宴及钱币并赠书二十部。明仁宗也召见过郑氏家人，"各赐钞二千贯"。②在这样的大家庭里，个体的经济是没有可能存在的。宋代吉州永新颜氏，"一门千指，家法严肃，男女异序，少长辑睦，匦架无主，厨馈不异。义居数十年，终日怡愉"。③浦江郑氏家庭

① 《孟子·尽心上》。
② 《弇山堂别集·义门恩泽》。
③ 《宋史·颜诩传》。

成员"一钱尺帛无敢私",①其家规中规定："子孙倘有私置田业，私积货泉，事迹显然彰著，众得言之家长，家长率众告于祠堂，击鼓声罪而榜于壁，更赴其所与亲朋告语之，所私便即拘纳公堂。"②在这种大家庭里公完全泯灭了私。"家庭中凛如公府"，"虽尝仕官，不敢一毫有违家法"。与国法相比，家法的权势和威力显然要重得多了。

聚族而居的大家庭虽不及累世同居家庭结构紧密，但在中国社会更为普遍。它们一般是由同一祖先的许多小家庭世代聚居一处，以祠堂、族田、祖坟和族谱等扭结连络，组织成一个整体。历代全国各地方志中，有关聚族而居大家族的记载很多。例如，《嘉庆宁国府志》载："城乡多聚族而居。"《同治苏州府志》记录："兄弟析烟，亦不远徙，祖宗庐墓，永以为依，故一村之中，同姓者至数十家或数百家，往往以姓名其村巷焉。"《民国福建通志》记载："乡村多聚族而居，建立宗祠，岁时醮集，风犹近古。"在这种大家族中，有公有的族田族产，也有私有的小家庭经济。族长有很大的权力，是公的代表。族众平辈之间名义上权利平等，"若事关祠宇坟墓，及合族之大利害，必约集族众商议，各告所长"。③"宗族务期合力，同舟共济，公私两全。不得倚富

①　《元史·郑文嗣传》。
②　《郑氏规范》。
③　《同治桐城高岭汪氏家谱》。

而欺贫，不得恃强而凌弱。"①这些规定虽然不可能消除家族之内的贫富差异和阶级压迫，但家族中公共观念的存在，对家族成员之间的协作互助无疑有很大的推动作用。农忙时节，同族农民很容易互助合作，"惟聚族而居，故无畛域之见，有友助之美"。②成员中有人遇到意外，也能首先得到族人的接济帮助。湖南桂阳地区，"居皆聚族，有事则相助，亲睦笃至"。③

一个家族就是一个社会，家族内部以伦理关系组合，一切行为、是非、利害都以伦理为准则，符合伦理就是为公，不合伦理就是为私。整个社会由层次不同的家族组成，社会关系的最主要方面仍然是伦理关系。而由于亲疏贵贱的不同，以家族网络组合的社会总是充满了矛盾，内耗特别明显，因为参加社会争斗、角逐、抗衡的不是个人，而是成为派系的团体。

荣损与共的家族关系网

如果把中国古代社会比做一锅沸滚的粥，那么各个层次的家族就是锅中的饭粒。它们不断地翻腾、沉浮、互助、磨擦、斗争，构成社会政治活动的主要内容。国家常常为几个大家族所控制，但又不可能一直由这些家族控制。处于社会上层的家族也不

---

① 《民国雁门萨氏家谱》。

② 《光绪嘉应州志》。

③ 《同治桂阳直隶州志》。

可能永远保持它们的地位，因为随时都有可能被新上升的家族挤下台。受家族地位影响最大的当然是家族核心成员及亲属，但由于许多家族常通过联姻或其他手段结成一团，形成派系，所以一个家族的升降又常常会带动一系列家族的升降，并涉及与这些家族有关的其他人员。

在封建社会里，家族地位的升降主要出自皇帝或个别权臣的意愿。魏晋南北朝时，虽然世家大族的力量很突出，有时皇帝也要屈从于他们的利益，但再强的家族也比不过皇族。只要皇帝高兴，"草泽底下，悉化为贵人"。①齐东昏侯信用左右恩幸小人，都下有"欲求贵职依刀敕，须得富贵事御刀"。②"刀敕"是时人对皇帝左右"捉刀之徒"的别称，由这些人掌权，世家大族的利益就会大大地受到损害。唐代李世民曾下令重修氏族志。他提出修志的指导思想是："不须论数世以前，止取今日官爵高下作等级。"③他公开宣称"我今特定族姓者，欲崇重今朝冠冕"，意即让和他一起创业的新贵们的家族地位升越到旧的世家大族之上。清代曹雪芹家族的升降更加明显地反映出皇帝对家族盛败的重要作用。曹家祖上是内务府包衣，也就是皇室的家奴。由于得到康熙的宠信，成为统治集团中炙手可热的人物。曹家接连三代承袭江宁织造官职，发展成一个声势烜赫的大家族。曹氏家族又和苏州

① 《梁书·陈伯之传》。
② 《南史·恩幸传》。
③ 《旧唐书·高士廉传》。

65

织造李氏家族、杭州织造孙氏家族结为姻亲，构成一个"连络有亲"、"荣损与共"的特权豪族集团。但即便如此强盛牢固的家族，也经不起皇权的一击。雍正皇帝即位后，出于政治目的，对曹、李家族重重打击，使得这两个家族很快归于没落。

家族地位与政治关系如此密切，使得大部分人一获得政治权力，马上利用一切机会发展家族势力。"一人得道，鸡犬升天"不但被认为是天经地义的，而且被当作得道者的美德。汉代张禹深得成帝敬厚，"禹每病，辄以起居闻，车驾自临问之。上亲拜禹床下，禹顿首谢恩，归诚，言'老臣有四男一女，爱女甚于男，远嫁为张掖太守萧咸妻，不胜父子私情，思与相近'。上即时徙咸为弘农太守。又禹小子未有官，上临候禹，禹数视其小子，上即禹床下拜为黄门郎，给事中"。①厚颜为亲属子女讨官职而毫无羞愧之色，而皇帝也真善解人意，可见其时这种风气流行之盛。平当在汉哀帝时当宰相，到第二年春天要封他，但"当病笃，不应召。家室或谓当：'不可强起受侯印为子孙邪？'"②封了侯可以世袭，使子孙后代得到好处；平当因自己病情沉重，不能再为国效力，而拒绝受封；这本是一种正确而合理的态度，却受到家室、宗族的责备。

为了保障官员的家族利益，唐宋以后各代都推行恩荫制度。子女可因上代的官职、功劳而得官或取得当官的资格。追录功臣

---

① 《汉书·张禹传》。
② 《汉书·平当传》。

后代，赐爵封官的做法在汉代已有，即"哀显先勋，纪其子孙"，①但尚未成为经常性的制度。宋代何郯说："汉法保任，唐制资荫，本只及子孙，他亲无预，又不著为常例。今本朝沛泽至广，人臣多继世为绝"，"恩例频数，臣僚尽近亲外，多及疏属，遂至入仕之门，不知纪极"，②可知宋代恩荫范围的扩大。元明清三代，荫叙的范围和方法虽然有变化，但照顾官员家族的精神基本不变。家族中有一人进入官僚上层，其他成员便可沾恩，得到实惠。

其实，即便没有恩荫制度，身在高位的官僚也很容易为家族谋利益。汉代张汤"于故人子弟为吏及贫昆弟，调护之尤厚"。③朱邑"身为列卿，居处俭节，禄赐以共九族乡党，家亡余财"。④唐代有个叫李蟾的做得更绝。他"尝为一簿，遍记内外宗族姓名，及其所居郡县，置于左右。历官南曹牧守，及选人相知者赴所任，常阅籍以嘱之。"这简直是公开地为家族托人情，走后门了。但时论却认为李蟾"性仁爱，厚于中外亲戚，时推为首"。⑤

有利必有弊，家族一旦失势，成员也在劫难逃。商鞅曾制订"参夷之法"，即一人犯法，灭其三族（父族、母族、妻族）。这一苛法历代虽因具体情况不同而略有变动，但基本相袭。汉文帝

---

① 《后汉书·韦彪传》。
② 《续资治通鉴长编》，卷一百六十九。
③ 《史记·酷吏列传》。
④ 《汉书·循吏传》。
⑤ 《唐语林》，卷一。

时丞相周勃、陈平认为："父母妻子同产相坐及收，所以累其心，使重犯法也。收之之道，所由来久矣。臣之愚计，以为如其故便。"①这两位都算得上是汉代著名的贤明宰相了，也都觉得罪及家族可取——因为全家族受牵连这样残酷的重罚，可使犯罪者有所顾虑而不敢犯法。《隋书·刑法志》说："旧狱法，夫有罪，逮妻子，子有罪，逮父母。"隋炀帝虽然曾经下令"罪不及嗣"，但杨玄感谋反，帝诛之，罪及九族。比前代更是有过之而无不及。唐初整理刑法，对旧条疏中"兄弟分后，荫不相及，连坐俱死，祖孙配没"提出质疑，结果仅改为"祖孙与兄弟缘坐，俱配没"。②处罚是轻了，但亲族连坐的原则依然如旧。

《太平御览》中有这样一个故事：陶答子在陶当大夫三年，"名誉不兴，家富三倍"，他的妻子却不高兴。当了五年，"从车百乘，归休，宗人牵牛酒而贺之，其妻抱儿而泣"。婆婆责备她，她回答说："夫子能薄而官大，是谓萦害；无功而家昌，是谓积殃。……夫子之逢祸必矣。请去，愿与少子俱脱。""于是遂弃之出，其年，答子之家果以盗诛，母老而免，妇乃与少子归养终其天年。"答子之妻是作为列女而受到赞扬的，古代能像她这样深明事理（或利害），有远见并果断采取避祸措施的并不多。更多的人则是明知家族大祸临头，却无力逃避。汉代晁错的父亲见晁错为景帝削弱诸侯，知道凶多吉少。他说："刘氏安矣，而晁氏

① 《汉书·刑法志》。
② 《旧唐书·刑法志》。

危矣，吾去公归矣！"便服毒自杀，临死前说："吾不忍见祸及吾身。"①三国时，曹操要杀害孔融，"孔融被收，中外惶怖，时融儿大者九岁，小者八岁，二儿故琢钉戏，了无遽容。融谓使者曰：'冀罪止于身，二儿可得全不？'儿徐进曰：'大人，岂见覆巢之下，复有完卵乎？'"②家族荣损与共的整体观念连孩童也知道，"覆巢无完卵"在中国被当作一句成语流传了千余年，正反映出个体的被动和软弱无力。

正因为家族利益关系到每一个成员，所以为家族利益共同奋斗要比其他目的更有号召力。西汉末年，社会动乱，宗族武装自保极为普遍。光武集团中的许多骨干都是以聚族自保起家的。如樊宏"与宗家亲属作营堑自守。老弱归之者千余家"。③第五伦因"宗族闾里争往附之"，"乃依险固筑营壁"。④刘植"与弟喜、从兄歆率宗族宾客聚兵数千人，据昌城"。⑤此外，在刘秀兄弟起兵后，率子弟宗族宾客投奔的也不少。他们结集到一处，无非为"攀龙鳞、附凤翼，以成其所志"，⑥为家族谋取更大利益。

以家族关系作为联结，大的可以取天下，如曹操集团的成功就和它有一个以亲戚族人组成的坚强核心分不开。梁朝萧子显

① 《史记·晁错传》。
② 《世说新语·言语》。
③ 《后汉书·樊宏传》。
④ 《后汉书·第五伦传》。
⑤ 《后汉书·刘植传》。
⑥ 《后汉书·光武纪》。

说："魏氏基于用武，夏侯、诸曹并以戚族而为将相。夫股肱为义，既有常然，肺腑之重，兼存宗寄。丰沛之间，贵人满市，功臣所出，多在南阳。夫贞干所以成务，非虚言也。"[1]小的也起码可以做到保家自卫，当然，保的主要是地主之家，因而常成为农民起义军的死对头。如明末，河南长葛县知县令各大家族"并村而居，为寨十六，筑堞浚壕，有事则凭寨以守，无事则启门出耕"，[2]以抵挡李自成起义军。清代太平天国起义，一些地主官僚组织的团练，就是以族人为骨干的。如《光绪安徽通志》所载，贵池高贵臣"率族人团练"，数年间族中壮丁战死二百八十余人。寿州张成蹊所率团练被杀三百余人，"张族居其半"。

家族关系的纽带作用对封建统治非常重要，清代龚自珍曾设想恢复古代宗法关系来组织农民，以解救衰世危机。他在《农宗》一文中说："姑试之一州，州蓬跣之子（即指农民），言必称祖宗，学必世谱谍。宗能收族，族能敬宗，农宗与是州长久。"[3]王韬认为"欲得民心，是在有以维持而联络之"，联络维持最好的办法，就是加强宗法。他说："古者官有世族，族大人众，与国同休戚，共患难。……其在民间亦多聚族而居，大者数万人，小者数千人，行守望相助之法。猝有内忧外患，足以联结声势，保以捍卫。"所以他大力提倡"讲行古者宗法，以强宗维弱宗，

---

① 《南齐书·萧景先萧赤斧传》。
② 《康熙长葛县志》，卷二。
③ 《定庵文集》。

70

小宗附大宗，各相为辅"。①他甚至幻想在封建宗法普遍恢复的基础上实现民主政治。龚自珍和王韬都是当时思想开放的革新分子，却对家族宗法关系寄予如此厚望，亦可见此种观念影响之深重。

"孝" 的 重 担

荣损与共的命运迫使家族成员拧成一气，拧结的主要套结便是"孝"。从世界伦理思想史的角度来考察，"孝"可以说是中国文化中特有的范畴。它既是一种伦理道德规范，也是一种价值取向。孝的行为不仅意味着对父母长辈的奉献，也意味着对自身或个别小家庭利益的抑制和牺牲。遵守不遵守孝道，做不做一个孝子，本身就是一种价值的选择，是对公（由家长方面代表）和私的轻重权衡。

孝道的核心在于服从——子女对父母无条件地服从，下辈对长辈绝对地恭顺。孔子说："今之孝者，是谓能养。至于犬马，皆能有养。不敬，何以别乎?"②认为孝如果仅仅是赡养父母，那和犬马为人服务有什么不同呢? 必须要怀有敬重父母之心。他给子夏解释孝的含义时，提出"色难"这一标准："色难。有事，弟子服其劳，有酒食，先生馔，曾是以为孝乎?"③以为子女最难

---

① 《弢园文录外编·重民》。
② 《论语·为政》。
③ 《论语·为政》。

的是始终承顺父母颜色；如果只是做到重活由年轻人代干，有酒食先让长辈吃，那也称不上是孝。给孟孙解释时又说："无违"，即不能违背父母的旨意，才能称得上孝。孟子也认为只是停留在"顾父母之养"上的孝道是远远不够的，"孝子之至，莫大于尊亲"，"唯顺于父母，可以解忧"。①很明显，孔孟的孝道就是绝对服从，而这一孝道精神为后世普遍接受。汉代贤良文学提出的"上孝养志，其次养色，其次养体"原则，显见是孔子上述思想的翻版。宋代司马光认为"凡子受父母之命，必籍记而佩之，时省而速之"，"若以父母之命为非，而直行己志，虽所执皆是，犹为不顺之子，况未必是乎！"②这是对"色难"、"无违"原则的发挥，更加具体化了。元代许衡说："不听父母命则为不孝。"③《郑氏规范》中说："子孙受长上诃责，不论是非，但当俯首默受，毋得分理。"把子女对父母不分是非曲直的顺服完全绝对化了。这种戒律也可以从"不顺乎亲，不可以为子"④和"三年无改于父之道，可谓孝矣"⑤中找到源头。

孝提倡子女的牺牲。汉代缇萦救父的故事，历来被作为孝女的典型。缇萦的父亲淳于意触犯王法，将被判处肉刑。淳于意没有儿子，只有五个女儿。被捕时，他恼恨地说："不生儿子，到

① 《孟子·万章上》。
② 《书议·居家杂议》。
③ 《许鲁斋语录》。
④ 《孟子·离娄上》。
⑤ 《论语·里仁》。

危急时就没人可为我效力了!"缇萦听了这话十分悲伤,决心随父去京城向皇帝上书解救父亲。她在上书中指责肉刑的残酷和不合理,并表示自己"愿没入为官婢,以赎父刑罪,使得自新",①使汉文帝大受感动,结果下令废除了肉刑,缇萦的父亲也得救了。缇萦的正义、勇敢和人道精神非常可贵,但这一故事被列入"二十四孝"中大加宣扬的原因,却在于缇萦为孝而献身的精神。孝道在这个方向上的发扬,便引出封建社会中许多荒诞不经、惨无人道的悲剧。为父母而牺牲发展成为牺牲而牺牲,牺牲的效果已不重要,牺牲就是孝,牺牲越大就越是大孝。"割股行孝"的事例在史籍中屡见不鲜,而且绘声绘色,父母一吃了子女的血肉,病体马上康复。更有可骇者如"取脑行孝"、"剔肝行孝"。据传南宋时有个王羽,"夜半登楼,焚香叩天,祈母病愈,以利刀取脑调羹进食。……母病随起,寿年至九十。官为保申旌表门闾"。又有一个叫罗裳的人,"剔肝和粥以进",结果母亲的病也痊愈了。②这些事多是传说,肯定不可靠,但大多数人都相信这些事,认为这是孝的力量。在这里,"孝"已经没有丝毫美德的表征,完全成了精神与肉体自我摧残的刑具;内中显现出十足的野蛮、虚伪和愚蠢!

孝又讲求等级次序。一方面作为下辈对长辈的行为规范,它本身就是一种差序义务;另一方面长辈中又有亲疏远近之分。直

① 《汉书·刑法志》。
② 《湖海新闻夷坚续志》前集,卷一。

73

系父母、祖父母自然是孝的重点对象，但在一些封建大家庭中，宗子或长房长辈比亲生父母更重要，嫡母比生母更重要。如果是出嫁的女儿，她的孝行首先是对夫家长辈，其次才轮到自己父母。这是古训"幼从父，嫁从夫，夫死从子"①的引申规则。唐代李晟虽出身武将，却极讲究礼仪。他的女儿嫁在崔家，前天晚上婆婆发病，第二天正好是李晟生日，女儿便回娘家为父祝寿。李晟知道了这件事大怒，说："我不幸有此女，大奇事。汝为人妇，岂有阿家病，不检校汤药，而与父作生日？"立刻让女儿回去，自己也起往崔家问疾，"且拜请教训子不至"。②孝的这种差序一直延续至后代。清代唐甄说："女子在室于父母，出嫁于父母，岂有异乎？重服于舅姑夫，轻服于父母，非厚其所薄而薄其所厚也？"③唐甄对女子嫁后孝舅姑甚于父母的不满，正说明当时此种风俗的流行。

孝主要讲父子关系，兄弟关系则是悌。悌是孝的扩大，在五伦中悌是独立的一项，但实际上悌从属于孝，孝与悌总是被连起来讲的；有些史书中也称为孝友，"善父母为孝，善兄弟为友。夫善于父母，必能隐身锡类，仁惠逮于胤嗣矣；善于兄弟，必能因心广济，德信被于宗族矣。……自昔立身扬名，未有不偕孝友而成者也"。④悌

① 《礼记·郊特牲》。
② 《唐语林》，卷一。
③ 《潜书·备孝》。
④ 《旧唐书·孝友传》。

74

强调爱兄弟，兄弟团结，从而维护家族团结，其作用和孝一样。隋末刘君良一家"累代义居，兄弟虽至四从，皆如同气，尺布斗粟，人无私焉"。妻子不乐意，便设计使他们分家，但不久，被刘君良识破，"中夜，遂揽妻发大呼曰：'此即破家贼耳！'召诸昆弟，哭以告之。是夜弃其妻，更与诸兄弟同居处，情契如初"。①这是一则符合古训（"兄弟如手足，妻子如衣服。衣服破，尚可缝；手足断，安可续？"）的故事。唐代王梵志有诗："兄弟宝难得，他人不可嗔，但寻庄子语，手足断难论。"②宣扬的也是这一观念。清代唐甄认为，人际关系可分为五等："一曰君，父母；次二曰兄弟；次三曰妻；次四曰子，兄弟之子；次五曰朋友。"③把兄弟关系放在仅次于君臣父子关系之下，可见得对于悌的重视，也反映了悌在维护家族差序等级中的重要作用。

在中国社会里，几乎所有人都要背上孝的重担。不孝的行为受到社会普遍的谴责和无情的鞭挞，不孝的人"打煞无人护"。北宋张咏治理四川时，"李顺党有杀耕牛亡逸者，公许其首身。拘母，十日不出，释之。复拘其妻，一宿而来。公断云：'拘母十日，留妻一宵，倚门之望何疏，结发之情何厚。'因命斩之"。④允许自首又处死，显见得是张咏理亏。可能因为此人有造反作乱

---

① 《旧唐书·孝友传》。
② 《王梵志诗辑校》，卷二。
③ 《潜书·明悌》。
④ 《青箱杂记》，转引自《宋人轶事汇编》。

前科，原先就没有赦免他的打算；但张咏给他加上一个不孝的罪名再处死，社会舆论就完全倒向张一边了。在古代的许多民间传说中，不孝子总无好报，或病或伤，雷电也专拣他们击杀，甚至死后还要变畜牲。真可谓是神人共谴，天地不容了。然而，要真正做一个孝子也着实不容易。孟子说："不孝有三，无后为大"，后人注释说："阿意曲从，陷亲不义，一不孝也；家贫亲老，不为禄仕，二不孝也；不娶无子，绝先祖祀，三不孝也。"①把传宗接代作为孝的要素。所谓大，并不是最伟大，最完美，而是最基本，最起码。如果连这一点也做不到，那其他的就更不必讲了。明代方孝孺说："养口体，察嗜好，孝之末也，非至孝也。必也致乎其身为圣贤……然后为庶几焉。"②张习孔说："孝有大小，有偏全。扬名显亲，上也；克家干蛊，不坠先人之志，次也；服劳奉养，又其次也。"③他们实际上把孝扩展成人的全部道德品质要求，使孝行达到圣贤的完美境界。到了此时，孝行已经不仅仅是一个个人的问题，也不仅仅是一个对自己父母的责任问题，而且是对列祖列宗，对整个家族，对整个社会的责任问题了。而这种责任的精髓，则全在于个体的牺牲。

鲁迅先生说他听人讲了二十四孝故事后，"才知道'孝'有

---

① 《孟子正义》，卷七。
② 《幼学杂篆》。
③ 《家训》。

如此之难，对于先前痴心妄想，想做孝子的计划，完全绝望了"。①确实，在道学先生们的摆弄下，孝已经是如此虚伪而无人性了。相反，普通百姓对孝的理解就不一定如此深奥艰难。宋代林逋说的"孝于亲则子孝"②倒是民间极易接受的孝道观念：父母将子女哺养大，子女有反哺之义务；子女对父母孝顺，今后自己的子女也会对自己孝顺。家庭义务关系就按孝的原则一代一代传下去，其间并不要求下辈有多大的牺牲，反而给下辈一种预期的保障。所谓"欲得儿孙孝，无过教及身"③也是同一道理：父母以身作则，让孝道自然延续下去，每一个人有给予也有还报。可惜，用那些道学家的眼光看来，这种入情入理的孝道实在是太下里巴人了，而且也无法承担起社会精神支柱的功效。

移 孝 为 忠

孝在中国的重要地位，绝不是它有对老人的社会保险功能而造成的，而在于孝的扩大能包容封建秩序的一切原则。《孝经》在开宗明义第一章有论："先王有至德要道，以顺天下，民用和睦，上下无怨。"这个至德要道不是别的，正是孝。《孝经》把孝分为五个层次，即天子、诸侯、大夫、士、庶人五种不同的孝，

---

① 《朝花夕拾·二十四孝图》。
② 《省心录》。
③ 《王梵志诗辑校》，卷四。

它们的内容和要求各不相同。天子是"敬爱尽于事亲";诸侯是"在上不骄","满而不溢";大夫是"言满天下口无过,行满天下无怨恶";士是"以孝事君,以敬事长,忠顺不失,以事其上";庶人是"谨身节用,以养父母"。很明显,除去两头——天子和庶人——孝的内容和要求已经大大超出了家庭义务,尤其是士的孝,几乎完全相当于忠的范畴。

确实,在中国这样一个以伦理关系组织起来的社会中,将孝和忠融合,把孝的原则扩展到整个社会生活中去,似乎并不是一件太困难的事。然而,要移孝为忠也不是完全没有矛盾,孝毕竟是以父母、家族为对象,而忠则是以上司、皇帝、国家、民族为对象。父母家庭和政府国家利益不尽一致,族权和皇权也常有矛盾,如何摆平各方面的利害关系,常常使古人感到棘手。

春秋时期有一则"父攘子证"的案例讨论颇能反映这一矛盾。父亲做窃贼,儿子该不该去作证;出庭作证,维护法律,是对政府的忠诚;不去作证,使父亲避免法律的追究,是对父的孝。楚国有个叫躬的人,父亲盗窃别人的羊,他便向官府检举揭发,大家觉得他行为十分正直。但是,孔子听了这件事后却大不以为然,他认为躬的行为不是正直,正直的人应该做到"父为子隐,子为父隐"。①儿子犯了法父亲要尽力包庇,父亲犯了法儿子要竭力隐瞒,维护家和家族的利益是首要的,这是衡量一个人行

---

① 《论语·子路》。

78

为正直的最重要标准。因此，在孔子看来像躬这样的人不但不应褒扬，反而应该定罪处死。当孝和忠发生矛盾时，孔子毫不含糊地提倡孝。据说当时还有一个鲁国人，跟国君去打仗，总是抢先逃奔。孔子问他为什么要这样，他回答说："我有老父，如果战死了，父亲就没人赡养。"孔子认为他很孝，向国君推举了他。

韩非对孔子的这种态度很不满，认为诛杀"君之直臣，父之暴子"和奖赏"父之孝子，君之背臣"这种行为，是造成国家衰弱，社会动乱的祸根，明智的统治者不应采用这种颠倒是非的坏办法。韩非从法治出发考虑问题，并非没有道理，但是，他把问题简单化了。对任何一个统治者来说，当然希望人人忠于自己，舍身报君，为国忘家；君权高于一切，君主的利益不受任何方面的干扰，那是最理想的。但是，中国政治结构是以伦理关系为主干骨的结构，孝道这一主干骨（或曰基础）如果可以随意否定，其他所有的社会关系（包括君臣关系）也将动摇。《礼记·祭义》中说："夫孝，置之而塞乎天地，溥之而横乎四海。施诸后世而无朝夕，推而放诸东海而准，推而放诸西海而准，推而放诸南海而准，推而放诸北海而准。《诗》云'自西自东，自南自北，无思不服'，此之谓也。"让这个已被视为放之四海而皆准的孝道为政府局部利益让路是很危险的，所以历代统治者虽然希望臣民尽忠，却仍然不敢因此而有碍甚至破坏孝的实行。汉宣帝曾下诏令："父子之亲，夫妇之道，天性也。虽有患祸，犹蒙死而存之。诚爱结于心，仁厚之至也，岂能违之哉！自今子首匿父母，妻匿夫，孙匿大父母，皆勿坐。其父母匿子，夫匿妻，大父母匿孙，罪殊死，皆上请廷尉以闻。"①这是法给孝让路，承认"父为子隐，子为父隐"的合法性，国家利益、君主利益在这里暂且退后。其实，维护了孝，国家、君主并非没有好处，"其为人也孝弟，而好犯上者鲜矣，不好犯上，而好作乱者未之有也"。②也许正是因为这种关系，所以历来提倡的是"移孝为忠"，而不是"改孝为忠"。孝在特殊条件下保持了它的完整原则，不但不影响它的移用功能，反而增强了孝对忠的支持。明太祖朱元璋可算得上对"忠"最计较最苛刻的君主了，跟随他打天下的功臣大多不得善终，开国丞相李善长七十七岁时被疑不忠判处死刑，全家七十余口同诛。但他亲自更定亲属相容隐律，对亲属相隐表现了出人意外的宽容，并表示可以为孝子屈法；显然，他是深知"孝"与"忠"的关系之三昧的。

然而，在封建社会，君权是绝对的，尽管君主表示尊重孝，整个社会在实际上更注重的还是忠。在提倡孝道的《礼记》中讲道："事君不忠，非孝也；莅官不敬，非孝也。"③在这里，忠成了孝的先决必要条件。东汉马融写了一本《忠经》，竭尽全力地宣扬忠。他说："仲尼说孝者所以事君之义，则知孝者俟忠而成之。"并认为"天之所履，地之所载，人之所履，莫大于忠"，把忠说成

---

① 《汉书·宣帝纪》。
② 《论语·学而》。
③ 《礼记·祭义》。

是天下第一准则。这种观念对后世的影响极大，尤其是古代的史学家，对忠义远较比对孝悌更感兴趣，被载入史册的忠义之士不但数量多，而且往往有血有肉，肝胆照人，事迹感人，倾注了作者的激情。与此同时，不忠不义之人则受史笔无情谴责，叛徒贰臣遗臭万年。朱元璋对孝固然爱护，但对忠却更为关心。他编过一本《资世通训》，要臣僚对他效忠，"勿欺，勿蔽"；又编了《臣戒录》、《志戒录》，将历代犯上作乱，悖递不道的贵族官僚的劣迹收集在起，让臣下引以为训。对手握兵权的武将，他更不放心，想尽一切办法向他们灌输忠君思想，命令儒臣在将领们操练之暇去给他们讲解"上古以来忠臣烈士""忠君报国之义，事上死长之节"。①

当忠与孝发生冲突——也就是忠孝不能两全时，选择忠君报国才为社会所敬重。东汉末公孙瓒因为长官被流放日南（今越南中部），决定陪同远行。临行前到祖坟告辞："昔为人子，今为人臣，当诣日南。日南多瘴气，恐或不还，便当长辞坟茔。"②当了人臣就不能再顾全人子之责。唐高宗时，李义府恃恩放纵，徇私枉法。侍御史王义方准备弹劾他，禀告母亲："奸臣当路，怀禄而旷官，不忠；老母在堂，犯难以危身，不孝。进退惶惑，不知所从。"他的母亲回答："吾闻王母杀身以成子之义，汝若事君尽忠，立名千载，吾死不恨焉。"③王义方面临忠孝不能两全的困境，在母亲

① 《明太祖实录》。
② 《后汉书·公孙瓒传》。
③ 《唐语林》，卷三。

81

的指点下很容易就摆脱了。尽忠立名，使母亲死而无恨，实际上也就尽了孝，忠孝两全，一举两得。这种处理态度，除了个别迂腐的道学家还想挑剔外，绝大部分人都是持赞许态度的。

岳飞是妇孺皆知的忠臣，但人们最津津乐道的却是岳母刺字。清代有本《说岳全传》这样描写这个情节——岳母说："故我今日祝告天地祖宗，要在你背上刺下'精忠报国'四字。但愿你做个忠臣，我做娘的死后，那些来来往往的人道：'好个安人，教子成名，尽忠报国，流芳百世！'我就含笑于九泉矣。"——岳母和王义方的母亲观念完全一致，而这种观念又是中国人对忠、孝最普遍的观念。古代另一个名满天下的忠臣要算关羽。自宋至清，各代帝王对其屡屡加封，到了清代，已将其称为"忠义神武灵祐仁勇威显护国保民精诚绥靖诩赞宣德关圣大帝"，差不多将可用上的赞词都用上了。关羽的实迹是否与以后的隆誉相称，不是我们在此处要讨论的话题，但有趣的是，民间对关圣最敬服的却是秉烛达旦这样的小事一件。此事即《三国演义》中所说的，曹操"欲乱其君臣之礼，使关公与二嫂共处一室。关公乃秉烛立于户外，自夜达旦，毫无倦色"。明代于慎行对此大惑不解，他认为世以"秉烛"为关羽的大节，"见亦陋矣"。"曹公耽耽寿亭，欲败其节而致诸死，镯之一室，耳目密列，即非寿亭，其谁自白乎？……关之大节在始终为主而无二三之志，此其与天地同量、日月争光者矣。"[①]

----

① 《谷山笔麈》，卷十六。

我们不能不承认于慎行分析得真是相当有道理，但他似乎忽视了一个不该忽视的问题——传统观念的影响与作用：秉烛之事虽小，但反映了关羽事兄长之孝心，守人伦之大节。关羽不忘旧主，千里走单骑是他的忠，再加上秉烛，就忠孝两全了；至圣至神，这才是中国社会最理想的典型人格。

忠孝观念下的人格依附

黑格尔曾经说："在中国，那个普遍的意志直接命令个人做些什么，个人则敬谨服从，因而失掉反省和自我。"这位伟大的哲学家以其敏锐的眼光准确地捉住了中国社会中个体的特征。自我的丧失和人格的依附在中国并不是自古即然，而是封建政治、道德、伦理不断强化和忠孝观念逐步牢固的结果。

先秦时，士的自我意识较强，他们大多能感觉到自己的独立地位和作用。统治者的"礼贤下士"并不使他们有受宠若惊之态。齐宣王命令颜斶走到自己跟前来，颜斶却叫"王前！"齐王很不高兴，说："王者贵乎？士贵乎？"颜斶便大讲了一番士比王贵的道理，指出只有明白尊重士的道理才能称明主。齐王驳不倒他，只好说："嗟乎，君子焉可侮哉！寡人自取病耳。及今闻君子之言，乃今闻细人之行。愿请受为弟子。且颜先生与寡人游，食必太牢，出必乘车，妻子衣服丽都。"颜斶不答应，回答："斶愿得归，晚食以当肉，安步以当车，无罪以当贵，清静贞正以自虞。"①辞别而去。颜斶捍卫了自己的人格，使得齐王反倒请他为师。在当时，有才能的士大多能捍卫自己的人格，他们并不为强权的意志所左右，而恰恰是要左右强权。那些游说之士，信口雌黄，翻云覆雨，倒将国君当成了愚弄的对象。在那样的时代里，诸子百家均为自己的信念、意志和理想而奋斗，各显其能，并不多虑及他人甚至君主的意愿。"子"和"夫子"原先是卿大夫贵族的尊称，后来却变成一般学者的尊称。"孔子"、"老子"、"墨子"都显示出社会对他们的尊重以及他们人格的独立价值。

然而，秦汉以后就不同了：王权专制的不断加强使臣民要保持独立的人格越来越困难。王充在《论衡·逢遇》中讲了一则寓言故事：有个人一心想做官，但到年老白首仍未得到一官半职，便伤心地在路边哭泣。人们问他原因，他回答说："吾仕数不遇，自伤年老失时，是以泣也。"再问他怎么会一直不遇到机会，他说："吾年少时学为文，文德成就，始欲仕官，人君好用老。用老主亡，后主又用武，吾更为武，武节始就，武主又亡。少主始立，好用少年，吾年又老，是以未尝一遇。"作者用这个寓言说明机遇的不可强求，而实际上专制王权下的大多数人都像那个白头老人一样，一生在为他人的意志而改造自己。他们探求时代的需要，揣摩君主的喜好，很少顾及保持自己的人格。

---

① 《战国策·齐策》。

84

阮籍说："世之所谓君子，惟法是修，惟乱是克，手执圭璧，足覆绳墨，行欲为目前检，言欲为无穷则，少称乡党，长闻邻国，上欲图三公，下不失九州牧。"①这种一举一动都为礼法所约束的君子，完全丧失了自我。他们和那个仕数不遇的老头所不同之处，仅在于他们揣摩及时，将自我改造得更为彻底，所以他们能官运亨通，上可图三公，下不失州牧。他们的人格早已依附于礼法。阮籍将他们比作裤缝中的群虱："独不见群虱之处裤中，逃乎深缝，匿乎坏絮，自以为吉宅也。行不敢离缝际，动不敢出裤裆，自以为得绳墨也。然炎丘火流，焦邑灭都，群虱处于裤中而不能出也。君子之处域内，何异夫虱之处裤中乎?"②

中国社会普遍存在的人格依附痼疾，病源实在于孝和忠的异化。孝的核心虽然是服从，但汉时，《孝经》中还给孝子保留了"当不义，子不可以不争于父，臣不可以不争于君"的权利，也就是说还没有完全抹煞孝子的独立人格。然而在此以后，封建伦理道德的紧箍咒越念越急，孝子的这点抗争权也逐渐被剥夺殆尽。《郑氏规范》规定："子孙受长上诃责，不论是非，但当俯首默受，毋得分理。"司马光在《居家杂议》中说做一个孝子孝妇"居闲无事，则待于父母、舅姑之所，容貌必恭，执事必谨，语言应对必下气怡声，出入起居必谨扶卫之，不敢涕唾喧呼于父母

① 《晋书·阮籍传》。
② 《晋书·阮籍传》。

舅姑之侧。父母舅姑不命之坐不敢坐，不命之退不敢退"，①要求成为一个完全不敢自主的奴才。朱熹更明确地说"天下无不是的父母"。作为子女下辈，其义务就包括了否定自我；而作为家长，其权利便包括了扼杀下辈的自我。在合族而居的大家庭中，要当一个称职的家长，就在于他能否把族人的独立性全部磨灭掉。曾有一个族长选一个十四岁的儿童当自己的继任者，说在整个家族中考察下来就只有这个儿童能当此任。这个小孩也不推却，只要求先试办一二日才决定是否干。于是，"其人遍召族中各房长至，下令曰：明日可尽割田中麦。时才三月，非割麦时，然诸人皆唯唯受教，旋散去。其人又潜出巡视各处，即又召诸人至，令曰：顷已察得麦未熟，未可割，可即停止，诸人又诺而去。乃为族长曰：可矣。族长问其故。曰：闻令而应如声响，是服教令也，吾退而察之，则皆各谕其属，无有敢匿令者，是不敢慢惰也。如是吾故以为可矣。族长深然之，因以事授之"。②一个十四岁的儿童已老于世故，深谙家族制度的精粹，这不能不说是社会的功劳。"理解的要执行，不理解的也要执行"，这个在十年动乱中曾作为真理的训条，其实在我们的家族制度中早已发挥得淋漓尽致。个性在中国社会中一向没有地位，也不允许它有地位。

家族是社会的缩影，中国的历代皇帝不一定人人都能像这个

---

① 《书议》，卷四。
② 《中国社会史料丛钞》甲集。

少年族长有心计，但在要求臣民完全放弃个人的独立人格这点上是相同的。有人认为，中国古代的进谏制度使臣民可以保留一部分甚至比较充分的人格自主。事情其实并非如此。一个忠臣，能否敢于直言进谏是重要的。《忠经》第十五章说："忠臣之事君也，莫先于谏"，"违而不谏，则非忠臣。夫谏始于顺辞，中于抗议，终于死节"。从商代的比干到明代的海瑞，能够冒死进谏的人，历代都受到了人们的敬重，但是，进谏并不能说明他们有完整的独立人格。明代于慎行说："人臣之犯颜直谏，非以为名也。凡以冀上之从也，上从之而不受其名，是主臣俱荣；上不从而己受其辱，则过归于上，而名成于下，非纯臣之本心矣。且夫臣子之于君父，固欲得其欢心，非以咈意为愿也。君父之喜，自必以为荣，君父之怒，自必以为辱，乃臣子之常耳。今也以为名之故，而成其为利之实，遂至以君父之喜为辱，而以君父之怒为荣，无乃非臣子之情乎？夫求其喜而不得以至于怒，是求其荣而不得以至于辱也，恐惧修省若将无所容，如曰'父母之不我爱，于我何哉？'如曰'臣罪当诛兮，天王明圣'，则庶乎不失臣子之义，而利名亦可永誉矣。倘以此骄人，以此轻世，恐有道者视之，不免发一笑尔。"①犯颜直谏不能失臣子之义，犯颜并不是臣下的独立人格与君权的对抗和冲突，而是臣下为维护君权而尽的责任。

---

① 《谷山笔麈》，卷十六。

封建社会人格的依附，不仅仅是对皇权的依附，而且是对一切可以代表"公"的事物的依附。在家听父兄之言，求母亲的庇护；在社会唯长官意志是从，把自己的命运交托给某个集团。乾隆皇帝有一次召见浙江、山东、甘肃三省管民政、财政的藩司。乾隆问他们："汝等皆历任藩司，在任时畏督抚否？"东藩回答"不畏"，因为他认为"皇上既放督抚，又放藩司，本属互相纠察，若一味畏惧，不敢争论，则藩司为虚设矣"。浙藩说公事不怕，私事怕，因为"公事，督抚有无，必当争执，如畏惧默默，必致逢迎迁就；至私事，稍涉营私不公，督抚即当奏劾，安敢不畏"。甘藩则说"甚畏"，并解释说："督抚以下即藩司，属员视藩司如视督抚，藩司不畏督抚，属员亦相率不畏藩司。属员无畏惧心，公事必致棘手，臣不敢不畏。"乾隆觉得这三个人都回答得很好，都是督抚之才，不久便将他们一一升任封疆大吏。①或许这件事给人的头一个印象会是三藩司的机智，然而进一步思考一下，同一件事情，有三种截然不同的处理方式，是否能有一种显示出个人的独立人格。甚畏督抚当然不再可能有什么独立性，更何况他的甚畏还不是出于本性，而是为了做一个僚属的表率，使公事不棘手。甘藩的甚畏完全排除了自我，他把自己当作官衙中的一个关联部件。浙藩公事不畏私事畏，公私分明，极有分寸。然而论及公事，他自己就一定没有过失，不怕督抚奏劾？论及私

① 见《清稗类钞·才辩篇》。

88

事，督抚必不会营私不公，他可以畏惧默默？显然不能自圆其说。其实他所以要以公事私事来区分，也仅在于表示自己是公的附庸，时刻保持敬畏之心，以克服私心杂念。东藩不畏，气势很壮，但其实也不过仗着皇上的威势。他把自己看作皇帝用来钳制督抚的一个工具，一个爪牙，当然不应怕督抚。这样，又哪里有自我可言呢？

忧国忧民之心和儿女私情

个人人格的依附，在今天看来似乎很可悲，但在中国古代正是一种受人尊重的美德；克己奉公、公而忘私是最高的道德赞美用语。公笼罩着一切，渗透在一切领域，私的位置很小；如果真的想要求私，最好的办法就是假公济私。《吕氏春秋·贵公》说："昔先圣王之治天下也，必先公，公则天下平矣。"公要求人尽忠尽孝，丧失自我，要求人的全部思想、行为都围绕着公转。《忠经》说："故君子之事上也，入则献其谋，出则行其政，居则思其道，动则有仪，秉职不回，言事无惮，苟利社稷，则不顾其身。"进退居动都为公谋利益。但是，这样的忠臣就没有私心了吗？

东汉著名的大臣第五伦"奉公尽节，言事无所依违。诸子或时谏止，辄叱遣之，吏人奏记及便宜者，亦并封上，其无私若此。性质悫，少文采，在位以贞白称"。有人问他有没有私心，他回答说："昔人有与吾千里马者，吾虽不受，每三公有所选举，心不能忘，而亦终不用也。吾兄子常病，一夜十往，退而寝；吾子有疾，虽不省视而竟夕不眠。若是者，岂可谓无私乎?"①第五伦太老实了，"亦以此见轻"，但他其实正是费尽心机在克服自己的私字一闪念。对厚礼虽拒绝了，心里还是领了情，但碍于公，不敢图报；侄子病了，其实心里一点也不焦急，但还要一夜十往，以示无私心。私情为公念所不容，不能排尽私情，只好用虚情假意来掩饰它们。

中国古代的史诗——《诗经》中有许多是表达民间儿女私情的作品，甚至有些够称得上"淫诗"。《诗经》得以流传并成为儒家经典，当然是孔子的功劳。但是这份功劳，主要并不在他整理、传播了它，而在于给了它一个新的灵魂——"思无邪"。孔子将诗的隐喻作用扩大，"诗可以兴，可以观，可以群，可以怨，迩之事父，远之事君"，一下子拉到了君臣父子忠孝节义的正题上去了，使它"可施于礼义"。②后世儒者进一步沿着孔子的足迹走了下去。东汉的卫宏为诗作序，牵强附会，穿凿曲解，完全改变了《诗经》的本来面目，结果，序倒成了中心。儿女私情变成旨大义宏的礼义说教。清代崔述提出疑问："至于《同车》、《扶苏》、《狡童》、《褰裳》、《蔓草》、《溱洧》之属，明明男女媟洽之词，岂得复别为说以曲解之！若不问其词，不问其意，而但横一

① 《后汉书·第五伦传》。
② 《史记·孔子世家》。

90

必无淫诗之念于其胸中，其于说诗，岂有当哉?"①东璧先生问得有理，但如果不把男女媟洽之词曲解成君臣之大义，《诗经》是否还有如此经久流传的可能？又怎么可能在儒学圣教的殿堂中占得席位？

在中国，儿女私情是上不得台面的，那些情意缠绵的淫词艳曲只能在花街柳巷中萦绕。甚至《西厢记》、《红楼梦》等文学名著，也只能偷偷地传播。人的思想只有忧国忧民，为公操心才是正当的，合乎礼教的。孔子周游列国，到处碰壁，又受到一些隐者的讥讽。老夫子大有感叹："鸟兽不可与同群，吾非斯人之徒与，而谁与！天下有道，丘不与易也。"②是啊，圣人志在救世，不同世人生活在一起，还同谁在一起？怎么能去和那些与鸟兽为群的隐士在一起呢？如果天下太平了，老夫子也就不会再参与政治了。此时此刻，孔子的处境是尴尬落魄的，惶惶然如丧家之犬。但是他这几句话一讲，形象顿时高大起来，匡世救民的思想一阐发，不但解了嘲，而且弟子门生也为之振奋。如果孔子此时思想起老婆儿子，那就万事皆休，弟子门生们恐怕要逃之夭夭了。

这里并不是要说忧国忧民之心不可取，而是想说明这种心态的超度扩张给中国人造成的精神负担会有多么大。屈原为国家的

---

① 《读风偶识》，卷三。
② 《论语·微子》。

前途忧思伤心："哀吾生之无乐兮，幽独处乎山中；吾不能变心而从俗兮，固将愁苦而终穷。接舆髡首兮，桑扈臝行。忠不必用兮，贤不必以；伍子逢殃兮，比干菹醢。与前世而皆然兮，吾又何怨乎今之人？余将董道而不豫兮，固将重昏而终身。"①几千年来，人们为屈原的情操所感动，为他的遭遇而不平，然而，屈原的悲剧的要害到底在哪里，则很少有人考虑。楚国的衰势和怀王的昏昧，屈原明知不可改变；忠贤在乱世找不到出路，他也知道前世皆然，不必怨今之人。然而他总"眷顾楚国，系心怀王，不忘欲反，冀幸君之一悟，俗之一改"。②虽然他自以为"举世混浊而我独清，众人皆醉而我独醒"，但实际上他也并不清醒，或者说即使清醒仍摆脱不了依附于他人的奴性。而这种奴性，在历代忧国忧民的杰出人物中是一脉相传、十分明显的。

　　同样是个诗人而深怀忧国忧民之心的最出类拔萃者要数杜甫。这位大诗人历尽离乱，饱经困苦，而忧国忧民之心不减丝毫。他的名句"国破山河在，城春草木深。感时花溅泪，恨别鸟惊心"将他与国与民深切的感情联系充分表达出来，曾感动过许多人。然而，也正是这位杜甫，"自谓颇挺出，立登要路津"，为营求一官半职在达官贵人中四处奔走。郭沫若先生竭力贬低杜甫并不公允，但杜甫确实缺乏铮铮硬骨，而染上较多的奴性。他能够以饥寒之身而怀济世之心，处穷迫之境而无厌世之想，但一旦

---

① 《楚辞·涉江》。
② 《史记·屈原贾生列传》。

地位改变，出入宫掖，接近皇帝，抱负和理想便抛在一边，下层人民的疾苦也无暇顾及。为什么忧国忧民之心在穷、达两种不同的处境有那样大的差异？为什么身处逆境时忧国之心常常会更为激烈？在穷逆之境，直接受损害的是个体，为私反抗的呼声总是最先从心灵涌出。然而，在重公轻私的反个性价值取向的作用下，要求为个体鸣不平的愿望习惯地转化为一种对整体，对公的忧患心理。老杜的那首《茅屋为秋风所破歌》读者一定都很熟悉。那时诗人抛弃官职，举家逃荒到四川成都，好不容易建成草堂得以安身。然而祸不单行，一场大风竟刮去了茅屋顶，损害直接降临在诗人一家头上。诗人的行动是要为自己追回屋顶茅草，但他发出的感慨却马上转成匡世救民的变奏曲："安得广厦千万间，大庇天下寒士俱欢颜，风雨不动安如山。呜呼！何时眼前突兀见此屋，吾庐独破受冻死亦足！"诗人的思想何等高尚！何等超脱！又何等虚伪！且不说他跻身官场时的表现，单就诗兴所发的起因便可知他最关心的是自己的居所，如果不是吹掉他的而是掀了别人家的屋顶，彼时彼地是否还能有如此激动之心？将儿女私情硬变为忧国忧民之心，便可以为自己崇高的道德情操而自豪了。

乡谊、人情和面子

私情和公念之间的不平衡并没有使中国变成一个公事公办的冰凉世界，恰恰相反，中国社会以它独特的丰厚人情味而著称域外。首先，排斥私情并不妨碍孝悌，这是一种公德。其次，也不妨碍爱护和争取家族的利益，这也是一种值得称道和名垂青史的品质。再次，对同姓、同乡、同年、同僚都可以有特殊的感情，决不会招来私情过重的批评。

中国怀乡思旧几乎等同于热爱祖国，所以乡谊很受人看重。地域关系代替血缘关系本是原始人好不容易跨出的一步，但在封建社会，地域关系却像血缘关系一样凝固着社会的各个方面。东汉后期，士大夫已有用籍贯联络结成集团与宦官斗争的策略。有人告发张俭"与同乡二十四人别相署号，共为部党"。范滂受宦官迫害，获释南归，家乡士大夫"迎之者数千两（辆）"，当作家乡的英雄和骄傲。①唐宋以后，地域籍贯成为政治派别的重要划分界限。北宋寇准最讨厌南方人。临江人萧贯当中状元，他坚决反对。事后洋洋得意地告诉同僚说："又与中原夺得一状元！"②司马光是陕州人，对南方人也有很深的偏见。他对宋神宗说："闽人狡险，楚人轻易，今二相皆闽人，二参政皆楚人，必将援引乡党之士，充塞朝廷，风俗何以更得淳厚。"③援引乡党之士，在当时看来是相当自然，相当正常的事，司马光担心闽、楚人掌权，也包含了对家乡人失势的担忧。

明代士大夫很喜欢将籍贯代称。严嵩被称为分宜，因为他是

---

① 见《后汉书·党锢列传》。
② 《宋人轶事汇编》，卷三十七。
③ 《宋史纪事本末》，卷三十七。

江西分宜人。徐阶称为华亭，高拱称新郑，张居正称江陵，都以籍贯作尊称。乡情乡谊在官场中特别浓厚。有个江西人，被严嵩一手提拔上来当了工部尚书，后来严嵩势衰，便改换门庭，当面顶撞严嵩。严嵩很为吃惊，说："若非吾里子耶？何得为他人乃尔！"①同乡人不互相支持是反常之举。严嵩得势时，江西人沾光不少，"江右士大夫往往号之为父"。徐阶是华亭（今上海松江）人，感到自己的地位岌岌可危，"会吴中有岛寇，华亭即卜宅豫章，佯为避寇之计，有司为之树坊治第，附籍江右，又与世蕃结亲，江右士大夫皆讲乡曲之谊，于是分宜坦然不复介意。已而谋逐分宜，世蕃诛死，即鬻南昌里第，解江右之籍"。②附籍当个假同乡，用乡曲之谊来麻痹政敌，最后把政敌攻倒，这是中国式的特洛伊木马计，乡情乡谊在其中所起重要作用自不待言。

乡情乡谊不但在官场讲求，在民间也很起作用。出门在外遇到同乡如同见到亲人，同乡之间往往容易笼络感情。旧时，商人会馆多以省、府、州县命名，是一些带有同乡会性质的组织。据考察，会馆最早是试馆，专供赴京会试的外籍士子歇脚，也常成为客居异地的同乡士绅的聚会场所。《帝京景物略》记："继自今，内城馆者，绅是主；外城馆者，公车岁贡士是寓。其各申饬乡籍，以密五城之治：斯亦古者友宗主数，两系邦国意欤！"由此可见，会馆最初也是为政治服务的，后来被商人盘居，用于通

---

① 《谷山笔麈》，卷四。
② 《谷山笔麈》，卷四。

商贸易和据点，但"联乡谊于异地"、"叙桑梓之乐"、"睦乡谊"、"笃乡情"等宗旨在工商会馆创办时大多作为重要目的被刻在碑文中。顾炎武在《肇域志》中载录有关徽州商人的习俗说："商贾在外，遇乡里之讼，不啻身尝之，醵金出死力，则又以众帮众，无非为己身地也。近江右出外，亦多效之。"同乡互相授助成为一种习惯性的义务，不单是徽州商人这样做，各地在外商人都遵守这种习俗。

乡情乡谊只是中国社会人际关系的一种纽带，它实际上只是人情的一种。而人情不光在亲戚、同姓、同乡之间，也在非血缘或地域联系的对象——熟人、朋友、同事、同学等等——之间，反正一切能纳入自己关系网中的人，都需要用人情来沟通、联系、交往。在这里，血缘和感情有时同等重要。俗话说"远亲不如近邻"，近邻之所以胜过远亲，是因为近邻和你的接触与联系是经常性的。而在中国，人与人之间的联系一般并不以等价交换的原则进行。"投我以木瓜，报之以琼琚。匪报也，永以为好也。投我以木桃，报之以琼瑶。匪报也，永以为好也。"①木瓜和佩玉价值相差何几，但他们所重的是情意。在中国，"熟人好办事"也是这个道理。冷冰冰的契约关系不是中国人喜欢的交换方式。中国人提倡的是"施惠莫念，受恩莫忘"，施惠者的利益靠受恩者的不忘而实现——也就是付出的一方并不马上要求，或喋喋不

---

① 《诗经·木瓜》。

休地要求对方以等价回报，而是宽宏大度地期待对方将来知恩图报，报还琼瑶。施惠者与其说是给人利益，不如说是做了个人情，放长线，钓大鱼。对方如果接受这个人情，并要维持和发展这种人情关系，必然会在适当的时候以更高的代价还报。就在这样的一来一往之中，关系网越织越密，越织越牢。

当然，人情关系的建立不是无条件的，如果人人之间都能有这种关系，那可要真的变成"四海之内皆兄弟"的大同世界了。人情总是首先在特殊的群体内发展：亲戚、乡邻、同乡、朋友……大家互相认识、了解，对自己投放的人情能预期今后的收回。其次，对那些有权势，有能力，重人情的人，人们都想和他建立人情关系，因为这种关系一旦真的建立起来，可以预期回报之丰厚。再次，在某些场合，人情的放出，并不期望收回，而是为了让其他人知道他是重人情，讲面子的，这样，人们就会非常愿意和他进行人情交换，他的关系网就会日益扩大，有求于他的人会越来越多，愿为他出力的人也会越来越多，社会地位和声望便建立起来，能办成的事也越来越多。这成了一种"良性循环"。

人情的建立离不开面子。有一联说："人人有面，树树有皮"，①人的面子也就是体面，不体面的人很少会有人愿意和他建立人情关系，所以中国人最讲面子，以致发展到"死要面子活受罪"。这个弱点由来已久，连那位一本正经的孔老夫子也难免。

---

① 《吴下谚联》，卷二。

孔子到卫国，正碰上旧馆人之丧，入而哭之，出来后，叫子贡解下骖马送给丧家。子贡很奇怪，问孔子为什么要送这样重的礼。孔子说："予乡者入而哭之，遇于一哀而出涕。予恶夫涕之无从也。小子行之。"①意思是说自己哭得太伤心，如果没有相应的礼物就要失面子了。王充在《论衡·问孔》中曾就此事责难孔子："不脱马以赙旧馆，未必乱制，葬子有棺无椁，废礼伤法。孔子重赙旧人之恩，轻废葬子之礼，此礼得于他人，制失亲子也。"孔子最讲究礼，却因为故旧之情，为了保全面子而乱了自己的处事标准，可见人情面子的厉害。

有人说："世人单为'体面'二字，坏却平生。充其念，纯是一团好胜之私，此点病根，为害不小。"②要体面的私，不是一般的私，而是通过与公的关系网交换而成的私，有时甚至是以"无私"的形式表现出来——即为了长远的利益，可以牺牲眼前的私利，并对今后长远的利益也装作不屑计较；做人行事，豁达大度，但于其中不讲是非，只求体面，只求巩固和扩大自己的关系网。为体面而付出的价值完全靠关系网的存在而增值，这样，在社会生活中，保护、照顾、提携关系网上的人就成为一项首要的义务。明代黄绾说："今日朋友专事党护勾引，以立门户，自相标榜，自为尊大，不论人之贤否，事之是非，情之诚伪，凡与其意合者，辄加称重回护，以为贤，为是，为诚，而尊大之；凡

---

① 《礼记·檀弓》。
② 《祝子·遗书》。

与其意不合者，辄不论其贤，其是，其诚，加毁讪排抑而卑小之，所以致人之怨恶不平，皆在于此。"①门户之内，互相标榜，为对方增面子，关系网越织越牢；门户之外，绝不通融，甚至故意找茬刁难。社会一方面显得人情十足，一方面又是那样不通情理，进不进关系网简直是天上人间，两个世界。

人情靠面子，面子增人情，但是你千万得小心，若是伤了他人的面子，哪怕是无意的，也将会是最不可宽恕的过失。北宋时，丁谓因得寇准推荐，当了参知政事，地位相当于副宰相。"谓既因准称誉，渐致通显，虽同列而事准最谨。尝会食中书，羹污准须，谓徐起拂之，准笑曰：'参政，国之大臣，乃为官长拂须耶！'谓大惭恨，遂成仇隙。"②因为有知遇之感而特别尊敬对方，并不是应该谴责的阿谀行为。寇准不给丁谓面子，当面污辱他，使他下不了台，本来所怀的感恩之心竟在刹那之间变为仇恨之情。后来寇准终于被丁谓找了个机会，飞语中伤，罢了相。丁谓还不解恨，临拟贬官命令时，又施手段，将寇准远远地贬到南方雷州半岛，甚至还想让他去"崖州再涉鲸波"，③必欲置之死地而后快。因折了面子而酿成的仇隙不可谓不深。明代严嵩陷害夏言，心狠手辣。之所以如此，他说："吾生平为贵溪（夏籍贵溪）所狼藉，不可胜数，而最不堪者二事。"这最无法忍受的是什么

---

① 《明道编》，卷一。
② 《宋史纪事本末》，卷二。
③ 《归田录》，卷一。

事呢？说出来真让人吃惊。原来严嵩多次置酒邀请夏言，夏言总不肯去；偶尔答应了，到期又变卦；后来勉强来了，态度傲慢，一点不给严嵩面子。①夏言可能做得有点过分，但这毕竟只是生活小事，严嵩却认为这是损伤自己面子的奇耻大辱，非报复不可。其实，因伤了对方面子而结仇的事例在历史上屡见不鲜。对此大意，死到临头还不知道是怎样丧的命。

官　本　位

在中国社会，一切都必须打上公的印记才能通行无阻。在现代人看来，封建时代的重要特征是权力私有，皇帝、官僚利用政治权力为自己谋利，以权谋私，由来已久。但是在当时，权力恰恰是公的象征。房玄龄问王通"正主庇民"之道，王通告诉他："夫能遗其身，然后能无私。无私，然后能至公。至公，然后以天下为心矣，道可行矣。"②这里的至公无私当然不是指一种共产主义道德之类的品质，而是把国家的政治放在首位，必须满腔忠诚地辅佐帝王巩固政权，谋图国家的长治久安。所以，至公无私实际上就是指把自己完全献身于政治。为公最明显的行动就是做官，官越做得大，为公的贡献也越大。当然，如果做坏官贪官，公然假公济私，营私舞弊，那另作别论，但不做官便很难体现出

① 见《玉堂丛语》，卷八。
② 《中说·魏相第八》。

为公的表现，这一点却是确定的。孔子是一心为公的模范，也是一心做官的模范。鲁国公山弗扰叛季氏，召孔子去帮忙，孔子马上准备动身。子路不高兴了，认为老师去帮助背主叛上之人，有悖于自己一贯的政治立场。孔子说："夫召我者，而岂徒哉。如有用我者，吾其为东周乎！"晋国佛肸叛赵氏，也召孔子，孔子又想去。子路更不高兴了，用老师过去讲过的"亲于其身为不善者，君子不入也"的道理来难为老师。孔子回答：我是讲过这话，但也讲过至坚的东西磨不薄，至白的东西染不黑，君子处浊乱而不污；"吾岂匏瓜也哉，焉能系而不食。"①公山弗扰和佛肸都是该归入乱臣贼子一类的人物，在做官的诱惑面前，孔子也顾不得什么原则立场了。孟子说孔子"三月无君，皇皇如也"，真是确切不过的评语。

只有做官从政才算为公，才能获得社会的最高荣誉，才能实现个人的抱负，这种单一的价值取向使中国变成一个官本位的社会。知识、才能、学问如果不用来为政治服务，便不能显示它的价值。春秋时越国勾践忍辱负重，奋发图强，最后战胜吴国，主要是得益于"计然之策"，《史记·货殖列传》说："计然之策七，越用其五而得意。"相传计然是范蠡的老师，他把自己的理论传给学生，学生拿去从政，便成了大事，出了名，而老师本人则连姓名也众说纷纭，甚至被后人疑为子虚乌有之人。从史籍中的零

----

① 《论语·阳货》。

星记载中看，计然之策主要是一些经济理论，那么，计然这个人或许就是两千五百年前一位了不起的经济学家吧！范蠡弃官后，用计然的理论指导经商，发了大财，可见计然之策的精华。但计然没有从政做官，只能默默无闻。

东汉重隐士，不从政做官反能得好名声，但隐士的名声又比不上党锢诸名士。"李膺风格秀整，高自标持，欲以天下风教是非为己任。后进士有升其堂者，皆以为登龙门。""陈仲举言为士则，行当世范，登车揽辔，有澄清天下之志。"①一心匡世救民，着眼天下，境界是何等高超，气势是何等磅礴，岂能让隐士来同日而语。刘表劝隐士庞公出山，说："夫保全一身，孰若保全天下乎？"②做隐士只保全自己一身，私心杂念忒重这一罪名是逃脱不掉的。明太祖朱元璋公私分明，嫉私如仇。你不愿做我的官，不愿为公尽力，就是私心小人，"寰中士大夫不为君用，是自外其教者，诛其身而籍其家"。③贵溪儒士夏伯启叔侄"断指不仕"，苏州姚润、王谟被征不至，明太祖动真格，杀了头不算，还"籍其家"，④手段不可谓不辣，结果不可谓不惨。

朱元璋的措施实在是过于严厉了，其实，维护官本位并不需要如此激烈的手段。几千年下来，官的价值、社会地位、经济利

---

① 《世说新语·德行》。
② 《后汉书·逸民传》。
③ 《大诰二编》。
④ 《明史·刑法志》。

102

益等等是明摆着的东西，连最愚昧的人也清楚。官就是权，权就是利。宋翔凤说："三代以下，未有不仕而能富者。故官越尊，则禄愈厚，求富即干禄也。"①西汉贡禹未做官时，"妻子糠豆不赡，短褐不完"，简直难以养家活口。做了官以后，先是"秩八百石，奉钱月九千二百。廪食太官，又蒙赏赐四时杂缯绵絮衣服酒肉诸果物，德厚甚深"。升官光禄大夫，"秩二千石，奉钱月万二千。禄赐愈多，家日以富，身日以益尊"。当了官，便滑进富贵轨道，身不由己。贡禹尚觉内心不安，说："诚非草茅愚臣所当蒙也。伏自念终亡以报厚德，日夜惭愧而已。"②这些话可能也是谦词，以表达对皇上的忠心。但大部分官僚，做官便是为了和皇帝共享公利，唯恐富贵之迟来。

做官的好处远过于求富。在中国，对权的崇拜超过了对其他任何东西的崇拜，官有权便有一切。汉代严助早年"家贫，为友婿，富人辱"。后来出使南越立功，汉武帝问他有什么要求，他说要回家乡去当官，于是委任他为会稽太守。权、势、利、财随着新太守返回故乡，当年的贫辱之怨一一报复。无独有偶，他的一个同乡朱买臣也是穷光蛋出身，穷得甚至连妻子也改嫁跑掉了。后来发迹，武帝让他当会稽太守，《汉书·朱买臣传》记："初买臣免，待诏，常从会稽守邸者寄居饭食。拜为太守，买臣衣故衣，怀其印绶，步归郡邸。直上计时，会稽吏方相与群饮，

---

① 《论语正义》。
② 《汉书·贡禹传》。

不视买臣。买臣入室中，守邸与共食，食且饱，少见其绶。守邸怪之，前引其绶，视其印，会稽太守章也。守邸惊，出语上计掾吏，皆醉，大呼曰：'妄诞耳！'守邸曰：'试来视之。'其故人素轻买臣者入内视之，还走，疾呼曰：'实然！'坐中惊骇，白守丞，相推排陈列中庭拜谒。买臣徐出户。"班固真不愧为史学大家，这段绝妙的文字把会稽吏前倨后恭的情态刻画得栩栩如生。左右这群人情态之所以有此大变化，正是官为本位价值观念在起作用。朱买臣也很明白官的价值，衣锦还乡，"悉召见故人与饮食诸尝有恩者，皆报复焉"；当然，和他有怨仇的那些人，想来也在劫难逃啰！

当官既然有这么多实际好处，把它用货币来定个价实在是明白人做明白事。历代对卖官鬻爵制度批评甚多，其实，这些批评者的官本位观念比卖官者更强，官有价可卖，实际已是贬值，这也是对官本位的一种冲击。没有政治权力的社会财富拥有者，为了保护自己的利益，为了与盘剥者处于平等的地位，用钱买官，似是正当防卫，无可非议。明代王锜说："朝廷所重者名爵，庶民所畏者县官。近年富儿入银得买指挥者，三品官也，县官岂能抑之？余偶入城，忽遇驺呵属路，金紫煌赫，与府僚分道而行。士夫见之，敛避不暇。因询于人，始知其为纳银指挥。虎而翼之，无甚于此。"①官有售价，本身是官本位的副产物，官爵值钱，

---

① 《寓圃杂记》，卷十。

人们才肯出大价钱买；升官发财连得太紧，卖官鬻爵才能长盛不衰。但官可用钱买，官民界线不清，又动摇了官本位。钱多可买官，效果相同，便成了钱官双本位，所以封建士大夫特别反对。

更令人担忧的是，富户商贾用钱买得官后，赤裸裸地用商品观念来指导官政，把原来隐蔽的权生利关系公开化，这正是某些人讳莫如深的。明人叶权说："余识一监生，故富家，拜余姚县丞，缘事罢归，居常怏怏。余戏而劝之曰：'公白丁，以赀官八品，与明府分庭，一旦解官，家又不贫，身计已了，何不乐也。'丞以情告曰：'自吾营入泮宫，至上纳费金千两，意为官当得数倍，今归不勾本，虽妻子亦怨矣。'呜呼，以勾本获赢之心为民父母，是以商贾之道临之也。卖爵之弊，何可言哉。"①把做官当作做生意，要想不赔本只赢利，确实铜臭气十足，令人可厌。然而，在封建社会里"臣尽死力以与君市，君垂爵禄以与臣市"，②这种君臣关系不也是一种生意经的关系吗？大部分官僚并不想尽死力，他们要以最小的本钱去赢取最大的利益，其贪心之大比那余姚县丞真是有过之而无不及。明朝正德年间，松江的"士大夫一中进士之后，则于平日同堂之友，谢去恐不速；里中虽有谈文论道之士，非唯厌见其面，亦且恶闻其名。而日逐奔走于门下者，皆言利之徒也"。③万历时，周顺昌愤然："最恨方今仕途如

①《贤博编》。
②《韩非子·难一》。
③《四友斋丛说·正俗》。

105

市。入仕者如往市中贸易，计美恶，计大小，计贫富，计迟速。"①这种状况，与其说市场侵入官场，不如说官场吞并了市场，全国上下，只有"官"才是最值得追求、交换、受用的宝物。

读书做官，公车路窄

仕途如市，但并非人人能进入这个市场。入仕之途有多种：立功受封；荫叙授官；科举考官；纳资捐官，等等，而其中数量最多，最受重视的则是科举入仕之途。科举入仕就是读书做官之道，科举制自隋唐后才有，但读书做官从先秦即始。孔子从正面理解读书做官，认为只有读好书才能做好官。子羔学业未成，子路让他去当费邑的长官。孔子反对，说这要害人的。子路说："有民人焉，有社稷焉，何必读书，然后为学。"意思是可以在理国治民的实践中学，不一定非读书不可。孔子说："是故恶夫佞者。"②认为子路是强词夺理。孔子的这一观点，后来被其学生子夏更明确地阐明。鲁哀公问子夏："必学然后可以安国保民乎？"子夏回答得相当干脆："不学而能安国保民者，未之有也。"③

但当时也不乏从另一角度来理解读书做官的，即意识到要谋求官职必须读书，读书就是为求个一官半职，在读书上下的功夫

---

① 《周忠介公烬余集·与朱德升孝廉书》。
② 《论语·先进》。
③ 《韩诗外传》。

越大，期望谋取的官位就越高。战国时的苏秦可说是个典型代表。他开始书读得不到家，"出游数岁，大困而归"，受到兄弟嫂妹妻妾讥笑。"乃闭室不出，出其书遍观之。曰：'夫士业已屈首受书，而不能以取尊荣，虽多亦奚以为！'于是得周书《阴符》，伏而读之。"①相传他"读书欲睡，引锥自刺其股，血流至踵"。②这一以当官取尊荣为目的而发愤读书的事例，在后代竟传为美谈，变成人们激励后生晚辈努力进取的榜样。

读书做官和统治者的诱导关系很大。春秋末，赵襄子在一天中赏了两个中牟贤士为中大夫，"中牟之人弃其田耘，卖宅圃而随文学者邑之半"。③读书可做官，人们眼中的价值马上改变。汉初"公孙弘以《春秋》，白衣为天子三公，封以平津侯。天下之学士靡然乡风矣"。④读书能做高官，跟着学的人就更多。汉代儒学昌盛，读经者不计其数，原因即在其可通仕途。所以当时有句话说："遗子黄金满籝，不如一经。"⑤

隋唐以后，科举逐渐成为读书做官的主要通途。读书者的前程似乎也更有希望。以科举入仕是正途，有此出身颇可引以为荣。唐初薛元超，高宗时官至中书令，学问、才能、政绩都堪称

---

① 《史记·苏秦传》。
② 《战国策·秦策》。
③ 《韩非子·外储说左上》。
④ 《史记·儒林列传》。
⑤ 《汉书·韦贤传》。

第一流。但他自述平生有三恨，第一恨即"始不以进士擢第"。①宋代重文轻武，读书人更受器重。赵普为相，才干有余，读书不足，宋太祖总觉有所缺憾，曾发出"宰相须用读书人"之叹，并劝赵普读书，"普遂手不释卷"。②有宋一代知识分子都在为科举拼搏，"秉笔者如林，趋选者如云"，奠定了读书做官的价值取向。到元代，政府改变任官方式，"科目取士，止是万分之一耳，殆不过粉饰太平之具"。③知识分子地位急剧下降，至有"九儒十丐"之说。尽管当了老九，大部分知识分子并不死心，能挤进朝廷的不断建议君王恢复科举，在地方当官的努力推荐提拔学友同仁。他们还发起舆论，宣扬科举之长，文笔官司一直打到元朝灭亡才罢。在民间，儒学并没中断，读书虽然无用（升不了官；升不了大官；大多数人不能升官），而读书为上的思想却依然很普遍。王勋之父与人为奴仆，其母训子："汝亲近官人，学做好人，我当纺织供汝衣食耳。买书与汝读，他日识得几个字，免做贱隶，我含笑入地下矣。"又有一家做刀镊的小手工业者，妻子怀了孕，"乃属其夫迁居乡先生李仲举之邻，且曰：'令子在腹中，日闻读书声，必能若是也。'"④读书从胎教起，可见"万般皆下品，唯有读书高"的观念在劳动人民中间反而更为强烈。

---

① 《唐语林》，卷四。
② 《续资治通鉴长编》，卷七。
③ 《草木子》，卷四下。
④ 《至正直记》，卷二。

读书做官的期冀在此路不通时，尚且仍在下层炽烧；一旦到仕途畅通时便一发不可收。明代"中外文臣皆由科举而进，非科举者毋得与官"。①清代除科班外，另有捐班，但只有通过科举考试入仕的科班出身，才是正途。乾隆时史部尚书汪由敦极受皇上眷注，他的两个儿子是监生，屡试不中。汪由敦死后，一些同僚好友想请求乾隆给其两子赏个前程。乾隆见了汪家兄弟，却特别关心他们的科举，得知他们尚未中举，便说："汝明年可再试，试而不中可再来。"②在皇帝看来，要当官就得去参加科举考试，走这条"正途"；至于大臣们那种直接荫封官职的想法，乾隆一开始倒是根本不曾想到过。

俗话说，"人往高处走，水往低处流"。在中国，往高处走就是做官，做大官。做官必通过读书，读书做官成为人们奋发努力的主旋律。有人十年寒窗，博得金榜题名，富贵荣华俱至；有人命途多舛，每每名落孙山，一生潦倒场屋。更可怜天下父母心，大多破产延师，望子成龙，把出头的希望寄托在儿孙的举业上。清代金坛说："……夜分儿辈课毕，吾夫妇方寝。凡延师二十年，敬勤弗辄如一日。今五子幸俱游庠，而薄产亡矣！虽遣各就一馆，然俸薄不足糊口。吾夫妇一生，精力尽于子乎？"他们有一个儿子中了举人，便心满意足，认为这是自己"能重师教子之明验"。③成

---

① 《明史·选举志》。
② 《簪曝杂记》，卷二。
③ 《不下带编》，卷六。

功率为五分之一，已是很高了。

科举制给知识分子开辟了一条通向成功之道，但这是条十分狭窄的崎岖小路。唐代取士名额甚少，进士平均每年约取三十人左右。宋代扩大科举，进士、诸科取士每年约二百人左右。明清士人乡试合格为举人，举人就有了做官的资格；明代举人三年一科，平均每年约取二百三十余名。清如明制，平均每年增至四百余人。乾隆三十年，皇帝说："查每科中额一千二百九十名，统十年而制，加以恩科，则多至五千余人。而十年中所铨选者，不过五百人。除会试中式外，其曾经拣选候选者，尚余数千。经久愈多，随成壅积。而知县员缺，只有此数。缺少人多，固必然之势也。"[①] 取士一代比一代多，而空缺的官位不多，粥少僧多，仕途的艰难与漫长自不待言。

挤不进这条公车窄路者或半途翻车者，不免觖望，但他们又找不到第二条出路。虽然农可养家，工可糊口，商可发财，然而这些出路对一大批想出人头地的才识之士却显得毫无吸引力。失意士人公开反抗政府的事可谓代代有之，只不过形式与表现不同而已。唐末黄巢"粗涉书传，屡举进士不第，遂为盗"，[②] 成了推翻唐王朝的起义领袖。清代太平天国起义领袖洪秀全也是位屡试不中的失意秀才。更有一些人在国内处处碰壁，出奔异族外国。北宋时，北投契丹、西走西夏、南奔蛮邦的失意士人不少，他们

① 《石渠余纪》，卷一。
② 《资治通鉴》，卷二百五十二。

在那里受到重用，"或授以将帅，或任之公卿，推诚不疑，倚为谋主"。①西夏的兴起有中原士子张元、吴昊的很大功劳。这两人"负气倜傥，有纵横才，相与友善"，因屡试受挫，发忿西投，"夏人倚为谋主，以抗朝廷，连兵十余年，西方至为疲弊，职此二人为之"。②一方面是人才匮乏，一方面是人才外流，这固然与当时的选才用人制度有关，但读书做官，仕途最高的单一价值取向同样起了很重要的作用。在这种价值观念驱动下，人们被迫把眼光盯在从政做官上，读书不是为了获得知识，造福人类，而是为了谋求高位，统治人民。甚至连那些曾为中华民族作出过很大贡献，其功业可以彪炳世界科技史册的古代数学家、医学家、科学家，也常常为仕途不显而操心彷徨。

公车路窄，必然导致互碰互撞，缺少人多，只有你下来我才能上。文人相轻，文人相忌，文人相害之事在漫长的历史中俯拾即是。李贺因才气横溢，受同辈妒忌，其父名晋肃，由此而有舆论说"晋""进"同音，李贺应避家讳，不可应进士考。韩愈为之不平，作《讳辨》，但无济于事，李贺竟因此失去进身之路。他从此抑郁感伤，不能自释："我当二十不得意，一心愁谢如枯兰。"③终于在二十七岁抱恨而亡。北宋寇准在澶州之役后，力挽狂澜，深受真宗皇帝器重。王钦若等人大为嫉恨，不但颠倒黑

---

① 《续资治通鉴长编》，卷一百二十四。
② 《容斋随笔·三笔》，卷十一。
③ 《开愁歌》。

白，将澶渊之盟的耻辱归罪于寇准，而且污蔑他主张皇帝到前线亲自督战是把皇帝当孤注，与契丹赌博。"由是帝钦准寝衰，竟罢为刑部尚书，出知陕州"，[①]被排挤出中央。明末温体仁靠打击同僚受崇祯皇帝信赖，做了内阁首辅后，仍不忘打击潜在的对手。郑鄤曾因反魏忠贤出名，复官后谒见温体仁，交谈中露出自己的大志。温体仁"阳谢之，意彼锋芒如刃，必纠弹我，动摇我相位，阴思有以剪除之。甫一月，以惑父披剃，迫父杖母纠鄤，得旨下部严鞫"，最后将郑鄤处以极刑。[②]郑鄤一案纯属冤狱，温体仁为了确保自己官位的稳固，防患于未萌，早早下了毒手。

尽管仕途路窄，仕途险恶，但中国的知识分子，除了走这一条路之外，更无其他可以晋身之阶。中国历史上有多少人才因官场争道而失去为国效劳的机会；幸而获胜的当权者为了保住自己那好不容易才到手的地位，又不得不把心思都放在日夜提防没完没了的政治阴谋和挑战上，哪有更多的精力来为国为民造福谋利呢？

公则胡越一家

华夏民族发源于黄河流域，一向以为那里就是天下的中心——"中国"的名称即由此而来。中国的疆域渐渐扩大，远远超出了

---

① 《宋史纪事本末》，卷二十二。
② 见《浪迹丛谈》，卷六。

黄河流域，但黄河流域始终被视为中国的心脏。只有在中原建立的王朝，才是正统的王朝。否则即使是汉族中央政权，也只算是偏安一隅的临时政府。地理位置上的优越感对中国人来说是重要的。西汉时陆贾出使南越，对南越王尉佗说："皇帝（指刘邦）起丰沛，讨暴秦，诛强楚，为天下兴利除害，继五帝三王之业，统天下，理中国。中国之人以亿计，地方万里，居天下之膏腴，人众车舆，万物殷富，政由一家，自天地剖判未始有也。今王众不过数万，皆蛮夷，崎岖山海间，譬如汉一郡，王何乃比汉。"陆贾在这里滔滔不绝地向对方夸耀的，主要是地理上的优势，尉佗无法否认，只得大笑，说："吾不起中国，故王此。使我居中国，何遽不若汉？"①

不买账的尉佗口出狂言，陆贾当面不会顶撞，心里肯定不以为然。因为作为一个中原王朝的成员，其优越感并非只在于地理上的优势。汉昭帝时的贤良说："匈奴处沙漠之中，生不食之地，天所贱而弃之。无坛宇之居，男女之别，以广野为闾里，以穹庐为家室。衣皮蒙毛，食肉饮血，会市行牧竖居，如中国之麋鹿耳。"②这里对周边的异族不但有地理上的优越，而且还人为地加上了"天"的好恶之别：天特别宠爱中原人民，而贱弃其他民族。而生活习俗上的差异等人文因素更使得把异族视为差不多等同禽兽的野蛮人当作合理。这种文化上的优势造成的自豪感甚至

---

① 《汉书·陆贾传》。
② 《盐铁论·备胡》。

骄傲感是处处可显的。孟子明白宣布："吾闻用夏变夷者，未闻变于夷者也。"①认为中国在文化上是绝对的先进，只有向外扩散、传播、影响他族的任务，而没有受外来文化影响的必要。

中原文化的优点不但表现在生产方式和生活习俗上的先进，而更主要在于伦理道德方面，在于它有一种以公为特征的文化观念。中国是公的代表，是天下归向的中心。"王者中立而听乎天下，德施方外，绝国殊俗，臻于阙庭。凤凰在列树，骐骥在郊薮，群生庶物，莫不被泽。非足行而仁办之也，推其仁恩而皇之诚也。……故政有不从之教，而世无不可化之民。……故公刘处戎狄，戎狄化之。大王去豳，豳民随之。周公修德，而越裳氏来。其从善如影响。为政务以德亲近，何忧于彼之不改？"②只要在中国境内修德仁政，便可使天下归顺。这种观念在宋元历经数次少数民族政权统治中原以后进一步得到发展。元末明初的叶子奇说："治天下之道，至公而已尔。公则胡越一家，私则肝胆楚越。此古圣人所以视天下为一家，中国为一人也。"③在这里，我们很容易发现，"公"、"私"、"国"、"家"等概念互相联系。治道以公，中国就能团结得如同一人，并在天下这个家中担当起家长的重任，成为天下公共的代表，各国的共主。中国的皇帝是天子，天以下第一人，域外各国的君主只是天子的臣民而已。

① 《孟子·滕文公上》。
② 《盐铁论·和亲》。
③ 《草木子》，卷三。

114

明代郑和七下西洋，组织了当时世界上航海技术最先进而又庞大的远洋船队，航行在太平洋和印度洋的广阔海域中，最远到达非洲东岸、波斯湾、红海等地。每次航行都配备了数万名武装官兵。但七圈转下来，仅达到了"耀兵异域，示中国富强"①的目的。梁启超不无惋惜地认为，七下西洋是"雄主之野心，欲博怀柔远人，万国来同等虚誉，聊以自娱耳"。②仅仅是"聊以自娱"，劳民伤财甚矣！而它的实际后果更糟，明宪宗时刘大夏已指出："三保下西洋，费钱粮数十万，军民死且万计，纵得奇宝而回，于国家何益？此特一弊政。"③为什么这种可以影响世界命运（八十余年后欧洲开辟新航路活动即是有力明证）的空前壮举，由中国人来主持便成为一场"聊以自娱"的游戏？成为一项劳民伤财的弊政？有人认为在郑和所处的时代，中国在各方面还领先于世界各国，建立些海外殖民地，成为世界霸主似乎不无可能。然而，研究了中国"视天下为一家"的价值观念后，便可断定绝不会有这种可能。中国古代对"普天之下，莫非王土"的理解是广义的，世界上所有国家都被视为中国皇帝的臣民，因而对域外异族他国，不存在征服、占领、殖民的问题，而只有宣德、怀柔、赏赐、加封的问题。皇帝就是天子，天子就是皇帝，并无二职；当中国皇帝就已是至高无上的了，何必再求其他？唐太宗被边境

---

① 《明史·郑和传》。
② 转引自《祖国大航海家郑和传》。
③ 《殊域周咨录》，卷八。

各族尊为"天可汗"，史学家中还有人批评他是自降身份，"天可汗"哪比得上中国的皇帝尊贵荣耀？所以，要指望中国皇帝向海外扩张，建立殖民地，那等于要皇帝屈尊就卑；就是大臣中也没有人肯去当类似充军的殖民地官员。

中国的皇帝是最尊贵的，为了维护这种尊贵的形象，保持天朝大国的面子，历代统治者费尽了心机。汉武帝时，"是时上方数巡狩海上，乃悉从外国客，大都多人则过之，散财帛以赏赐，厚具以饶给之，以览示汉富厚焉。于是大角抵，出奇戏诸怪物，多聚观者，行赏赐，酒池肉林，令外国客遍观各仓库府藏之积，见汉之广大，倾骇之。乃加其眩者之工，而抵角奇戏岁增变，其盛益兴，自此始"。① 一方面蔑视化外之民，把他们看作"中国之麋鹿"，一方面却隆重接待外国客，弄虚眩摆阔气以示中国富厚。重人情爱面子的观念渗透到国家的外交活动之中。武帝时，国力虽强，但中国广大老百姓的生活并不怎么快乐。宣帝时夏侯胜说："武帝虽有攘四夷广土斥境之功，然多杀士众，竭民财力，奢秦亡度，天下虚耗，百姓流离，物故者半。蝗虫大起，赤地数千里，或人民相食，畜积至今未复。"② 弄虚作假，掩盖的正是普通中国人的悲惨境地；粉饰太平，满足的却是上层统治者的一点虚荣心。两千多年前的司马迁卓有远见，知道这种把戏决非很快便能收场，而仅仅是"自此始"。果然被这位大史家不幸而言中：

---

① 《史记·大宛列传》。
② 《汉书·夏侯胜传》。

后世君王步武帝之后尘者大有人在，甚至有过之而无不及。

隋炀帝时，"诸蕃请入丰都市交易，帝许之。先命整饬店肆，檐宇如一，盛设帷帐，珍货充积，人物华盛，卖菜者亦藉以龙须席。胡客或过酒食店，悉令邀延就坐，醉饱而散，不取其值，给之曰：中国丰饶，酒食例不取值。胡客皆惊叹。其黠者颇觉之，见以缯帛缠树，曰中国亦有贫者，衣不盖形，何如以此物与之，缠树何为？市人惭不能答。"①虚伪和豪侈如此，而国家的实际状况却是天灾人祸接连不断，致使"黄河之北，则千里无烟，江淮之间，则鞠为茂草"，②情况已经糟糕得无以复加了。

皇帝要面子常常演些闹剧，大臣求尊严则往往是可歌可泣的正剧。汉代苏武奉命出使匈奴被扣，面对威迫利诱，毫不动心，坚贞不屈，持节牧羊北海，节旄尽落，却仍保持着汉朝使臣的尊严。他所捍卫的不是个人的尊严而是中国的尊严。公而忘私，所以有这样坚定的决心和勇气。他曾对降将卫律说："南越杀汉使者，屠为九郡；宛王杀汉使者，头悬北阙；朝鲜杀汉使者，即时诛灭。独匈奴未耳。若知我不降明，欲令两国相攻，匈奴之祸从我始矣。"③正因时刻意识到自己是中国的使者，才能持有这种了无惧色的态度。

汉王朝比匈奴强大，苏武的这番话义正词严，极有分量。但

①　《资治通鉴》，卷一百八十一。
②　《隋书·杨玄感传》。
③　《汉书·苏武传》。

如果形势变了，在外交活动中仍然以天朝大国自居，就不免可笑，甚至连一些杰出人物也同样如此。林则徐严禁鸦片，功绩不可没。但他在命令外商缴出鸦片烟土的告示中说："我大皇帝威德同天，今圣意要绝鸦片，是即天意要绝鸦片也。天之所厌，谁能违之！即如英国之犯内地禁令者，前在大班喇嘛图占澳门，随即在澳身死。道光十四年，律唠啤闯进虎门，旋即忧惧而死。吗哩臣暗中播弄，是年亦死。而惯卖鸦片之嗯嗑，死于自刎。此外，凡有不循法度者，或回国而遭重谴，或未回而伏冥诛，各国新闻纸中皆有记载。天朝之不可违如是，尔等可不懔惧乎！"①毋庸讳言，这位天朝大国封疆大吏愚昧无知、妄自尊大的大清帝国综合征同朝中的其他满大人相去不远。作为清王朝培养出来的知识分子，他是无法摆脱这种先天不足症状的。他已意识到要向洋看世界，但旧的传统价值观念使他只能靠对天朝的盲目自信来保持自己的尊严和决心。

林则徐是位民族英雄，过多地解剖他，也许会有伤我们民族的感情。那就让我们选择另一位名声不太好的英雄——叶名琛，看看传统的价值观念使他在中外剧烈冲突中遭到什么样的重大损害。这位被指责为第二次鸦片战争失败的罪人的两广总督，是清代封疆大吏中唯一被外国军队俘虏而又客死异乡的人。对于他的评价向来被饥讽所替代："不战不和不守，不死不降不走，相臣

---

① 《林则徐集·公牍》。

度量，疆臣抱负，古之所无，今亦罕有。"但实际上这种指责和讥讽都是不公正的，现代学者黄宇和先生在《两广总督叶名琛》一书中为他翻了案。在这本书中，有一段叙述叶名琛被俘的情景很有意思："所以他被俘后，当巴夏礼领事叫他随警卫前往联军司令部时，他的回答是：'你是什么人，竟用我的语言对我讲话？'在联军司令部，他仍穿着朝服，顶戴花翎，端坐在太师椅里。其他官员不断涌入房内，侍立两旁，犹如在堂上议事一般。叶名琛虽然做了阶下囚，但在洋人面前，仍俨然是接见外交官的主人……叶名琛的这些行动，使柯克得出结论，那就是，'大概他仍自信我们还以为他是一个大吏，想求其签订约章，而他还准备作外交上的斗争。'可是，叶名琛的希望落空了。额尔金根本无意同他谈判并签订条约。他在'无畏号'日复一日地等候着，但毫无结果。据报导，一位随员曾用手指指海水向叶名琛使眼色，意思是建议他投海自尽以存名节，但他不为所动。'向戍何必求免死，苏卿无羔劝加餐'。叶名琛被囚在英国军舰上，而不是在河南的联军兵营中，这一点一定使他相信他将被押往英国。所以他决定活下去，以便像苏武那样可以为国家再做点事。"如果清朝和英国的力量对比和汉朝与匈奴的相似，那叶名琛的希望或许不会落空，他的一切想法和行动也不会显得可笑。叶名琛确实有苏武的志气，然而在十九世纪，这位苏武竟得不到中国人的赞扬，而只是相反——受到谴责和讥讽。这里面含蕴着多少时代的不幸啊！

治与乱

　　老子说："以正治国，以奇用兵，以无事取天下。吾何以知其然哉？以此：天下多忌讳，而民弥贫；民多利器，国家滋昏；人多伎巧，奇物滋起；法令滋彰，盗贼多有。故圣人云：'我无为而民自化，我好静而民自正，我无事而民自富，我无欲而民自朴。'"①治—乱，静—动是古代这位最伟大的哲学家特别喜爱探索的命题。这些本来都是与政治密切相关的功利性很强的命题，老子却以极冷静淡漠的语气将它们解释得如同解一道习题。思想的深邃是老子超越同时期其他智士哲人的显著优点，而这优点正在于老子常将自己的兴趣转入探究文化的深层，探究人的价值观念。《道德经》虽然掺杂了后人的加工和增补，但仍不失老子的思路与风格，而它的主题却可以说是一部"静"的赞歌。由思治到主静，由厌乱到少动，是中国人最基本的价值取向，这一取向被老子哲理化了。在数千年儒家占统治地位的文化发展中，这一价值取向不是被弱化，被摒弃了，而是被吸取，被强化了。好静厌动不但在政治生活方面，而且在经济、文化、审美、生活习俗等等方面都突出地反映了中华民族的特性：我们是一个喜欢和

---

① 《道德经》，第五十七章。

120

平，容易知足的民族，我们又是一个缺乏竞争意识的民族。

农业社会的特征

一向为自己是世界上农业发达最早而感到自豪的中国人，在遭到西方列强炮轰枪击后突然发现，农业生产方式成了中国落后于西方国家的根源。先是要"师夷之长技"，承认了工业先进的威力；继而又有人指出中国论富强，"以耕战为务，而西人之谋富强也，以工商为先"，结果西方强盛了，而千年古国却"民穷财尽，有岌岌不终日之势"。[①]最后，人们逐渐发现，农业文明不仅在经济上有明显的弱点，而且对依赖于斯的民族的思想、意识、心理、价值观念等等，都有相当多的消极影响，而这种影响，甚至在工业文明诞生、起步、发展之后也难于消除。

渔猎需要活力和勇气，农耕需要勤劳和智慧。我们的祖先过早地以农耕代替渔猎，表现了值得自豪的智慧早熟，但同时也逐渐导致了活力和勇气的衰退不足。《白虎通义》有言："古人之皆食禽兽肉，至于神农，人民众多，禽兽不足，于是神农因天之时，分地之利，制耒耜，教民农作，神而化之，使民宜之，故谓之神农也。"撇开其中的神话成分，把农业产生的根本缘由，归结于人多兽少，狩猎不足以维持生存，这是否符合历史实情，也许还需

---

① 薛福成：《筹洋刍议·商政》。

要更多的考证。但现代历史学家发现，考察历史应从更加广泛的方面去思索。自然环境的变化固然能影响人的生产方式，但在农业发轫的仰韶文化时期，人口并不众多，兽源也不匮乏。迄今为止，从考古中发掘到的大量兽骨、渔猎工具、骨质工具，都说明渔猎仍是两项相当有发展前途的生产部门。如果我们的祖先是一个好勇斗狠的民族，他们很可以仍然选择狩猎为主要谋生手段。事实上，在世界上的另一些民族中，狩猎已经不仅仅是一种谋生手段，还是一种高尚品行的表现，是可以立足于社会并取得社会尊重的必要条件。然而，我们的祖宗并不看重这些身家性命之外的东西。中华民族讲实际，哪一种生产方式更容易填饱肚子，更安全，更稳定，更可靠，便选择那一种。一旦选择了农耕，发展了农耕，便再也无法回头。烧荒垦荒，使野生动物生存区日渐缩小；安定的农业生活使人们只能把打猎作为一种副业或娱乐消遣；社会价值观念的转变，使专业的狩猎者好像是落后的野蛮人，而重视农业，尽心务农则被视为一种美德。《尚书·周书·无逸》中记载了一段周公对成王的劝戒，首先要求的就是要懂得耕作的辛苦（"知稼穑之艰难"）。他要成王向文王学习，学习他"即康功田功"，"不敢盘于游田"等优秀品行。"康功田功"即从事垦殖耕作，"盘于游田"即耽溺于远游狩猎。这样看来就很清楚了：商周时期，农耕和狩猎已经不单单是一个不同生产方式的差异问题，同时更是道德品行优劣的问题。

"民之大事在农"，①和农业生产密切相关的天文、历法、气象

---

① 《国语·周语上》。

122

知识便特别受到重视。在《尚书·周书·洪范》中有一段关于天、地、人三者之间互相影响、牵制的论述，很能反映农业社会观念的一些特征："庶征：曰雨，曰旸，曰燠，曰寒，曰风。曰时五者来备，各以其叙，庶草蕃庑。一极备凶，一极无凶。曰休征：曰肃，时雨若；曰乂，时旸若；曰晢，时燠若；曰谋，时寒若；曰圣，时风若。曰咎征：曰狂，恒雨若；曰僭，恒旸若；曰豫，恒燠若；曰急，恒寒若；曰蒙，恒风若。曰王省惟岁，卿士惟月，师尹惟日。岁月日时无易，百谷用成，乂用明，俊民用章，家用平康。日月岁时既易，百谷用不成，乂用昏不明，俊民用微，家用不宁。"将这段话翻译过来就是：气象五种征兆为雨、晴、暖、冷、风。五种气象适时而来，有规律，那就草木茂盛，一片兴旺。其中任何一种过多或过少都将带来灾难。好征兆有五种：君王恭敬，就会有适时的雨水；君王善治，就会有适时的阳光；君王明智，就会有适时的温暖；君王多谋，就会有适时的寒冷；君王圣明，就会有适时的风。恶征兆也有五种：君王狂妄，便会久雨不止；君王有过，便会干旱不雨；君王纵乐，便会长期炎热；君王严酷，便会长期寒冷，君工愚昧，便会大风不停。所以说，君王的过失影响一年，卿士的过失影响一月，一般官员的过失影响一天。年月日气象不反常，农作物成熟，政治清明，人才得到任用，国家太平安宁。年月日气象不正常，农作物不成熟，政治昏乱，人才不能任用，国家也不得安宁了。把人事、人的思想、行为和天象联系起来考虑，是农业社会普遍的不得不如此的必然思路。在农业生产技术水平尚低，人类驾驭自然的能力还很弱的情况下，自然气候对农业的丰歉是最重要的因素，人们实际上只能靠天吃饭，依从自然规律去行动。气候正常，合乎常规，农业收成才能保障；那么，便要求人的思想、行为也要正常，合乎规矩。在这里，看上去人是主动的，人的行为能影响气象，实际上却是完全被动的。

荀子曾作过一篇《天论》，很长时间被认为是古代唯物主义思想的代表作。他说："天行有常，不为尧存，不为桀亡。应之以治则吉，应之以乱则凶。"这在实质上和《洪范》中的思想并无二致，只不过扯去了人可以影响气候的假象，更强调服从规矩——礼，强调人的被动性，反映了农业社会的客观。这里人与天的感应关系好像被割断了，但实际上人所要遵守的"道"仍出于农业生产必须服从天这一原则。这样一来，这种道就显出稳定、一贯、少变等特色。他说："百王之无变，足以为道贯。一废一起，应之以贯，理贯不乱。不知贯，不知应变，贯之大体未尝亡也。乱生其善，治尽其详。故道之所善，中则可从，畸则不可为，匿则大惑。水行者表深，表不明则陷；治民者表道，表不明则乱。礼者，表也。非礼，昏世也；昏世，大乱也。"①

对古代思想家来说，唯心还是唯物并不是立场高低的问题，而仅仅是一个角度不同的问题，双方都有精华和糟粕。然而，无

① 《荀子·天论》。

论是唯心论思想家，还是唯物论思想家，都无法摆脱农业社会思想家的局限，这是观念在心理的深层、思维的深层的作用。对于思治思静、维护秩序和稳定，尊重和提倡传统和经验，即使最激进的思想家也不敢完全否定。韩非提出"圣人不期修左，不法常可，论事之事，因为之备"，①乍看起来好像是个爱变化爱创新的勇士，实际上他并非为变而变，而是为不变而变。他主张法治，因为严法可止乱，"严家无悍虏而慈母有败子，吾以此知威势之可以禁暴，而德厚之不足以止乱"。②他提出禁五蠹，反显学，目的就是要让社会划一，少变化。甚至在对世界的总体认识方面，韩非所持的态度也远远要比儒墨诸家冷静得多。他说："因天之道，反形之理，督参鞠之，终则有始。虚以静后，未尝用已。"又说："喜之则多事，恶之则生怨。故去喜去恶，虚心以为道舍。"③只有把世事万物归纳入简单的秩序中，才能采取如此冷静的态度，才能把喜怒情感排斥在思绪之外。韩非对人情世故、社会关系、政治活动等诸方面的分析和剖解常常显得那样细密周详、深刻敏锐，然而细细体会下来，又是如此简单——不但结论简单，而且处理的方式也简单。事实上，后世的各种改革家都以治乱为目标，都以寻求达到稳定社会为宗旨。越改越乱是失败；越改越乱还要坚持改则是期望能渡过难关以达到治。龚自珍目睹

---

① 《韩非子·五蠹》。
② 《韩非子·显学》。
③ 《韩非子·扬权》。

晚清衰世种种腐败，指出"自古及今，法无不改，势无不积，事例无不变迁，风气无不移易"，①但又认为"天下有万亿年不夷之道"。②他提出的一个社会改革方案，就是用农宗制度将全国农民稳住。变法思想最后产出复古保守的方案，这不是非常奇怪的事吗？其实，这就是农业社会价值观念的作用了。

人心思定，安土重迁

定居是农业生产的必要条件，人心思定是农业社会最基本的特征。大禹之所以成为华夏民族的第一位英雄，是因为他的治水功绩，使"众民乃定，万国为治"。③春秋时，大国多霸，战火不息。宋国向戌提出"弭兵"——呼吁各大国停止战争。各大国统治者虽然都不愿停止争霸，但迫于人心思定的趋势，又不能不响应弭兵的呼声。晋国韩宣子说："兵，民之残也，财用之蠹，小国之大灾也。将或弭之，虽曰不可，必将许之。弗许，楚将许之，以召诸侯，则我失为盟主矣。"晋、楚都同意了。问到齐国，齐王心底里不愿意，但陈文子认为："晋、楚许之，我焉得已。且人曰弭兵，而我弗许，则固携吾民矣！将焉用之？"④一个把弭

---

① 《定盦文集补编·上大学士书》。
② 《定盦文集·乙丙之际著议第七》。
③ 《史记·夏本纪》。
④ 《左传·襄公二十七年》。

兵看作一面号召诸侯的旗帜，一个意识到不许弭兵会脱离人民，虽然都不愿息兵，都知道停止战争是不可能的，但又都接受了弭兵的建议，达成了弭兵协议。这不是向戍等几个人的功绩，而是人心思定观念的功绩。战国时，战乱更频繁，孟子说："争地以战，杀人盈野，争城以战，杀人盈城。"①战争不但给农业生产发展造成严重障碍，而且连人民的生存也大受威胁，"百姓不聊生，族类离散，流亡为臣妾，满海内矣"。②此时的人心对安定更为向往，所以《吕氏春秋·功名》认为："欲为天子，民之所走，不可不察。"只有那些顺应人民要求停止争战，实现和平安定的君主才能取得胜利。

汉末仲长统曾指出中国的历史是"乱世长而化世短"。乱世和化世是以社会是否安定来划分的，并不光指统一还是分裂。他说："昔春秋之时，周氏之乱世也。逮乎战国，则又甚矣。秦政乘兼并之势，放虎狼之心，屠裂天下，吞食生人，暴虐不已，以招楚汉用兵之苦，甚于战国之时也。汉二百年而遭王莽之乱，计其残夷灭亡之数，又复倍于秦、项矣。以及今日，名都空而不居，百里绝而无民者，不可胜数，此则又甚于亡新之时也。悲夫！不及五百年，大难三起，中间之乱，尚不数焉。"③秦汉虽然是统一王朝，但其中有动乱的年代仍只能算是乱世。按此标准，

① 《孟子·离娄上》。
② 《战国策·秦策》。
③ 《后汉书·仲长统传》。

以后的唐宋元明清，也实在是"乱世长而化世短"。故而俗语有曰："宁为太平犬，勿作离乱人。"或许正因为化世、治世的短促，使人们尤其珍惜、向往化世、治世的安定。反战厌乱也成为历代诗人经常表现的重要题材。杜甫有许多诗反映战乱给社会给人民带来的灾难和人民痛恨离乱，渴望安定的心愿："四郊未宁静，垂老不得安。子孙阵亡尽，焉用身独完？……万国尽征戍，烽火被冈峦。积尸草木腥，流血川原丹。何乡为乐土，安敢尚盘桓。弃绝蓬室居，塌然摧肺肝"（《垂老别》）和"安得壮士挽天河，净洗甲兵长不用"（《洗兵马》）都表达了人民的呼声。

因为如此，在中国历代政治中，使人民安定始终成为最高的政治目标，所谓"长治久安"问题时时萦绕于每一朝开国君臣心中。汉初提倡无为而治，为的也正是这个目标。正如《汉书·循吏传》所说："汉兴之初，反秦之敝，与民休息，凡事简易，禁罔疏阔，而相国萧、曹以宽厚清静为天下帅，民作《画一》之歌。孝惠垂拱，高后女主，不出房闼，而天下晏然，民务稼穑，衣食滋殖。"

唐初君臣有隋王朝的覆辙作前车之鉴，对人民需要安定的迫切心理有更深的了解。唐太宗"夙夜孜孜，惟欲清静，使天下无事"。[1]魏征更是反复论证"静"的重要："百姓欲静而徭役不休，百姓凋残而侈务不息，国之衰敝，恒由此。"[2] "隋氏以富强而丧

---

① 《贞观政要·政体》。
② 《贞观政要·君道》。

败，动之也。我以贫穷而安宁，静之也。静之则安，动之则乱，人皆知之，非隐而难见也，非微而难察也。"①

占中国人口绝大多数的农民大都能满足于"贫穷而安宁"。统治者不生事扰民，不过度剥削，老百姓便心满意足，高颂吾皇万岁了。清初，满族的统治遭到汉族人民的强烈反抗，除了军事镇压外，政府最有效的对策也莫过于安民。顺治年间，河南开封发水灾，洪水冲出原明周王府地下藏银二三百万两，有人向皇帝建议到全国各地去搜掘藏银，"以资兵饷"。顺治皇帝倒是很清醒，认为"帝王生财之道，在于节用爱民，掘地求金，亘古今未有此议。一行生事，扰民何可胜言"。②下令斥逐此人，罢了他的官。康熙皇帝更明确提出"治国之道，莫要于安民"；③"为君之道，要在安静，不必矜奇立异"；"从来与民休息，道在不扰，与其多一事，不如少一事"。④

不扰民只是让人民能安安心心地从事农业生产，为统治者供给赋税。安定离不开土地，孔子说："君子怀德，小人怀土。"⑤只有土地才能牵住农民的心，使他们固定下来。但是，在古代社会，小农经济极不稳定，农民会失去很多，但最有价值也最容易失去的却是土地。在贵族、豪强、官僚的残酷剥削和压迫下，他

---

① 《贞观政要·刑法》。
② 《顺治朝圣训》，卷六。
③ 《康熙朝圣训》，卷二十二。
④ 《康熙政要》，卷一，卷八。
⑤ 《论语·里仁》。

们很容易产生"逝将去女，适彼乐土"①的想法，但是，一旦离开了故乡旧土，遇到的往往会是更艰难的生活环境。《诗经·黄鸟》曾有这样的描写："黄鸟黄鸟，无集于谷，无啄我粟。此邦之人，不肯我谷。言旋言归，复我邦族；黄鸟黄鸟，无集于桑，无啄我梁。此邦之人，不可与明。言旋言归，复我诸兄；黄鸟黄鸟，无集于栩，无啄我黍。此邦之人，不可与处。言旋言归，复我诸父。"这首中国最古老的史诗虽然用的是优美的语言，但是已经触及农业社会那种最现实也最无情的普遍矛盾，故乡旧土对人的吸引力是巨大的。宋代苏轼曾说："夫民之为农者，莫不重迁其坟墓、庐舍、桑麻、果蔬、牛羊、耒耜，皆为子孙百年之计。"②那种安土重迁的心理在几千年的时光流逝中竟然丝毫未见减轻。民间流传不衰的一些俗语，如"在家千日好，出门一时难"，"宁恋本乡一捻土，莫爱他乡万两金"，"金窝银窝，不如自家草窝"，等等，都表现出中国人从心理上牢牢地承继了这一传统。

因为人们怕离开故土，所以当统治者希望一部分人口移居到地广人稀处，以解决土地不足和边防问题时，便不得不给予许多优惠条件。汉代晁错向文帝建议募民徙塞下，一条重要的指导原则便是必须"使先至者安乐而不思故乡，则贫民相募而劝往矣"。

---

① 《诗经·硕鼠》。
② 《苏东坡应诏集·策别十四》。

130

具体措施包括选好地址，"营邑立城，制里割宅，通田作之道，正阡陌之界。先为筑室，家有一堂二内，门户之闭，置器物焉。民至有所居，作有所用。此民所以轻去故乡而劝之新邑也"。还要解决医疗、婚嫁、丧葬等事宜，"使民乐其处而有长居之心"。①这种优惠政策历代相沿（如唐代规定"诸州客户有愿属边缘利者，给良田安置"② ）。另一方面，既然人们普遍害怕离乡背井，强迫一部分人远徙便成为统治者用以惩罚臣民的一种重刑。新朝王莽推行王田制，规定"敢有非井田圣制，无法惑众者，投诸四裔，以御魑魅，如皇始祖考虞帝故事"。③把充军发配边远地区的刑罚追溯到尧舜时期，可以算是典出有据了。唐以后的五刑为笞、杖、徒、流、死。徒和流都包括强迫劳动，而流比徒更重的原因，则在于流要放逐到边远地区强制劳动或当兵，在流刑里，放逐的距离极为重要，因为距离的远近体现了处罚的轻重。

安土重迁观念同样表现在人们对职业的选择上。司马迁早就提出了"治生不待危身取给"的原则，所谓"本富为上、末富次之，奸富为下"正是以其安危程度来判别的：以农、林、牧生产致富，无需动迁远出，安全叮靠；以工商获利，往来贩运，路多不测，颇有风险；以违法犯罪取财，风险更大，弄不好掉脑袋。因而以致富效果讲，奸富最快，末富次之，本富最慢，但在数千

---

① 《汉书·晁错传》。
② 《古今图书集成·食货典·农桑部》。
③ 《汉书·王莽传》。

131

年中，"种田财主"始终被认为是最正当的致富途径。清代"上自绅富，下至娄巷工贾胥吏之俦，赢十百金，莫不志在良田"。[①]商人也加入到追求土地的热潮中，他们或者"多买田宅，以长子孙"，或者"买田防老"。在中国古代和近代经济史的研究中，曾有人指出中国资本原始积累的艰难，此中，资金回归土地投资是个重要原因。而在这个回归过程中，寻找安定的价值取向这一心理所起的作用是相当主要的。近代著名实业家张謇在创办大生纱厂后不久，曾说："方光绪初，啬庵（张謇自称）贫困出游，母亲尝顾而太息谓：'安得家收三、四百千之租，儿辈在吾眼下耕田授读，以免冻馁而处乱世乎？'今所有过之矣。"[②]张母的愿望正反映了一种传统的愿望。张謇后来大办垦牧公司，大量贱价买进土地，致使"北京哗然，都说张謇田产有数百万亩之多"，[③]这一举动恐怕和母亲的教诲大有关系。作为近代实业家，张謇创业有成，名声显著，但在这方面的观念却并没有高出其母亲多少。

知 足 者 常 乐

由于生产力水平的低下，人的快速增长和统治者的苛重剥削，中国农民的生活常常是十分艰难困苦的。在艰苦的生存状况

---

① 陶煦：《租核·推原》。
② 《张季子九录》。
③ 刘厚生：《张謇传记》。

中，安土重迁观念的维持不能不借助于"知足者常乐"观念的深入人心。知足常乐是使中国人能够长期甘心静待不动的主要原因。

知足，首先是对物质生活的低要求。先秦诸子中的墨家代表着社会下层小生产者的观念，该派的一个重要概念是"节用"。从表面上看来，节用是对于统治者的要求，而实际上却是想将下层人民只求满足生存基本需要的知足心理去限制统治阶层的铺张浪费。各种手工业产品"凡足以奉给民用则止"；饮食"足以充虚，继气，强股肱，耳目聪明则止。不及五味之调，芬香之和，不致远国珍怪异物"；衣服"冬服绀緅之衣轻且暖，夏服絺绤之衣轻且清则止。诸加费不加于民利者，圣王弗为"。①这种要求取消基本消费以外一切享受的建议可想而知不可能被统治者接受，但是却成为下层人民知足常乐的基础。因为只有要求不高，才容易知足。汉代的贤良文学在和桑弘羊辩论时就已经提出："窃所以闻闾里长老之言，往者常民衣服温暖而不靡，器质朴牢而致用。衣足以蔽体，器足以便事，马足以易步，车足以自载，酒足以合欢而不湛，乐足以理心而不淫，入无宴乐之闻，出无佚游之观。行即负赢，止作锄耘。用约而财饶，本修而民富。送死哀而不华，养生适而不奢。大臣正而无欲，执政宽而不苛。故黎民宁其性，百吏保其官。"②显然，汉代儒生也已把知足节用，上下无

---

① 《墨子·节用中》。
② 《盐铁论·国疾》。

争的社会作为一种理想的社会。在中国，尽管有许多思想家唱着乐观的"天生万物，足以养民"的颂歌，但耕地和人口的矛盾，自然资源和社会消费的不平衡却不可避免地日益突出。知足节用不但是统治者需要执行的一种国策，也是贫苦劳动大众聊以自慰，增强苟延残生勇气的强心剂。明代有个上海人叫陆楫，学识文章著称于时。他曾构思了一个解决社会贫富乃至一切矛盾的奇方："尝谓生人贫富不同，尽由衣食。尤费天下之生民者，粒食也。惜天之生人，百骸诸脏皆具，何不别生胃脏，令人饮水而生？土地所产，惟植桑以供蚕缫，植茶以供燥渴，植梗楠诸材以为宫室。使奇花异卉遍天下，不复知有五谷，则生人无甚贫与富，而逍遥逸乐，皆可以永寿，岂不快哉！何独以五谷之费，万累皆此起；五味之入，百病皆从此出。上有吞吐之劳，下有便溺之污，一何其烦劳之甚也。"①此论的荒谬之处显而易见，我们自然不必理会，但值得注意的是，陆楫那异想天开的奇想的基础正在于人只需要填饱肚子便可知足的传统观念。吃饭问题一解决，便可"逍遥逸乐"，不复有贫富的区别了。

知足，又包含着安分，即安心于自己所处的社会地位。中国是个等级明显的社会，各个等级享有的权利泾渭分明，极不平等，按理是很难使下层等级感到知足的。但是如果能使各个等级都安分守己，信奉比上不足、比下有余，那岂不是天下太平

① 《蒹葭堂杂著摘抄》。

134

了？——即使最下层在国内无"下"可比，而作为堂堂大国中国的一员，还可"享受"比域外蛮邦之人"幸福"的感觉呢！孔子说："管仲相桓公，霸诸侯，一匡天下，民到于今受其赐，微管仲，吾其被发左衽矣。"①不被发左衽是中国人的大幸，难道还不应该知足吗？当然，在历史上，从下层努力爬到上层的不乏其人。这些人在漫长的"爬"的过程中有一个遭遇是共同的，即在开始想摆脱原有处境时，总会遭到人们的嘲笑，总会被同一阶层中人认为是不知足，不知进退的狂人。陈胜"尝与人庸耕，辍耕之垄上，怅恨久之，曰：'苟富贵，无相忘。'庸者笑而应曰：'若为庸耕，何富贵也？'"②为人庸耕能混口饭吃已不错了，却还要"怅恨久之"，是不知足了，所以同伙要讥笑陈胜的这种在他们看来的不知天高地厚。班超"家贫，常为官庸书以供养。久劳苦，尝辍业投笔叹曰：'大丈夫无它志略，犹当效傅介子、张骞立功异域，以取封侯，安能久事笔研间乎？'左右皆笑之"。③作为一个受雇抄书的穷小子，居然想立功封侯，不免受左右窃笑。这两位是人中之杰，不安分而想有所作为，经过努力奋发而取得业绩的。而在中国漫长的封建社会中，他们实在是凤毛麟角，又有多少人因为受到知足观念的束缚安于现状，以致被埋没一生啊！

为了维持等级秩序，统治者更有意宣扬知足，提倡乐天安

① 《论语·宪问》。
② 《史记·陈涉世家》。
③ 《后汉书·班超传》。

命，甚至企图用法律、命令来打消下层群众可能产生的一切不安分的念头。在唐律中已经有了极其严格的良、贱、上、下的等级区别，各个不同等级的法律地位截然不同，即所谓"重天泽之辨，序尊卑之别"，让各色人等"各安其位，各守其分"。雍正皇帝有一道很出名的手谕："满洲风俗，尊卑上下，秩然整肃，最严主仆之分。家主所以约束奴仆者，虽或严切，亦无不相安为固然。及见汉人陵替之俗，彼此相形，而不肖奴仆，遂生觖望，虽约束之道无加于畴昔，而向之相安者，遂觉为难堪矣。乃至一二满洲大臣，渐染汉人之俗，亦有宽纵其下渐就陵替者，此于风俗人心大有关系，不可不加整饬。夫主仆之分一定，则终身不能更易，在本身及妻子，仰其衣食，赖其生养，因宜有不忍背负之心，而且世世子孙长远服役，亦当有不敢纵肆之念。"①看来，这位大清皇帝很以本族落后的奴制残余为骄傲：深以为对奴仆严切管束，不让他们有非分之想、僭越之念，是最能达到相安的办法。这一推理对被他视为奴仆的全体臣民也同样适合。用严厉手段迫使臣民安分知足，成为巩固统治的有效权术之一。

实际上，在中国的极端专制集权政体下，安分知足不但是最高统治者的要求，也成了臣民自卫防身的护身符。老子有言："知足不辱，知止不殆，可以长久"，"知足常足，终身不辱；知止常止，终身不耻"，"祸莫大于不知足"，强调的都是同一观点。

---

① 王先谦：《东华续录》，雍正朝卷九。

知足便不会贪求，就懂得适可而止，这样就可避免受辱、危险和惨败。同样的思想历来被许多学者论述过，中国的一些处世格言，诸如"急流勇退"、"功成身退"等也都反映了这一观念。范蠡和文种的事例常被引来作为知足不辱，知止不殆的佐证。越王勾践在他们两人的帮助下奋发图强，灭了吴国，成为春秋一霸。功成之后，头脑清醒的范蠡看到危险，便飘然离去，浪迹江湖，经商发财，最后成为"成名于天下"的富贾。而眷恋旧功和官爵的文种，终于不能见容于勾践，最后被迫自杀。知足知止是范蠡优于文种之处。他说过"飞鸟尽，良弓藏，狡兔死，走狗烹"，又说过"久受尊名，不祥"。①这些话都被后世用作向不知道知止者敲警钟的名言。汉初也有正反两方面的典型例子。韩信虽然知道"狡兔死，良狗烹，高鸟尽，良弓藏，敌国破，谋臣亡"的道理，但不作防身之计，最后落得个身首异地的下场。张良则认为自己"为帝者师，封万户，位列侯，此布衣之极，于良足矣。愿弃人间事，欲从赤松子游耳"。②知足知止，不但免祸全身，而且为后世所称赞。明代张居正执政时大权独揽，推行改革，功绩显著，生前位极人臣，地位荣誉无以复加。而死后不久便被削除称号，抄家籍户，甚至被皇帝"以罪状示天下，谓当剖棺戮尸而姑免之"。③这是明代的一个大冤案。清人唐甄对这起冤案的根由有

---

① 《史记·越王勾践世家》。
② 《史记·留侯世家》。
③ 《明史·张居正传》。

相当精到的分析："登高则身危，衡重则权坠，物成则阴杀，必至之势也。此伊尹之所不敢久居，周公之所逊而得免者也，况末世之君臣乎。使居正于斯，不矜其能，不伐其功。……社稷已安，规模已立，求贤自代，归老江陵，岂有不善始善终哉！乃不知道此。位已极矣，犹恐人之不我屈；权已重矣，犹恐人之不我威；功已大矣，犹恐人之颂我者不至；时当退矣，犹国位而不能释。主忿积于中，群怨结于下，其祸已成，不可复解。"①讲来讲去，是张居正不能知足知止。

　　知足历来被看作是中国人的一种传统美德："知足而不贪，知节而不淫"，"知足者，贫贱亦乐；不知足者，富贵亦忧。"②但正因为如此，知足又成为中国社会发展的一种阻力。《史记·苏秦列传》中苏秦有一段自白："且使我有洛阳负郭田二顷，吾岂能佩六国相印乎？"这真是点到了问题的要害之处：有可资养生的物质条件便不思进取，这正是一种民族惰性。明代方孝孺说："使陈涉、韩信有一廛之宅，一区之田，不仰于人，则且终身为南亩之民，何暇反乎？"③他的意思说得很明确：只要给农民一小份土地，他们便不会造反，统治者便可以太太平平地坐稳江山了。容易满足不但是中国农民，而且也成了整个民族的一大特点。《诗经·豳风·七月》描述农民一年到头含辛茹苦，穿破衣，

　　①　《潜书·善功》。
　　②　林逋：《省心录》。
　　③　《逊志斋集·与友人论井田》。

咽苦菜，住土屋，但到了年终却仍能兴高采烈地"跻彼公堂，称彼兕觥"，热热闹闹地聚集在一起，高举酒杯，齐呼"万寿无疆！"苦中作乐。唐代诗人王建《田家行》诗曰："男声欣欣女颜悦，人家不怨言语别。五月虽热麦风清，檐头索索缲车鸣。野蚕作茧人不取，叶间扑扑秋蛾生。麦收上场绢在轴，的知输得官家足。不望入口复上身，且免向城卖黄犊。田家衣食无厚薄，不见县门身即乐。"虽然丰收的成果仅仅只够交清赋税，但夏收的田头仍然是一片欢欣喜悦的景象。只要不被迫卖牛还债，不因欠税被送进官衙，农民再省吃俭用，再节衣缩食，也会觉得十分快乐。手工业者也同样是这样。明代徐一夔的《织工对》中记载："余僦居钱塘之相安里，有饶于财者，率居工以织，每夜至二鼓，一唱众和，其声欢然，盖织工也，余叹曰：乐哉！且过其处，见老屋将压，机杼四五具，南北向列，工十数人，手提足蹴，皆苍然无神色。进工问之曰：余观若所为，其劳也亦甚矣，而乐何也？工对曰：吾业虽贱，日佣为钱二百，吾衣食于主人，而以日之所入，养吾父母妻子，虽食无甘美，而亦不甚饥寒。"①在恶劣的劳动条件下从事艰苦工作的织工，能唱出欢然之声，正在于他们觉得自己的处境并不是最糟的。清代董宏度有一首《织妇叹》："饥亦织、冻亦织。一梭一梭复一梭，日短天寒难成匹，……无朝无夜俭且辛，寸丝半缕不上身。丈夫有志苟富贵，勿忘机上糟

---

① 《始丰藁》，卷一。

糠人。努力织成力况瘁，回头忍泪聊相慰。犹胜邻家贱且穷，布机卖却卖儿童。"①诗中描写的织妇处境比织工更糟更苦，但她还能因比破产卖儿的邻家境况稍好而聊以自慰。

崇 古 尊 老

对于东西方文化内核的比较，有人曾经作出过这样的论断：东方文化是静的文化，西方文化是动的文化；东方的理想社会在过去，西方的理想社会则在将来。这是很有道理的。在远古时代的神话中有一则"夸父追日"的传说，追日实际上就是追流去的时光；夸父失败了，但却反映了古代人民对过去的时间的留恋。在原始社会中，即使在早期的渔猎采集经济下，生存条件的逐步恶化几乎是不可避免的：成群的鸟兽鱼虾因长期捕杀而减少；可充饥的植物也因不断采掘而日益难找。对往日的留恋不可能不油然而生。在农业经济中，早期的撂荒制作法是将土地烧荒后，一年一年连续种植，地力必然一年不如一年，直到地力耗尽，不能再种，才另选荒地再垦。在这种情况下，今不如昔的经验是非常容易得到的。农业技术和耕作在以后虽然有了不小的发展和进步，但从根本上说来，农业生产还是一靠天二靠经验，而经验正是过去的东西。崇古的观念可以说在很早就根植在中华民族的思

_____

① 《乾隆上海县志》，卷一。

维中，而且它的内容往往和农业生产密切相关。西周后期，周宣王停止了天子举行籍田典礼的传统，虢文公便进谏了长长的一大篇议论，最后总结说："是时也，王事唯农为务，无有求利于其官，以干农功。三时务农而一时讲武。故征则有威，守则有财。若是乃能媚于神而和于民矣。则享祀时至，而布施优裕也。今天子欲修先王之绪，而弃其大功，匮神乏祀，而困民之财，将何以求福用民？"①不举行籍礼并不是一件了不得的大事，事实上周宣王并没纳谏；后世王朝虽有复籍田的，也只是摆摆样子，并不真认为有什么效用。然而虢文公却认为了不得，因为他认为此举破坏了传统制度，必然会给王朝带来巨大的灾难。对于此事，中国史书历来都对周宣王持责备的态度，甚至认为周室的衰亡由此而起。春秋时，齐晋鞌之战，齐国大败。晋国要齐国把田亩全都改成东西走向，作为媾和的条件。齐国的使臣反驳说："先王疆理天下，物土之宜而布其利，故诗曰：'我疆我理，南东其亩。'今吾子疆理诸侯，而曰尽东其亩而已，唯吾子戎车是利，无顾土宜，其无乃非先王之命也乎？"②在折冲樽俎时利用崇古观念为自己争取利益，不能不算是一种发明。

　　在先秦的思想领域中，除了法家以外，各种学派几乎无不以崇古复古作为自己论述的中心。老子的"小国寡民"要让社会回复到远古结绳记事的蒙昧时代，复古复得最彻底了。孔大了的态

---

　　① 《国语·周语》。
　　② 《左传·成公二年》。

度比较现实，但他"信而好古"，认为"生今之世，志古之道，居今之俗，服古之服，舍此而为非者，不亦鲜乎?"①同样是个虔诚的复古主义者。他的"殷因于夏礼，所损益可知也；周因于殷礼，所损益可知也；其或继周者，虽百世可知也"②强调的是历史的继承性，推断后世的制度只能是夏商周代代承传的继续。这一预言虽然保守，但却不幸而言中。几千年来，小修小补、小改小革不少，而总没脱出孔子预言的轨道。然而，孔子的好古并不是泥古，他不是主张越古越好，而是相信传统——即自古而来并在当时仍起作用，仍有生命力的那部分文化遗产。因此，他明确表示："周监于二代，郁郁乎文哉，吾从周。"③孔子的这种历史观使儒家得益匪浅，相比之下，其他诸子黯然失色。例如墨子，他的崇古观是："周成之治天下也，不若武王；武王之治天下也，不若成汤；成汤之治天下也，不若尧舜。"④在他看来，天下是一代不如一代；越古越好，要复古索性就复到尧舜那里去。而在现实社会中，这种方案是很难得到欢迎或兑现的。儒家则不然。孟子虽说"遵先王之法而过者，未之有也"，"为政不因先王之道，可谓智乎?"⑤但他所说的先王之法、先王之道主要是由孔子传承下来的圣人之道，是一种不断改进、补充、完善和得到发展的传

---

① 《荀子·哀公》。
② 《论语·学而》。
③ 《论语·八佾》。
④ 《墨子·三辩》。
⑤ 《孟子·离娄上》。

统。孟子说得很明白："去圣人之世，若此其未远也，近圣人之居，若此其甚也。""法先王"并不是远不可及、渺茫无稽之事，而是切实可行的传统发扬。从这一点来看，荀子的"法后王"与孟子的"法先王"毫无区别，同出一辙。荀子说："王者之制，道不过三代，法不贰后王。道过三代谓之荡，法贰后王谓之不雅。衣服有制，宫室有度，人徒有数，丧祭械用，皆有等宜。声，则非雅声者举废；色，则凡非旧文者举息；械用，则凡非旧器者举毁。夫是之谓复古，是王者之制也。"①法后王也是复古，因为后王的一切制度正是一代代承传下来的。

崇古和重传统并不是一成不变地固守旧制，而是承认和允许以继承为基础的变通；变通的目的不是为了抛弃传统，而是为了让它更容易在现实社会中生存、实行，并继续繁衍下去。所谓"圣人之治世，不离仁义。故有改制之名，无变道之实。上自黄帝，下及三王，莫不明德教，谨庠序，崇仁义，立教化。此百世不易之道也。殷、周因修而昌，秦王变法而亡"。②这就是讲，道应该一以贯之，亘古不变，而制度则是应该而且可以依据形势的变化而作改革修订的。

对于上述这一原则，中国历史上的各种改革——哪怕是一些影响较大的变法——基本上都是不曾违背的。即使那些改革的主持者觉得要变道，但迫于传统的压力也不敢贸然有所举动。王安

---

① 《荀子·王制》。
② 《盐铁论·遵道》。

石变法的胆魄不可不算大了，但他在给宋仁宗的《言事书》中还是要扯起"法先王"的大旗为自己搞改革张目。所谓"天变不足惧，人言不足恤，祖宗之法不足守"的"三不足"反传统口号，其实是政敌为破坏变法而散布的流言，王安石只是没公开否认而已。再仔细考察，王安石的变法措施大多都能从古代找到依据，特别是他将科举制度以诗赋取士的办法改成试《诗》、《书》、《易》、《周礼》、《礼记》及《论语》、《孟子》等经义一事，更充分地反映了崇古重传统的观念在王安石头脑中已扎得很深。近代的戊戌变法本该是对百世不易之道的大改大革，但它的理论准备竟是《新学伪经考》、《孔子改制考》等宣扬"托古改制"的宏论。而它的理论基础也只能求之于《公羊传》、《礼记》那些发了霉的国宝。

崇古必然尊老，因为老人身上传统的东西要比年轻人多；尊老又加深了崇古，因为失去朝气的老人对过去的留恋之情正与崇古合拍。敬老在很早就已是中华民族看重的美德。《史记·周本纪》说周文王"遵后稷、公刘之业，则古公、公季之法，笃仁，敬老，慈少。……伯夷、叔齐在孤竹，闻西伯善养老，盍往归之。太颠、闳夭、散宜生、鬻子、辛甲大夫之徒皆往归之"。敬老吸引来了大批能人贤士。《尚书·周书·康诰》是周公平定管、蔡以后对康叔的告诫，其中说到："汝丕远惟商耇成人，宅心知训，别求闻由古先哲王，用康保民，弘于天，若德裕乃身，不废在王命。"大意是说，你不要远离商的年高望重之人，要了解他们的心意，接受他们的教诲，广泛吸取古代明君的经验，去安定人民，去发扬天道。如果你有这样优秀的品德，就不会辜负周王的信任了。把对先朝敌国的老人的敬重作为治国的重要方针，这是周的传统，而这种传统被后世一代代所继承。

汉代贾山作《至言》，给文帝讲治乱之道。认为天子要遵守的重要道德原则之一便是尊老："天子之尊，四海之内，其义莫不为臣。然而养三老于大学，亲执酱而馈，执爵而酳，祝哽在前，祝噎在后，公卿奉杖，大夫进履。"①老人容易哽（意为噎）噎，所以要叫祝人吃饭前后祝他们不噎不哽。祝哽祝噎就成为古代尊老的一种礼仪。汉代对老人不但尊重，而且还给予优惠政策。如汉文帝"礼高年，九十者一子不事，八十者二算不事"。一子不事即蠲免他家一个儿子的徭役；二算不事即蠲免他家两口的算赋。武帝即位后，重申前令，不久又下诏："古之立教，乡里以齿，朝廷以爵，扶世导民，莫善于德。然则于乡里先耆艾，奉高年，古之道也。今天下孝子顺孙愿竭尽以承其亲，外迫公事，内乏资财，是以孝心阙焉。朕甚哀之。民年九十以上，已有受鬻法，为复子若孙，令得身帅妻妾遂其供养之事。"②受鬻法即由政府发给老人米粟的制度，复子若孙即将本来只适用于儿子的复除规定扩大，无子即复其孙。汉代人民的负担徭役最重，算赋第二，给老人免除部分赋役，是礼高年的具体措施之一。

---

① 《汉书·贾山传》。
② 《汉书·武帝纪》。

汉以后各王朝的统治者大多都很注意老人的作用。唐太宗曾说："尚齿重旧，先王以之垂范"，并规定"内外文武群官年高致仕，抗表去职者，参朝之日，宜在本品见任之上"。①高宗时，又给致仕老人赐爵加阶，"诸老人百岁已上版授下州刺史"。②宋代对老人政治上的照顾更超过前代。"宋太宗取人，多临轩顾问，年少者往往罢去。"③宋仁宗曾下诏："进士五举，年五十，诸科六举，年六十；尝经殿试，进士三举，诸科五举；及尝预先朝御试，虽试文不合格，毋辄黜，皆以名闻。"④这一制度就是所谓"特奏名"，或者称为"恩科"，皇帝的恩主要是加在屡试不第的老年人身上。由于这一取士方法是以年龄为主要依据，所以入选者的德才便参差不齐。哲宗元祐年间，苏轼、孔文仲上奏批评这一措施说："此曹垂老无他望，布在州县，惟务黩货以为归计。前后恩科命官几千人矣，何有一人能自奋厉，有闻于时？而残民蠹官者，不可胜数。以此知其无益有损。"⑤一般老人那种缺乏事业心，没有朝气和干劲的精神状态，算是被苏、孔两人讲对了。但是宋王朝正需要这种保守暮气的老人作为稳定因素以安定整个社会，重老崇古实际上是重静求稳的衍化。

在重老的总趋势下，出类拔萃的年轻人并非完全没有受到提

---

① 《旧唐书·太宗纪》。
② 《旧唐书·高宗纪》。
③ 《宋史·寇准传》。
④ 《续资治通鉴长编》，卷一百十四。
⑤ 《宋史·选举志》。

拔重用的可能，但是一则这部分人的数量很少，二则其出类拔萃之处往往正是少年老成、老成持重。有些神童才子锋芒毕露、急于求成，社会对他们的反应不是等着他们"江郎才尽"，好看笑话，就是群起诋毁，欲置之死地而后快。如西汉贾谊当博士时，"年二十余，最为少。每诏令议下，诸老先生未能言，谊尽为之对"，替汉文帝制定政策改法令，出了不少好主意，深受皇帝器重。然而，他也正是因此遭到一批老臣的忌恨，"绛、灌、东阳侯、冯敬之属尽害之，乃毁谊曰：'洛阳之人年少初学，专欲擅权，纷乱诸事。'于是天子后亦疏之，不用其议，以谊为长沙王太傅"。①在另一方面，即使一部分少年才子侥幸发迹了，大多对自己早年的思想、行径也多有追悔，例如：唐末诗人韦庄在长安应举时恰逢黄巢起义军入城，事后便写了著名叙事长诗《秦妇吟》。这首诗布局精密，描写生动，思想深刻，不失为上乘之作。但因其中一些句子用词大胆，略欠谨慎，如"内库烧为锦绣灰，天街踏尽公卿骨"等语，颇受物议。当时因此诗很出名，人们便称韦庄为"《秦妇吟》秀才"，但韦庄自己却很忌讳。后来韦庄当了四川前蜀政权的宰相，更悔恨早年的孟浪。"他日撰家戒，内不许垂《秦妇吟》障子，以此止谤，亦无及也。"②立场完全转到崇古重老这一方去了。所以社会尽管还不是完全由老人治理，但"老"的价值却始终比"年轻"要高得多。

---

① 《汉书·贾谊传》。
② 《北梦琐言》，卷六。

治 世 与 乱 世

由于缺乏和外部世界的对比，"治"还是"乱"成了衡量中国社会好不好的唯一标准。尧舜时，生产力水平很低，人们的生活水准当然也很低，但老百姓却显得很快乐。传说有个老人击壤唱歌说："日出而作，日入而息，凿井而饮，耕田而食，帝力于我何有哉！"①不需政府干预，人民自得其乐，太平之景象令后世好生企慕，被作为一种理想的治世来追求。然而夏商周以后，这种无政府的太平社会不可能复现，治和乱便具有了政府是强还是弱，能控制局面还是不能控制局面等内容。真正的太平世界只能在《桃花源记》这种幻想作品中去寻找了。根据这样的标准，在中国历史上，新王朝建立之初大多经过一段致治过程便达到治世阶段，但矛盾逐渐积累，冲突继而发生，又由治转乱；如果统治集团尚未彻底腐败，则有可能来一次中兴，也就是再次转治，但气象已大不如前，至多维持二、三代皇帝，又全面衰弱、崩溃，直至灭亡。仲长统说中国是"乱世长而化世短"，这既是一个历史的归纳总结，又是一个非常准确的预言。统治者个个希望致治，人民也希望安定，但为什么总是要发生动乱？这是一个值得思考的问题。

---

① 《帝王世纪》。

韩非说："上古竞于道德，中世逐于智谋，当今争于气力。"①这里的"当今"是指战国时期，其实战国以后的社会都是如此。逐鹿中原虽凭实力，但实力又靠智谋而成，而更高的智谋又非要借助道德这面大旗不可。汉高祖刘邦以为天下是自己凭气力打出来的，陆贾向他推荐古代经典，他大发雷霆，骂道："乃公居马上得之，安事《诗》、《书》。"陆贾回答："马上得之，宁可以马上治乎？且汤武逆取而以顺守之，文武并用，长久之术也。昔者吴王夫差、智伯极武而亡；秦任刑法不变，卒灭赵氏。乡使秦以并天下，行仁义，法先圣，陛下安得而有之?"②在乱世打天下，骋驰战场，出生入死，争于气力是不错的，但要致治，要使治世长久下去，必须要用更广泛的手段，其中最主要的即文治，也就是要靠道德教化，靠文化中心价值的建立。

每一个王朝的盛世差不多都是文化中心价值体系逐步完成的过程，而王朝由盛转衰乃至灭亡又是文化中心价值体系逐步崩溃的过程。治和乱只是中心价值体系存在或消散的表症，而治、乱的频繁交替却并没有触动中心价值体系的质变，也就是说，至少在秦汉以后，中国社会的中心价值体系就很少变动了。这个现象正应了董仲舒的预言："古之天下，亦今之天下；今之天下，亦古之天下"，"道者，万世无弊。弊者，道之失也。"③如果把这个

① 《韩非子·五蠹》。
② 《汉书·陆贾传》。
③ 《汉书·董仲舒传》。

被董仲舒涂上天意神秘色彩的道还原成长期延续的文化中心价值体系，历史的循环、停滞和不变也许就不难理解了。其实，董仲舒也并不是一个蹩脚的理论家或装神弄鬼的预言家，他多少看到了不变的奥秘："若其大纲人伦、道理、政治、教化、习俗、文义，尽如故，亦何改哉。"①统观中国上下几千年的社会，改变最微的大概就是这些意识形态中的深层结构了。新王朝建立时，人们往往充满了希望和信心，新政权经历了动乱的考验而受到人们的信任，成为社会中理所当然的凝聚中心。一批出类拔萃者总结前代的经验，使新的一切秩序化。所有游离的、容易翻腾的因素都被安定到它们应去的位置上，社会平静了，老百姓满意了。然而，不管那些新王朝的谋士多么聪明机智，多么博学广闻，或者多么忠贞鲠直，他们的一切秩序化努力总难免摆脱最基本的框框，新王朝旧秩序，唯其是旧秩序才是最好最稳的秩序。所谓以史为鉴，免蹈前朝覆辙，正是要把前朝走歪了的，离开旧秩序的轨迹扳回到正道，重新回到旧秩序中来。宋代赵普以半部《论语》治天下而出名，有人说他才高，有人说他狂妄，更有人嘲笑他读书太少，然而他毕竟帮助赵匡胤兄弟把五代后纷乱的局面改造成大宋的太平世界。中国的事情既复杂又简单——半部《论语》讲的和一部《论语》无质的差别；一部《论语》讲的东西和所有儒学经典无质的差别——最复杂的现象可以用最简单的手段

---

① 《春秋繁露·楚庄王》。

来解决，这是中国社会的特征，其原因就在于社会的文化中心价值从来没有发生过大的变化。

中华文化中心价值是庞大而复杂的，但其中最主要的肯定是儒家的那一套伦理道德。凡是能稳定下来的王朝无不靠儒家伦理道德作为新秩序的支柱。唐太宗初即位时曾亲自召集大臣商讨治国方针。面对百废待举、百乱待治的局面，许多人束手无策，连唐太宗也发出"今大乱之后，其难治乎？"的叹息。只有魏征头脑清醒，充满信心，因为他相信"乱后易教，犹饥人易食也"，"凡人在危困，则忧死亡。忧死亡，则思化。思化，则易教"。他说："若圣哲施化，上下同心，人应如响，不疾而速，期月而可，信不为过，三年成功，犹谓其晚。"①许多研究中国古代政治思想的人都注意到中国传统思想中有"民富国治，民贫难治"的观点。他们对此大加赞扬，认为这是重视物质基础，重视发展生产，提高人民生活水平的有益倾向，是"养民"思想、"民本"思想的基石。然而无论是孔子的圣训（先"富之"，后"教之"）还是管子的经验之谈（"凡治国之道，必先富民"），都没有给中国的老百姓带来什么特别的好处。国富民穷，国穷民更穷，这是中国历代社会生活的写照。"政在养民"只是一种实不至的口惠，实际上"民穷易治"倒是一种潜在的顽强的意识。民不可太富，甚至不可略富。太平盛世总是出现在乱极穷透之后，而动乱年月

---

① 《贞观政要·政体》。

恰恰是富强鼎盛的果实。这里面大概是有点道理可寻的。早在两千多年前，有人就指出："昔先王之处民也，择瘠土而处之，劳其民而用之，故长王天下。夫民劳则思，思则善心生；逸则淫，淫则忘善，忘善则恶心生。沃土之民不材，淫也；瘠土之民莫不向义，劳也。"①这是一段出色的地理环境决定论的演说，而且它又精辟地剖析了中华民族的一种国民性。在逆境中，在艰难困苦的岁月里，中国人容易团结，上下一心，共同奋斗，而一旦解除危险，略得温饱，便开始明争暗夺，勾心斗角的内耗，"淫则忘善，忘善则恶心生"。大凡冷静清醒的政治家，都会注意到这条劣根。东汉王符说："夫贫生于富，弱生于强，乱生于治，危生于安。是故明王之养民也，忧之劳之，教之诲亡，慎微防萌，以断其邪。故《易》美节以制度，不伤财，不害民。《七月》诗大小教之，终而复始。由此观之，民固不可恣也。"②"不可恣"就是不能放纵百姓，不要使他们过于富逸。魏征正好是从反面运用了这一原理，民贫易治，这才是历代屡试不爽的经验。清兵入关以后，之所以能战胜各种反清力量，很快建立稳固的政权，使数千万大明臣民变成大清顺民，明末弊政下人民穷苦无以复加当是最主要的原因。郑廉在《豫变纪略》中写到崇祯年间大旱的惨象："野无青草，十室九空。于是有斗米千钱者，有采菜根、木叶充饥者，有夫弃其妻、父弃其子者，有自缢宫林，甘填沟壑

---

① 《国语·鲁语》。
② 《潜夫论·浮侈》。

者，有鹑衣菜色而行乞者，有泥门提瓮而逃者，有骨肉残食者。"
"旧征未完，新饷已催。额内难缓，额外复急。村无吠犬，尚敲
催追之门；树有啼鹃，尽洒鞭扑之血。黄埃赤地，乡乡几断人
烟，白骨青燐，夜夜常闻鬼哭"，一派人间地狱的景象。清初统
治者首先取消明末"三饷"加派等弊政，显然已得民心。因而尽
管圈地等新弊政使"民生失业，衣食无资，流离困苦"，①连年内
战使"生理未复，室庐残毁，田亩荒芜，俯仰无资，衣食艰
窘"。②这些经济上的困难和危机都没有给满族政权的稳固造成威
胁。相反，稍施一些宽政，下面便颂声四起。如王庆云在《石渠
余记》中所称："敛从其薄，施从其厚，所以上培国脉，下恤民
依；岂唐宋以来，所可同年而语者哉？"虽然拍马屁的味道很浓，
但所述情状与当时人民的心情也未必差远。吴振棫《养吉斋余
录》对清初的摊丁入地也大加颂扬："自丁归地而赋额有常，吏
民不扰，为天下万世利，皆圣祖旷恩也。今各省有皇恩浩荡碑，
即当日士民共记此事者。"民贫易治是有利条件，要致治则需靠
教化。清代统治者也深悉此义。康熙曾说："朕惟治天下，以人
心风俗为本，欲正人心，厚风俗，必崇尚经学，而严绝非圣之
书，此不易之理也。"③恢复儒学，重建中心价值体系确为由乱致
治的要点。

---

① 《皇朝政典类纂·田赋》。
② 《顺治朝圣训》，卷四。
③ 《清圣祖仁皇帝实录》，卷二百五十八。

重 德 轻 才

治乱与道德价值体系的建立或崩溃有如此紧密的联系，重德轻才的倾向在中国经久不衰也就没什么可奇怪的了。由于千年一贯的官本位，中国的人才学实际上等于是选官学。让什么样的人当官吏，让什么样的官受提拔升迁，这就是全部人才问题的核心。简单地讲，选人用材主要着眼于德、才两个方面，排列组合无非有四种选择标准：重德轻才；重才轻德；德才并重；德才俱轻。在中国历史上，这四种标准都有过实践。例如，曹操就公开亮出过重才轻德的招牌——"唯才是举"。他说："昔伊挚、傅说出于贱人，管仲，桓公贼也，皆用之以兴。萧何、曹参，县吏也，韩信、陈平负污辱之名，有见笑之耻，卒能成就王业，声著千载。吴起贪将，杀妻自信，散金求官，母死不归，然在魏，秦人不敢东向，在楚则三晋不敢南谋。今天下得无有至德之人放在民间，及果勇不顾，临敌力战；若文俗之吏，高才异质，或堪为将守；负污辱之名，见笑之行，或不仁不孝而有治国用兵之术：其各举所知，勿有所遗。"①可见，他的选人用人完全不考虑社会对此人的道德评价。当然，这种情况一般只能在非常时期非常环境非常需要下才能实行。至于德才俱轻，历代的卖官制、荫叙

---

① 《三国志·魏书·武帝纪》注引《魏书》。

制、九品官人法及官场裙带风、安插私人亲信等等，在漫长的封建社会倒是司空见惯的。然而，从中国社会传统的价值观念来看，只有重德轻才的价值取向才是占主导地位的。

董仲舒曾向武帝建议："臣愿陛下兴大学，置明师，以养天下之士，数考问以尽其材，则英俊宜可得矣。今之郡守、县令，民之师帅，所使承流而宣化也；故师帅不贤，则主德不宣，恩泽不流。……毋以日月为功，实试贤能为上，量材而授官，录德而定位，则廉耻殊路，贤不肖异处矣。"[①]贤能即德才，董仲舒之论似乎提倡德才并重，但实际上却是重贤重德。这种观点在更早些时候，就已经由贾谊在《陈政事疏》中论述过，他说："夫移风易俗，使天下回心而乡道，类非俗吏之所能为也。俗吏之所为务在于刀笔筐箧，而不知大体。陛下又不自忧，窃由陛下惜之。"[②]以为政治不能靠熟悉公务，善征赋税的官吏，而要靠识大体，知道如何对人民进行道德教化的人来实现。董仲舒则进一步把这一道德教化重任揽到儒生经师肩上。

差不多所有王朝建立时都要靠一些才识超群之人，此时道德的好坏并不重要。然而，随着政权的稳定，统治目标转向致治，转求长治久安以后，官员的道德素质也就日益显得重要。汉宣帝时王吉说："今俗吏所以牧民者，非有礼义科指可世世通行者也，独设刑法以守之。其欲治者，不知所由，以意穿凿，各取一切，

① 《汉书·董仲舒传》。
② 《汉书·贾谊传》。

权谲自在，故一变之后不可复修也。是以百里不同风，千里不同俗，户异政，人殊服，诈伪萌生，刑罚亡极，质朴日销，恩爱寖薄。孔子曰：'安上治民，莫善于礼'，非空言也。王者未制礼之时，引先王礼宜于今者而用之。臣愿陛下承天心，发大业，与公卿大臣延及儒生，述旧礼，明王制，驱一世之民济之仁寿之域，则欲何以不若成、康，寿何以不若高宗?"①汉代才高功大而因德行欠佳终生受挫者不少，其中元帝时的陈汤最为典型。陈汤"少好书，博达善属文。家贫丐贷无节，不为州里所称"。从小操行评分便很低。后来到长安求官，"富平侯张勃与汤交，高其能"，举荐他应茂材，"汤待迁，父死不奔丧，司隶奏汤无循行，勃选举故不以实，坐削户二百"。父死不奔丧，犯了不孝之罪，使荐举他的人也受牵连。其实，他应的是以才能为重的茂材，张勃因"高其能"而举荐，并非失实。然而，汉元帝以后，儒学大盛，重德为取才的第一标准，所以陈汤初入官场，便连连遭犯。陈汤不甘埋没，国内出头无望，便"数求使外国"，要在域外建功。建昭三年（前 36 年）以西域副校尉出使西域，充分施展了他"沉勇有大虑，多策谋，喜奇功"的长处，矫制发兵杀匈奴郅支单于，靖边戮乱，除汉室心腹大患，立中国莫大之功。但因其德行不佳，功越大越遭忌害。哀帝时议郎耿育为陈汤诉冤，说他"为圣汉扬钩深致远之威，雪国家累年之耻，讨绝域不羁之君，

---

① 《汉书·王吉传》。

系万里难制之虏，岂有比哉！"然而所封仅"数百户"；成帝时，"大臣倾邪，谗佞在朝，曾不深惟本末之难，以防未然之戒，欲专主威，排妒有功，使汤块然，被冤拘囚，不能自明，卒以无罪，老弃敦煌，正当西域通道，令威名折冲之臣旋踵及身，复为郅支遗虏所笑，弃人之身以快谗，岂不痛哉！"耿育进一步指出："远览之士，莫不计度，以为汤功累世不可及，而汤过人情所有，汤尚如此，虽复破绝筋骨，暴露形骸，犹复制于唇舌，为嫉妒之臣所系虏耳。此臣所以为国家尤戚戚也。"①陈汤功高赏薄，数度罢官入狱，晚年又放逐塞外，吃亏就在于道德声誉不好。无耻、不孝、贪财等评语是很容易挑起整个社会的反感的。然而这些缺点在当时实为"人情所有"，一夸大就不得了，使一个本来可以与张骞、班超等齐名的英雄生时多难，死后无名。

重德轻才与求稳求治的统治目标相一致。唐太宗曾说："乱未尝不任不肖，治未尝不任忠贤。任忠贤则享天下之福，任不肖则受天下之祸。"②贤不单指德，也包括才，但德是第一位的。许敬宗是帮助武则天掌握政权的最得力的大臣，但在太宗手下始终不见重用。刘昫认为："许高阳武德之际，已为文皇人馆之宾，垂三十年，位不过列曹尹，而马周、刘洎起羁旅徒步，六七年间，皆登宰执，考其行实，则高阳之文学宏奥，周、洎无以过

---

① 《汉书·陈汤传》。
② 《全唐文》，卷一。

之，然而太宗任遇相殊者，良以高阳才优而行薄故也。"①许敬宗德行确实糟糕：不孝不慈，好色无度，贪财黩货。让他负责编写国史，又大泄私忿，歪曲史实，损人利己。这样的品德，太宗当然不愿意重用。后来，许敬宗钻了唐高宗的空子，帮助他立武则天为后，取得权势，对正直的大臣诬构逼杀，实为中唐政治动乱的启幕人。

宋代穆修诗作得很好。"有题其诗于禁中壁间者，真宗一见，大加赏叹。问为谁诗？左右以穆修对。上曰：'有文如此，公卿何不荐来？'时丁晋公在侧，从容答曰：'此人行不逮文。'由此上不复问。"②"行不逮文"即指他的德行不好，远不及其文才。才高德薄，皇帝便失去提拔的兴趣。沈括学识才干在熙宁元丰年间是第一流的，但其德行有缺。王安石一罢相，他就密陈新法不便，而此前一直是新法的大力鼓吹和推行者，这种前后自相背戾的做法，使"上始恶括之为人"，不久便遭降黜。③出尔反尔，轻易背叛自己原先的立场，历来被认为是最坏的德行之一。

清代统治者对明朝的那批降臣是十分鄙视的。乾隆皇帝曾说：我朝开创之初，"创大一统之规模，不得不加之录用，以靖人心而明顺逆，今事后平情而论，若而人者，皆以胜国臣僚，乃遭际时艰，不能为其主临危授命，辄复畏死幸生，觍颜降附，岂得

---

① 《旧唐书·许敬宗传》。
② 《宋稗类钞》，卷二。
③ 见《东轩笔录》。

158

谓之完人。"对这批贰臣的德行是很看不起的。而其中尤其对
"降附后潜肆诋毁之钱谦益辈"更为痛恨，说他们"尤反侧金邪，
更不足比于人类矣"。①原来钱谦益在降清以后，为了掩饰自己的
失节，在诗文中故意表示怀念故国，诋斥清朝，这种反复无常的
举动令新主子也感到愤怒。统治者出于稳定大局的需要，可能会
依靠一些缺德者，但一俟形势正常，凡是关于德行的旧账是非得
重新算过不可的。

谦 厚 之 风

"谦"是中国道德中最重要的内容之一。《尚书·大禹谟》中
有"满招损，谦受益"之语，《易》曰："天道亏盈而益谦，地道
变盈而流谦，鬼神害盈而福谦，人道恶盈而好谦。谦尊而光，卑
而不可逾，君子之终也。"都十分肯定谦的作用。大家谦让就能
无争，无争就能少变，少变便可安宁太平。这正符合中国传统的
思定厌变的心理定势。古代圣贤的高尚品德中谦让之风非常突
出。《史记·五帝本纪》记载："舜耕历山，历山之人皆让畔；渔
雷泽，雷泽上人皆让居；陶河滨，河滨器皆不苦窳。一年而所居
成聚，二年成邑，三年成都。"舜用以团结人民的方法，就是提
倡谦让。

---

① 《清高宗纯皇帝实录》。

如前所言，中国社会有重德轻才的倾向，然而德也不是越高越好，德高必然望重，声望如果太重而不知道谦退，就要招祸了。《易》中有"谦谦君子，卑以自牧也"之语，实际上正是强调用谦让来保全自己。其实，就统治者的要求和利益来说，最大的德就是对君主的顺服，讲得体面一点，就是要有谦厚之风。古代大臣功劳过大或是权位过高便要顾虑是否会震主，最好的办法就是自污，故意给自己抹点道德上的污泥。西汉初的萧何为刘邦出力最多，功最盛，而且素有德行，深得民心。殊不知，这正犯了皇帝的大忌。有人为萧何出主意说："君灭族不久矣。夫君位为相国，功第一，不可复加，然君初入关，本得百姓心，十余年矣。皆附君，尚复孳孳得民和。上所谓数问君，畏君倾动关中。今君胡不多买田地，贱贳贷以自污？上心必安。"萧何依计而行。果然，当数千老百姓告萧何状，"言相国强贱买民田宅"后，汉高祖很高兴地对萧何说："今相国乃利民！"不但不怪罪，反而由他自己去处置。大臣的品行有点污点，皇帝反而放心。后来萧何为民请命，要皇帝将上林苑给民耕种，又犯了忌，被刘邦关进了监狱，关他的理由是"以自媚于民，故系治之"。[1]真是欲加之罪，何患无辞！可见臣下不可显示德行比皇帝高，这是封建社会一条铁的戒律。宋太宗接过赵匡胤的帝位，烛光斧影，千古之谜。宋太祖的儿子德昭虽然毫无怨言，但仍使太宗深备戒心。"德昭从

---

① 《汉书·萧何传》。

160

征幽州，军中尝夜惊，不知上所在，或有谋立王者，会知上处，乃止。上微闻其事，不悦。及归，以北征不利，久不行太原之赏，议者皆谓不可，于是德昭乘间入言。上大怒曰：'待汝自为之，赏未晚也。'德昭惶恐，还宫"，"取割果刀自刎"。①史称德昭"喜愠不形于色"，②想来德行是不错的；有人想到要立他为帝，说明颇得人心。太宗赏罚不公，他乘间进谏，是尽职的表现，但太宗却认为他是在为自己扬德，为接替皇权作准备，所以一句话就把他逼死了。明代有个御史叫陈祚的，自以为有规谏皇帝的职责，冒冒失失地向明宣宗"进《大学衍义》，劝上曰：'勤圣学。'上大怒，抄札其家，并捕其子侄瑄等，同下锦衣狱，各不得见者三年，备尝苦楚"。③三年监牢之祸完全由于他将自己的德看得过高，大有贬低皇上抬高自己的意图，大概不管谁坐在那个帝位上，都会忍不住要大发雷霆的。在强调德行的时代，德高望重是人臣所企望的。但是其望如果太重，招祸就不可免了。乾隆年间有个叫尹嘉铨的人，鲁迅先生称他是"名儒加孝子"。④因为自以为德高望重，得陇望蜀，竟在致仕后派儿子向乾隆上奏，一求给父亲请谥，二求把本朝名臣汤斌、范文程、李光地、顾八代、张伯行及其祖父尹会一从祀文庙。其目的无非想进一步确立其道德

---

① 《续资治通鉴长编》，卷二十。
② 《宋史·宗室传》。
③ 《寓圃杂记》，卷二。
④ 《买〈小学大全〉记》。

世家的社会地位。谁知此举激怒了皇帝，乾隆朱批："竟大肆狂吠，不可恕矣。"革去顶戴不算，又逮人抄家。尹嘉铨文章中有句"为帝者师"，乾隆批驳说："尹嘉铨俨然以师傅自居，无论君臣大义不应如此妄语，即以学问而论，内外臣工各有公论，尹嘉铨能为朕师傅否？"尹嘉铨撰了五本《名臣言行录》，把清代的一些大臣也列入，乾隆大为不满，认为本朝因皇帝治理有方，所以既无名臣亦无奸臣；只要皇帝圣明，就能国泰民安，否则有名臣也无用，尹嘉铨是"莠言乱政"，①结果，这个七十多岁的名儒被"处绞立决"，所著所撰书籍一概禁毁。

这样看来，因德高而受害不是违反了重德轻才的传统吗？然而仔细一想，便可发现两者的联系。正因为中国社会价值观念上对德的重视，"有德者得天下，无德者失天下"的教诲传了几千年，所以德望过高便成为得天下的先兆，成为一种王权最为疑虑的威胁，不消除这种潜在的隐患，皇帝怎么能安卧？"有善归主，有恶自予"，这是对臣下最基本的要求。北宋王曾"为人方正持重，在中书最为贤相，尝谓：'大臣执政，不当收恩避怨。'公尝语尹师鲁曰：'恩欲归己，怨使谁当！'闻者叹服，以为名言"。②正是这些名言成了在中国混迹官场的护符。不但无心篡权夺位的要循守此道，即便有野心，要争权夺利者也非得施韬晦之计，装成胸无大志的谦谦君子模样方可。在这方面，西汉末年的王莽可

① 《清代文学狱档案》。
② 《归田录》，卷一。

162

称得上是个天才，他未篡汉前，"深执谦退，推诚让位"，把功劳封赏让给同僚，再三拒受赐号，以致有人说他完全实践了孔子"能以礼让为国乎何有"的理想。他在受九锡前，有一段绝妙佳词，谦虚之德漾溢字里行间："臣以外属，越次备位，未能奉称。伏念圣德纯茂，承天当古，制礼以治民，作乐以移风，四海奔走，百蛮并臻，辞去之日，莫不陨涕。……臣见诸侯面言事于前者，未尝不流汗而惭愧也。虽性愚鄙，至诚自知，德薄位尊，力少任大，夙夜悼栗，常恐污辱圣朝。今天下治平，风俗齐同，百蛮率服，皆陛下圣德所自躬亲，太师光、太保舜等辅政佐治，群卿大夫莫不忠良，故能以五年之间至致此焉。臣莽实无奇策异谋，奉承太后圣诏，宣之于下，不能得什一；受群贤之筹画，而上以闻，不能得什伍，当被无益之辜，所以敢且保首领须臾者，诚上体陛下余光，而下依群公之故也。"①颂扬皇上太后圣德，表彰同列群臣功德，抬高他人，贬损自己，这正是王莽的绝招。白居易有诗曰："赠君一法决狐疑，不用钻龟与祝蓍。试玉要烧三日满，辨材须待七年期。周公恐惧流言后，王莽谦恭未篡时；向使当初身便死，一生真伪复谁知？"（《放言五首》其三）如果不是以后那场取代皇帝，我自为之的压轴戏，王莽真的要成为周公第二而名垂青史了。

　　正因为谦退之风是中国道德的重要组成部分，所以它不但是

---

　　① 《汉书·王莽传》。

护官符、求官符，也成了许多人避祸躲灾的法宝。东汉末，刘备暂寄曹操篱下，"曹公数遣亲近密觇诸将有宾客酒食者，辄因事害之，备时闭门，将人种芜菁，曹公使人窥门"，[①]以种菜来显示无大志，刘备的这个韬晦之计深受后人赞叹，历史上效仿此法的人也真不少，甚至连近代袁世凯也曾在被摄政王载沣放逐后，于河南彰德隐居养疴时重演此戏。他极力装成闲云野鹤之态，每日饮酒赋诗，游山玩水，钓鱼消遣，借以消除清政府对他的注意。暗中却交结、串连党羽，预闻朝廷大计。结果，在辛亥革命爆发，清廷束手无策之际，早有准备的他乘机窃取了大权。有趣的是，数年之后，蔡锷将军也用同样的计谋还治其身。他在袁世凯的严密监视下经常与杨度等人出入八大胡同饮酒看花，并挑选云吉班妓女小凤仙作伴，装作一个喜欢寻花问柳的无志小人。在袁世凯的警惕稍有松懈之时，绕道日本回到云南，担当起护国讨袁的大任。

谦让在政治斗争中是"以柔克刚"、"以退为进"的战略方式，在平时则是敷衍塞责、欺世盗名的有效手段。王锜在《寓圃杂记》中讲到有这样一位尤先生："太宗授以祭酒，奏曰：'臣无德。'又命为都宪，又奏曰：'臣无材。'遂擢为贵州参议。罢官归吴。有一子，先生命之洒扫，子执帚以问曰：'大人，地从何处扫起？'可见其家谦厚之风也。"我们很怀疑王锜是在借此讥讽

---

① 《三国志·蜀书·先主传》引《吴历》。

当时社会中流行的"谦厚之风"。尤先生父子谦厚得太彻底了，如果社会都是这样的谦厚君子，争端固然可减灭不少，但应该完成的事情该由谁来承当呢？谦厚固然不失为一种良好的品德，然而一个社会过度强调谦厚，便会失去社会赖以前进的生气和活力。事实上，在中国，谦厚已不单是一种道德要求，而且已成为一种礼仪，一种习俗，一种制度上的规定。古汉语中有许多谦词，称自己为"臣"、"妾"、"仆"、"愚"、"不才"、"鄙人"、"奴才"等，甚至皇帝也选择"孤"、"寡人"之类字眼来自称。自己的家再富丽堂皇，必称"寒舍"，自己的社会地位再高，仍称"贱职"，自己的事再重要，也还是称"贱事"。唐代有一种"谨空"习俗，致书简给尊者，要在纸尾留出空白，敬请对方批复。沈括的《梦溪笔谈》记载："前世风俗，卑者致书于所尊，尊者但批纸尾答之曰反，故人谓之批反，如官司批状，诏书批答之类，故纸尾多作敬空字，自谓不敢抗敌，但空纸以待批反耳。"如果不懂这个规矩，就会造成失礼，就要被认为是狂妄自大了。

谦厚既然变成一种礼仪要求，必然表面化、虚假化。《尹文子·大道上》记载："齐有黄公者，好谦卑。有二女皆国色，以其美也，常谦辞毁之，以为丑恶。"这虽然是一则寓言，然而中国社会中类似的情况比比皆是。大多数人都用厚厚的谦虚软甲把自己从头到脚严严实实地包裹起来，以致很难辨明他们的真心实意、真才实学。中国人之间的社会交往已经很少了，而在这些不多的社交活动中又得套上谦卑的假面。更为消极的作用是，一个

165

不负责任的行为，一个有损于他人的行为发生以后，往往并不会
受到直接的反击；受到损害的一方并不马上奋起捍卫自己的权
益，而是左顾右盼、权衡利害，而最终大多采取了谦让的姿态。
尤其当伤害来自的一方比自己地位高时，这样的结果则更为普
遍，受气的下级或者把怨气回家发在妻妾子女头上，或找机会发
泄到下属或预期不会有反抗的对象身上。这样不负责任行为的实
施者并不直接意识到自己行为的后果，也没有对自己行为的责任
感。整个社会中人与人之间互不负责，明争变为暗斗，谦虚后面
隐藏着怨恨，客来客气的表面之后的是你死我活的争斗。试想如
果我们的民族没有这么重且如此（在表面上）受到推崇的谦厚之
风，如果一切行为都有施必报，受侵犯者不是谦让而是奋争乃至
反抗，每个人就会切身感受到对自己行为的责任。这样，相互之
间的无谓攻击反而会减少，社会公德会提高，窝里斗的劣根也不
会长期延续。

统 一 和 分 裂

　　人与人之间互相谦让，按照常理，按照逻辑，理应形成一种
良好的社会公德，但在传统的中国社会中，这种谦让反而败坏了
公德。这样，个体之间出于真诚的需要而集聚的愿望非常淡薄，
以致要团结整个民族或是要使社会安定，只能借助于超越社会的
"一"的力量。自汉以后，许多王朝的统治者都要举行祭太一神

的大典。《史记·封禅书》说："天神贵者太一，太一佐曰五帝。古者天子以春秋祭太一东南郊，用太牢。"太一也称"泰元"，"元"就是"一"。在中国传统的思维方式中，"一"既是开始，又是全部。老子说："昔之得一者，天得一以清，地得一以宁，神得一以灵，谷得一以盈，万物得一以生，侯王得一以为天下贞。"①汉初黄老思想盛行，汉人对"一"的理解受老子思想的影响很大。"一者壹统，天地万物所系终也。"②把"一"作为包罗宇宙世界一切的最大终极力量。封建帝王勤于祭祀太一神，目的是要借助神的力量来巩固统治，所谓"天增授皇帝泰元神策，周而复始。皇帝敬拜泰一"③等祈祷词充分反映了统治者的意图。

视天下为一统的观念在中国很早就已形成，传说中的三皇五帝都是作为统一国家的君主出现，而最早的统一与分裂之战起始于黄帝。《史记·五帝本纪》记载："轩辕之时，神农氏世衰。诸侯相侵伐，暴虐百姓，而神农氏弗能征。于是轩辕乃习用干戈，以征不享，诸侯咸来宾从。而蚩尤最为暴，莫能伐。炎帝欲侵陵诸侯，诸侯咸归轩辕。轩辕乃修德振兵，治五气，艺五种，抚万民，度四方，教熊罴貔貅䝙虎，以与炎帝战于阪泉之野。三战，然后得其志。蚩尤作乱，不用帝命。于是黄帝乃征师诸侯，与蚩尤战于涿鹿之野，遂禽杀蚩尤。而诸侯咸尊轩辕为天子，代

---

① 《道德经》，第三十九章。
② 《史记·封禅书》。
③ 《汉书·郊祀志》。

神农氏，是为黄帝。天下有不顺者，黄帝从而征之，平者去之，披山通道，未尝宁居。"这里有关黄帝的事迹，其历史的真实性可以想见自然是很差的，但这一特点正好说明它反映了一种强烈的观点：我们中华民族之所以把黄帝作为始祖，难道不是因为黄帝是古人心目中第一个统一中国，能使天下没有不顺服的英雄吗？

周克殷商之后，武王"欲筑宫于五行之山。周公曰：'不可。夫五行之山，固塞险阻之地也。使我德能覆之，则天下纳其贡职者回也；使我有暴乱之行，则天下之伐我难矣。'此所以三十六世而不夺也，周公可谓能持满矣"。[①]把都城筑在固塞险阻之地乃是常理，有利于一家一姓的安全，但大政治家周公却有更远大的目光。这种远大实际上就是把整个中国作为一个政治统一体来考虑：姬姓统治者如果有德能治理全中国，必须和全国各处保持密切的交通联络；如果失德无法治理全国，结果是固守一隅，成为一种割据势力，而后一种局面正是周公所不取的。在周公的观念中，无论是姬姓周室治理中国还是其他有德者取而代之，中国始终应是一个整体，不可分裂。有段时间，史学界多把实行分封制还是实行郡县制视为分裂或统一的前提，好像分封制必然导致分裂。这其实是一种误见，周朝的分封制同样是保证统一的有力手段。分封下的诸侯对中央的向心力，甚至在周室已极度衰弱、桑

① 《淮南子·泛论训》。

168

榆暮景时仍然存在，所谓"尊王攘夷"就是这种向心力的反映。战国末期的《吕氏春秋》记载说："今周室既灭，而天子已绝，乱莫大于无天子"，"无天子则强者胜弱，众者暴寡，以兵相残，不得休息"，"当今之世浊甚矣，黔首之苦不可以加矣。""乱莫大于无天子"既是一种对旧时周天子权威的追恋，又是一种对能统一全国的新权威的期望。

农业社会的静态文化需要统一的政治环境，脆弱的小农经济经不起分裂时期战争动乱的冲击，这正是产生"乱莫大于无天子"思想的社会基础。向往统一，反对分裂是历代人民的基本政治态度。秦始皇的统一战争杀人一百三十万以上，其中包括灭绝人性地坑杀赵国降俘四十万等暴行，然而"元元黎民得免于战国，逢明天子，人人自以为更生"。[①] 为了统一，虽然付出了巨大的代价，但人民仍然欣然欢迎它的来到。五代十国时期，中国南方地区虽然四分五裂，但因为数十年中没有大的战事，处于相对安定的状态，经济繁荣，人民生活也不怎么难过。例如吴国后期在徐知诰掌权时，"江、淮间旷土尽辟，桑柘满野，国以富强"。[②] 后来徐知诰建南唐，改名李昇，推行富民政策，经济更发达，"江、淮比年丰稔，兵食有余"，[③] "耕织岁滋，文物彬焕，渐有中

---

① 《史记·平津侯主父列传》。
② 《资治通鉴》，卷二百七十。
③ 《资治通鉴》，卷二百八十二。

朝之风采"。①建都杭州的吴越国在钱俶统治时，"募民能垦荒田者，勿收其税，由是境内无弃土。……国人皆悦"。②四川在后蜀政权统治下，"百姓富庶"，"斗米三钱"。③类似这样的经济状况，在统一时期也未必能够达到乃至超过。然而，当周世宗力量增强，"慨然有削平天下之志"时，"秦州民夷有诣大梁献策请恢复旧疆者"，请世宗出兵收复四川。④后周大臣为世宗分析形势，指出统一中国并非难事，"俟群才既集，政事既治，财用既充，士民既附，然后举而用之，功无不成矣！彼之人观我有必取之势，则知其情状者愿为间谍，知其山川者愿为乡导，民心既归，天意必从矣"。⑤事实确实如此，尽管江南人民并非生活在水深火热之中，但对前来统一的王师还是欢迎的。"及周师至，争奉牛酒迎劳"，"争献刍粟"。⑥

正如《吕氏春秋·功名篇》所说："欲为天子，民之所走，不可不察。"历代有所作为的帝王总是善于利用人民的向往统一的愿望。当曹操说"设使国家无有孤，不知当几人称帝，几人称王"⑦时，他所有挟天子以令诸侯的权术都变得名正言顺，令人肃

---

① 史虚白：《钓矶立谈》。
② 《资治通鉴》，卷二百八十八。
③ 张唐英：《蜀梼杌》，卷下。
④ 见《资治通鉴》，卷二百九十二。
⑤ 见《资治通鉴》，卷二百九十二。
⑥ 《资治通鉴》，卷二百九十三。
⑦ 《魏武故事》。

然起敬；当赵匡胤按剑向南唐使臣大喝"但天下一家，卧榻之侧，岂容他人鼾睡"①时，这位靠兵变上台的阴谋家突然变得大义凛然，使人惶恐失措。相反，历史上也有不少不察"民之所走"的笨伯，他们只想坐地割据，自保富贵，而缺乏一统天下之志，等待他们的只能是失败，并成为人们的笑柄。秦王朝被推翻后，项羽拥兵四十万，论实力再无敌手，然而这位号称"霸王"者认为"富贵不归故乡，如衣绣夜行，谁知之者"，率子弟匆匆东归，满足于当他那个"西楚霸王"，有人用"楚人沐猴而冠"②来形容他这种目光短浅的行为，讥讽得并不过分，项羽自刎乌江的悲剧正起源于此。隋末起义军中，领导瓦岗军的李密力量最强。有人劝他"亲简精锐，西袭长安，百姓孰不郊迎，必当有征无战。既克京邑，业固兵强，方更长驱崤函，扫荡东洛，传檄指伪，天下可定。但今英雄竞起，实恐他人我先，一朝失之，噬脐何及！"李密也承认此为上策，但又顾虑重重，下不了决心，甚至提出"我之所部，并是山东人，既见未下洛阳，何肯相随西入"作为理由，和项羽的见识简直是伯仲之间。这一决策观念上的缺陷，被李渊父子利用。李渊说："吾方安辑京师，未遑东讨"，"密今适所以为吾拒东都之兵，守成皋之扼，更求韩、彭，莫如用密。宜卑辞推奖，以骄其志，使其不虞于我。我得入关，据蒲津而屯

① 《东都事略·李煜传》。
② 《史记·项羽本纪》。

永丰，阻崤函而临伊、洛，吾大事济矣"。①李密因为目光短浅，最终只能做唐王朝建国的垫脚石。

在中国，统一和分裂远非只是行政、军事、疆域方面的问题，而是涉及思想文化领域的广泛问题。自从商鞅用"燔诗书而明法令"使全国"归心于壹"②以后，思想文化统治便在中国生了根。汉代的"罢黜百家，独尊儒术"虽与法家南辕北辙，但轨迹并无两样。董仲舒说过："《春秋》大一统者，天地之常经，古今之通谊也。今师异道，人异论，百家殊方，指意不同，是以上无以持一统，法制数变，下不知所守。臣愚以为诸不在六艺之科、孔子之术者，皆绝其道，勿使并进。邪辟之说灭息，然后统纪可一，而法度可明，民知所从矣。"③这个大一统的核心，即是要使全国老百姓一种思想，一个主义，一统意志。董仲舒的大一统理论成为千百年来中国中央集权专制主义的基本指导思想，这种思想使中国尽管时常动乱、四分五裂，却最终归于一统，对我们多民族国家的统一起了不可忽视的作用。然而，它给中国带来的消极影响也是不可忽视的。专制主义严重妨碍了中国经济的发展，明末清初的顾炎武看到这一弊病，提出"寓封建之意于郡县"的主张。他说："封建之失，其专在下；郡县之失，其专在上。古之圣人，以公心待天下之人，胙之土而分之国。今之君人者，尽

① 《旧唐书·李密传》。
② 《韩非子·和氏》。
③ 《汉书·董仲舒传》。

四海之内为我郡县，犹不足也，人人而疑之，事事而制之。……民乌得而不穷，国乌得而不弱，……所谓寓封建之意于郡县之中，而二千年以来之敝，可以复振。后之君苟欲厚民生，强国势，则必用吾言矣。"①顾炎武对中国一统观念的批判不能说很深刻，但确实点到了一些问题所在，集权制对经济发展的不利是最明显的。同时，思想文化上的一统更给人们套上了沉重的紧箍。宋明理学、八股取士以及接二连三的文字狱把人的思想卡得死紧死紧。大多数知识分子笃守儒家信条，不敢越雷池半步，稍有新论创见便被视为异道邪说。思想一统必然导致褊狭僵化，死气沉沉。清代龚自珍的名句"九州生气恃风雷，万马齐喑究可哀，我劝天公重抖擞，不拘一格降人材"正是对当时文化专制的不满。然而，只要中国专制制度不改，一统观念不变，即使有再多再优秀的人材降生，也无用武之地。

循旧和变革

中国人喜静厌动，但并不是不知道事物变动的不可避免。大多数中国人都相信老子的那句名言："祸兮福之所倚，福兮祸之所伏。"②而且能推而广之，认识世界上一切事情，诸如好坏、强弱、丑美、胜败、有无、智愚、损益、进退等等都是能互相转

---

① 《亭林文集·郡县论》。
② 《道德经》，第五十八章。

化，不断变化的。或许正因为在这方面的清醒，所以又常常感到人的无能为力，感到顺其自然的价值。因循守旧成为民族的一种特点，其根源或许也有一部分在此。

两千多年前商鞅在秦国大刀阔斧地推行变法，受到许多大臣的反对。反对派的一种代表意见是"圣人不易民而教，知者不变法而治。因民而教，不劳而成功，缘法而治者，吏习而民安之"；另一种代表意见是"利不百，不变法；功不十，不易器。法古无过，循礼无邪"。①这两种论调在商鞅的驳斥下没有能阻止变法的实施，然而在以后的岁月中对中国人的观念所发生的影响却是无法形容的。且不说汉代有许多人都把秦亡的祸根追究到商鞅变法上，单是汉代奉行的无为而治，实际也包含了"利不百，不变法；功不十，不易器"的用意。"萧规曹随"一向是作为一桩美事在历史上流传下来的。曹参因循守旧自有他以为十分充足的理论依据：汉惠帝不如高祖圣武，自己不如萧何贤能，所以，"高帝与萧何定天下，法令既明，今陛下垂拱，参等守职，遵而勿失，不亦可乎？"按照曹参的这一理论，中国将永远不需要变革，因为历史上还从来没有人认为自己能超过古代圣贤的，这样，谨守古法便成了最佳的选择。不幸的是，这种保守的理论却因为它的实际效能而大放光彩。曹参偷懒的结果赢得人民的称颂："萧何为法，觏若画一，曹参代之，守而勿失。载其清净，民以

①《史记·商君列传》。

174

宁一。"①

　　能将旧制度、旧传统守而勿失不但是能耐，而且简直成了一种难能可贵的美德。汉代的贤良文学对恪守旧规和兴新变革有泾渭分明的褒贬："君子多闻阙疑，述而不作，圣达而谋大，睿智而事寡，是以功成而不堕，名立而不顿。小人智浅而谋大，羸弱而任重，故中道而废，苏秦、商鞅是也。无先王之法，非圣人之道，而因于己，故亡。"②有德行的君子因为见多识广，洞悉世事利害得失，所以懂得先王之法、圣人之道的价值，便能守住旧规，少变动，少生事，这种功效才是持久的。相反，喜欢变革的必然是知识浅薄的小人。他们虽然多谋，但不切实际，不能量力而行，往往好高骛远、志大才疏，结果把政事、国务弄得一团糟，自己也身败名裂。宋初执政者对喜欢建议生事的人特别防范。赵普为相，"每臣僚上殿，先令供状，不敢诋斥时政，方许登对"。③李沆任宰相，时人称他"无口匏"。他的最大本事就是"不用浮薄新进喜事之人"。他说："居重位实无补，惟中外所陈利害，一切报罢之，此少以报国尔。"④对于这两位，邵伯温在《邵氏闻见录》中作了这样的评价："国初，赵普中令为相，于厅事坐屏后置二大瓮，凡有人报利害文字，皆置瓮中，满即焚于通

---

　　① 《史记·曹相国世家》。
　　② 《盐铁论·遵道》。
　　③ 《东轩笔录》。
　　④ 《宋史·李沆传》。

衢。李沆文靖为相，当太平之际，凡建议，务更张喜矫激者，一切不用，每曰：'用此以报国耳。'呜呼！贤相思虑远矣。至熙宁初，王荆公为相，寝食不暇；置条例司，潜论天下利害；贤不肖杂用，贤者不合而去，不肖者嗜利独留；尽变更祖宗法度，天下纷然，以致今日之乱。益知赵中令、李文靖得为相之体也。"邵伯温将北宋灭亡的罪责归于王安石，应该说是出于他的政治偏见，然而北宋前期因循守旧而得安和后期喜务变更而招灾的事实，确实给后人留下一个相当深刻的教训，使人们在选择改革还是循旧时不得不采取更为谨慎的态度。

元太宗窝阔台时的著名大臣耶律楚材经常说："兴一利不若除一害，生一事不若省一事。"①这一名言可以说是对前代历史经验的一个总结，也是针对元初连年战争后变乱为治的正确决策。兴利除害本是同一事情的两个方面，耶律楚材强调它们的区别，其中不无一番苦心。历代的改革者行改革之时总是要打出兴利的旗号，兴利往往生事，生事必会变动祖宗旧法；更可怕的是，总会有一些人借着兴利的幌子生事扰民，搜刮民财。宋代吕祖谦说："大抵天下事虽古今不同，可行之法古人皆施用得遍了，今但则举而措之而已。"②可行之法前代人都已用遍了，后人还能想出什么新的兴利之法呢？如果硬要想出什么兴利之事，结果必定是扰民之事。耶律楚材的治世方针在元代似乎也能找到验证。叶

---

① 《元史·耶律楚材传》。
② 《文献通考·国用四》。

子奇《草木子·克谨篇》载："参议贾鲁，以当承平之时，无所垂名，欲立事功于世。首劝脱脱丞相开河北水田，务民屯种。脱从之，先于大都开田以试之。前后所费凡十数万锭。及开西山水闸灌田，山水汛暴，几坏都城，遂止。又劝其造至正交钞，楮币窳恶，用未久，辄腐烂不堪倒换，遂与至元宝钞俱涩滞不行，物价腾贵。及河决南行，又劝脱相求夏禹故道，开使北流。身专其任，濒河起集丁夫二十六万余人。朝廷所降食钱，官吏多不尽给，河夫多怨。"元末农民起义以贾鲁开河激起民怨为导火线，叶子奇的分析，又进一步把它归结为生事的恶果。

改革而致乱，兴利而生事，变法而扰民，这些本来并没有必然联系的现象，在中国历史上却有太多的验证而使它们成为一种必然的因果关系。这种因果关系至少在大部分人的头脑中是根深蒂固的。大的变法、变革，遭到人们群起而攻之是司空见惯之事，就连小改小革，甚至一些无关大局的小变动也被一些人视为了不得的大事情。有一年深秋，唐德宗打猎时觉得天气很寒冷，便怀疑日历的准确性有了问题，第二天命令翰林商议将月令提前一个月。李程不同意，说："臣谨按月令十月始裘，月令是玄宗皇帝删定，不可改易。"皇帝无法，只好不改。①古代历法不很科学，订错是有可能的，要不要改尽可商议，李程却以月令是先王所定不可改易为理由一下子否定了这一小变动，可见因循守旧的

①　见《唐语林》，卷二。

威力。明代有个叫宋缰的官员，官至吏部尚书，时论以为他"老成练达，有古大臣风"。他的主要风格是什么呢？说穿了就是息事——多一事不如省一事。同僚石星"代为司徒，欲振剔奸蠹，以清储蓄，日夜焦思，不遑洗沐。一日，与宋公侍漏同坐，欣然语曰：'今日又一快事查出，某省羡金若干，可供国用，奈何无人及此？'宋公曰：'不然。朝廷钱谷，宁可蓄而不用，不可搜索无余，且使主上知各处羡赢之数，或生侈心，不如莫刮洗，留在彼处，终是国家之用。'石公默然。一日，有人言及太仓陈腐若干，明年钱粮或可改折，宋公曰：'不然，太仓之谷，宁使红腐，不可不足，今见少许赢余，便欲改折，一旦脱有不给，从何处措处？'言者亦阻。"这两件事表现了宋缰的一贯作风，于慎行称赞他说："大臣长虑却顾尽如此公，天下事纵不能成，可保不坏，奈何其不尽然。"①在中国历史上，有志于振兴国家，厘革积弊，富于进取精神，想做一番事业，想革旧立新的人总是被老成练达的守旧势力所击败所抑制，其中重要的原因之一恐怕正在于社会价值观念中对"保不坏"的偏爱——只要能苟且度日，维持旧状并非不是一种好的结果。

"保不坏"是中国实行任何改革的最大思想障碍。晚清时，国衰民穷，"自京师始，概乎四方，大抵富户变贫户，贫户变饿者，四民之首，奔走下贱，各省大局，岌岌乎皆不可以支月日，

① 《谷山笔麈》，卷五。

178

奚暇问年岁?"①要保不坏已是无望,先觉者龚自珍大声疾呼:"与其赠来者以勔改革,孰若自改革?"②然而这种呼声并不能引起统治者的警觉。及至鸦片战争烽烟一起,西方列强的大炮轰开了古老中国的大门,一部分人清醒了,如冯桂芬所说:"有天地开辟以来未有之奇愤,凡有心知血气,莫不冲冠发上指者,则今日之以广运万里地球中第一大国,而受制于小夷也。……如耻之,莫如自强。夫所谓不如,实不如也。忌嫉之无益,文饰之不能,勉强之无庸……道在实知其不如之所在,彼何以小而强,我何以大而弱,必求所以如之,仍亦存乎人而已矣。"③外患下的奇愤是大多数中国人都不会感受不到的,但真正能激起变革热情的却不多,甚至在维新变法势潮已经颇具气象之际,咸与维新的人物中努力淡化变革,掺入循旧者依然为数甚众。张之洞可算是循旧维新派的代表,他说:"夫不可变者,伦纪也,非法制也;圣道也,非器械也;心术也,非工艺也。……夫所谓道、本者,三纲四维是也,若并此弃之,法未行而大乱作矣;若守此不失,虽孔、孟复生,岂有议变法之非者哉?"④伦纪、圣道、心术都不可变,维新变法是名存实亡了!张之洞的主张在当时便遭到真正的维新志士的批驳痛斥,梁启超甚至断言张的《劝学篇》一书"不十年将

---

① 《定盦文集·西域置行省议》。
② 《定盦文集·乙丙之际著议第七》。
③ 《校邠庐抗议·制洋器议》。
④ 《劝学篇外篇·变法》。

179

化为灰烬……闻者犹将掩鼻而过"。不幸历史的发展并非如此，梁启超显然大大过低估量了张之洞思想的社会基础。维新不能成功，资产阶级革命也空具而难以彻底，伦纪、圣道到民国时仍守而勿失。火车、飞机早已进入中国大地，而封建思想、意识、习俗却仍然牢牢地占据着它原有的阵地。如果仅仅只是想出一万条甚至更多的批臭"中体西用"的理论，那么，"穿新鞋，走老路"的情况未必不会重现。

中庸之道的魅力

在主静的文化系统中，中庸之道有着最广泛的生存土壤。"中"的含义就是不偏不倚。"执其两端用其中于民，其斯以为舜乎!"①孔子的这句话是赞扬舜能力行中正之德。在先秦的史籍中，最好最理想的统治方法也无过于"中"。孟子说："汤执中，立贤无方。"②商汤能运用"中"来治国，选拔人才。周公告诫康叔要"作稽中德",③也是这个意思。甚至在执法时，也强调"惟良折狱，罔非在中"。④很明显，早在儒家创立中庸学说之前，中国文化中那种尚中的观念已经形成并发展起来了。

① 《中庸》。
② 《孟子·离娄下》。
③ 《尚书·酒诰》。
④ 《尚书·吕刑》。

"庸"的最基本含义则为"常"。郑玄说："庸，常也。用中为常道也。"①二程说："不易之谓庸"，"庸者天下之定理。"②叶子奇将"中庸"合起来解释，说："中者，不偏不倚，无过不及，天然之体也。庸者，亘古亘今，不迁不变，常然之道也。"③显然，中庸之道的本质正在于维持事物的常态。"中"是手段，即不偏激，不走极端，兼顾矛盾双方而不使其激化，化动为静；"庸"是目标，不逞强，不示弱，不过严，不太宽，一切都保持它的最自然最平常的状态。

然而，事事都要做到正中、不偏不倚并不是一件容易的事，孔子自己也承认："天下国家可均也，爵禄可辞也，白刃可蹈也，中庸不可能也。"又说："中庸其至矣乎！民鲜能久矣。"因为一般人不是过就是不及。"知者过之，愚者不及也"，"贤者过之，不肖者不及也。"④这样看来，中庸之道似乎只是一种无法实施的理想。其实不然，中庸之道既是一种十分高明的至道，又是一种极其普通的常法。所谓"君子中庸，小人反中庸。君子之中庸也，君子而时中；小人之反中庸也，小人而无忌惮也"。⑤不做小人做君子，不仅对有文化的士人夫来讲不是很高的要求，就是大多数人也是能做到的。正如《中庸》所言："君子之道，造端乎

---

① 《礼记·中庸》注。
② 《河南程氏遗书》，卷七。
③ 《草木子·原道篇》。
④ 《中庸》。
⑤ 《中庸》。

夫妇，及其至也，察乎天地。"中庸这种至道的源头实实在在是在日常生活琐事之中。或许正因为这一特点，所以中庸之道在中国这块土地上有极强的生命力，它不但和儒家的至高理想一致，也同中华民族的性格特点、思维方式、价值观念等合拍。

中庸之道在政治中的体现，首先是对治与乱的认识。"居安思危"是最基本的观念。《易·系辞》说："是故君子安而不忘危，有而不忘亡，治而不忘乱，是以身安而国家可保也。"即使在安定的治世，仍要顾及危乱，执两端而用其中，不过度追求享受，不滥用民力，国家便能长治久安。其次，统治方式也讲究中庸。"张而不弛，文武弗能也，弛而不张，文武弗为也。一张一弛，文武之道也。"①这种张弛结合的原则实际上就是中庸，因而也广泛地被人们所应用。一直保持中道确是相当不易的事，但发现偏差马上予以纠正并不困难。孔子赞扬子产的政绩："善哉，政宽则民慢，慢则纠之以猛。猛则民残，残则施之以宽。宽以济猛，猛以济宽，政是以和。《诗》曰：'民亦劳止，汔可小康。惠此中国，以绥四方。'施之以宽也。'毋从诡随，以谨无良，式遏寇虐，惨不畏明。'纠之以猛也。'柔远能迩，以定我王。'平之以和也。又曰：'不竞不絿，不刚不柔。布政优优，百禄是遒。'和之至也。"②宽猛相济和一张一弛同出一理，不过一张一弛是政策制定者为了使政治保持中道而预期掌握的周期性节奏，宽猛相

---

① 《礼记·杂记》。
② 《左传·昭公二十年》。

182

济则往往是对既成偏伤的纠正。例如，东汉的创业者刘秀曾明确表示："吾理天下，亦欲以柔道行之。"①光武帝行柔道，旨在以宽济猛。因为王莽改制造成法令繁密苛刻，"民摇手触禁，不得耕桑，徭役烦剧""吏用苛暴立威，旁缘莽禁，侵刻小民。富者不得自保，贫者无以自存，起为盗贼"。②这种猛政不但害民，也将改制的新莽王朝一并葬送。光武帝选择推行柔道，虽然偏宽，但仍不失为中庸之道。王夫之评论（光武）"以静制动，以道制权，以谋制力，以缓制猝，以宽制猛"，③体现的正是中庸的精神。

应该承认，中庸之道在一定条件下是必要的，但是，在中国漫长的封建社会中，它的发展所导致的消极作用却不可低估。由于中国社会"乱世长而化世短"，以宽济猛常常成为人们最迫切的需要，所以中庸之道好像主要表现为宽柔、温让，成为一种软弱的、不思进取的庸人哲学。东汉末有个叫胡广的大官僚，他"性温柔谨素，常逊言恭色。达练事体，明解朝章。虽无謇直之风，屡有补阙之益"。在政局动荡的王朝末世，竟能"自在公台三十余年，历事六帝"，是个典型的不倒翁。此人的本事从流传在京师的谚语可见一斑："万事不理问伯始（胡广字伯始），天下中庸有胡公。"范晔给他的评语是："胡公庸庸，饰情恭貌。朝章

①　《后汉书·光武帝纪》。
②　《汉书·食货志》。
③　《读通鉴论·光武》。

虽理，据正或桡。"①东汉王朝的衰弱覆亡，这种中庸之德的风行当是一个重要因素。

在中国历史上，中庸又成为锐意改革振新者的一大障碍。有人总结认为，在中国社会（尤其在中国官场社会）要混得下去，必须牢记"求治不可太速，疾恶不可太严，革弊不可太尽，用人不可太骤，听言不可太轻，处己不可太峻"。②这六个不可，作为护官或护身法宝也许很灵，但却把有志之士的棱角锋芒完全磨光，大家四平八稳、庸庸碌碌，社会的凝滞便不可避免。王安石有一首咏雪的绝句："势合便疑埋地尽，功成直欲放春回。农夫不解丰年意，只欲青天万里开。"以诗言志，王守石在这首诗中正是借赞叹丰年大雪来抒发自己的改革大志。他把自己的一系列改革措施比作一场大雪，虽然砭人肌骨、惨烈万物，但换取的将是来年的丰收。他决心把变法全面推行，让变法之雪埋尽旧秩序，杀灭一切使王朝腐败衰弱的病灶，不获成功决不放弃严厉手段。他把反对变法的人比作没有远见的村氓农夫，不理解政府的良意，只希望早早雪霁天晴，殊不知这将使变法半途而废、功败垂成。王安石的态度显然是反对中庸的。改革不能讲调和，不能手软，但是中国社会对激烈的变革的承受力之弱却是惊人的，长期习惯于中庸之道的社会经不起剧烈的冲击，无论是社会经济结

---

① 《后汉书·胡广传》。
② 《谷山笔麈》，卷十六。

构，还是人们的思想意识，都缺乏应变的准备。苏轼对待变法的态度介于新旧之间，他对神宗说："陛下天纵文武，不患不明，不患不勤，不患不断；但患求治太急，听言太广，进人太锐。愿镇以安静，待物之来，然后应之。"神宗非常欣赏，说："卿三言，朕当熟思之。"①苏轼的态度是符合中庸的，因而极能打动皇帝的心。神宗后来对改革犹疑甚至不时干扰，中庸之道的复苏是一大原因。

南宋岳珂针对王安石的咏雪诗发议论说："旧闻京师隆冬，尝有官检冻死秀才，腰间系片纸，启视之，乃喜雪诗四十韵。使来年果丰，已无救沟中之瘠矣。况小人合势，如章、曾、蔡、吕辈，未知竟许放春否？"②岳飞的这位孙子对王安石自然是有偏见的，但他的比喻倒能发人深省。在激烈的严厉的改革措施冲击下，缺乏承受能力的社会或许只能像冻死的秀才一样，即使有心欢呼丰兆，却等不到成功之日。那么，当眼前的损害降临的时候，怎么能阻止人们不发怨言，不示反对，而兴意盎然地期待将来呢？除了中庸之道，大概是别无良方了；然而不幸的是中庸之道又不能使社会进步！中国社会的长期停滞不前，关于中庸之道的前因后果恐怕是难以言尽的。

---

① 《宋史纪事本末·王安石变法》。
② 《桯史·王荆公》。

生与死

　　孟子说："鱼我所欲也，熊掌亦我所欲也，二者不可得兼，舍鱼而取熊掌者也。生亦我所欲也，义亦我所欲也，二者不可得兼，舍生而取义者也。生亦我所欲，所欲有甚于生者，故不为苟得也。死亦我所恶，所恶有甚于死者，故患有所不辟也。如使人之所欲莫甚于生，则凡可以得生者，何不用也？使人之所恶莫甚于死者，则凡可以辟患者，何不为也？由是则生而有不用也，由是则可以辟患而有不为也，是故所欲有甚于生者，所恶有甚于死者。非独贤者有是心也，人皆有之，贤者能勿丧耳。"①将生与死的选择看得如同吃熊掌还是吃鱼一样简单，将我们这位亚圣的非凡气度和深邃思想表现得何等淋漓尽致！人生的价值究竟何在？——这一个世界性的永恒的命题，在两千多年前已被我们的先贤先哲找到了近乎真理的答案：人生不是为了苟活，不是为了享乐，而是为了追求一种人性的完善，这种完善被表述为"义"，实际上它包含了人所能理解的一切真善美的境界。这种完善能超越生死，这里没有宗教色彩，只是一种深刻的思维，一种寻找自我的努力，这种"人皆有之"的人类自我的本性，谁找到了并保

---

　　① 《孟子·告子上》。

持它，就能成为贤者，成为完人，就能超脱在生与死之外。

寻求永恒的价值

几千年来的中华文明史虽然因为充满了帝王将相的争权夺利、残酷搏杀，充满了富人的骄奢淫逸和穷人的忧愁困苦，充满了数不尽的各种诡计、欺诈、背叛、出卖、谗毁、诬陷、矫饰、伪装、倾轧、妒忌……因而显得肮脏混浊，然而也总能看到有那么一股清澈纯洁的潜流在汩汩流动。这股潜流就是无论什么时候总有一部分人在执著地寻求人生的永恒的价值。

孔子处于春秋末世，礼崩乐坏，他的一生并不顺利，然而他却东奔西跑、孜孜不倦地为实现自己的理想而努力。孔子在追求什么？正如他的弟子子路所说："君子之仕也，行其义也。道之不行，已知之矣。"①孔子确实是"知其不可而为之"。②道之不行，事之不可，这是由当时政治背景、环境和社会条件影响而决定的，孔子或许已清楚地了解自己所处的尴尬地位，知道要推行自己的主义，要在世上干出一番轰轰烈烈的事业是不可能的，"凤鸟不至，河不出图，吾已矣夫"。③虽然悲伤，但不失望，因为他有不必以成败来衡量的目标，这就是"行其义"。

---

① 《论语·微子》。
② 《论语·宪问》。
③ 《论语·子罕》。

187

在这方面，孔子始终表现得信心十足，他曾说："吾十有五而志于学，三十而立，四十而不惑，五十而知天命，六十而耳顺，七十而从心所欲不逾矩。"①对自己一生的回顾不提做官为政，不提教书育人，只从内心变化去总结，经过"志于学"、"立"、"不惑"、"知天命"、"耳顺"，最终到达能"从心所欲"的境界，实际上正是一个追求人性完善的过程。通过这一过程，他找到了自我的位置，找到了永恒的价值。正是有这一目标，他能在困厄之中说出"天之未丧斯文也，匡人其如予何?"②"天生德于予，桓魋其如予何?"③等鼓舞弟子随从的豪语。《论语·雍也》中记载了这样一件事："冉求曰：非不说子之道，力不足也。子曰：力不足者，中道而废，今女画。"冉求告诉他的老师自己并不是不喜欢老师的道，而是没有足够的能力来实施老师的道。孔子回答说只有学到半途就死了，才能称力不足，你不是力不足，而是自己画了一条线把自己限制了，不肯再向前了。

孔子的道——无论是"仁"还是"义"——都是追求人性完善的最高境界，这就要比具体做一件工作难得多了，冉求觉得力不从心是很自然的；但孔子却认为这种追求并非很困难。他说："仁远乎哉? 我欲仁，斯仁至矣。"④关键在于自己的信心，"为仁

---

① 《论语·为政》。
② 《论语·子罕》。
③ 《论语·述而》。
④ 《论语·述而》。

由己"要"仁以为己任","死而后已"。①

孔子对永恒价值的追求是成功的,这也正是以后儒学经久不衰,孔子被作为圣人、素王受人敬重的根本原因。过去一些反对孔子学说的人总喜欢对孔子在世时的一连串碰壁遭厄故事加以嘲笑,以证明儒学的无用,其实这种嘲笑完全没有说到点子上。我们不否认孔子创立的并由他的徒子徒孙改造的儒学给中华民族的性格带来的负面效应,但我们不得不敬重孔子对人生永恒价值追求的执著精神。孔子临死前做了一个梦,"梦坐奠于两楹之间",按孔子祖先殷人的礼仪,君主死后才殡于两楹之间。孔子认为"夫明王不兴,而天下其孰能宗予,予殆将死也"。②就是说,我今生今世不能做王是肯定的了,那么怎么会坐到让人宗仰的地方去呢?大概我要死了,我死以后,天下的人将万世宗仰我。如果真有这个梦而非他的门徒杜撰,那大概起码说明孔子自己的信心而非迷信。而梦的应验——儒学在后世的兴盛以及孔子的被尊崇,也可以说明这种信心的并非虚妄。

对人生永恒价值的信心常常成为古代一些杰出人物的精神支柱。屈原被放逐江南,面对残酷的现实,他是痛苦的:"哀吾生之无乐兮,幽独处乎山中;吾不能变心而从欲兮,固将愁苦而终穷。接舆髡首兮,桑扈裸行。忠不必用兮,贤不必以;伍子逢殃

---

① 《论语·颜渊》、《论语·泰伯》。
② 《礼记·檀弓》。

189

兮，比干菹醢。与前世而皆然兮，吾又何怨乎今之人？余将董道而不豫兮，固将重昏而终身。"然而在精神上，他却并不空虚而有所寄托，因此他能吟出这样的诗句：这混浊肮脏的世界中有谁能知道我啊！我将摆脱他们远走高飞，神龙为我驾车，舜陪我去游天帝的花园。我站在最高的昆仑之巅，采玉为食，圣洁荣华，和天地一样长寿，和日月一样光明。①同样，这也不是神话，而是信心。正因为发现了自我的价值，所以"宁赴常流，而葬乎江鱼腹中耳；又安能以皓皓之白，而蒙世之温蠖乎"。②怀石投江而视死如归，也就成为必然的选择。

同屈原经历相仿的汉代贾谊同样是一个对追求永恒价值充满信心的人。在《史记》中，司马迁将屈原、贾谊合写一传充分体现了他本人的见地与价值标准。贾谊的《鹏鸟赋》像是一篇他的人生价值观的宣言。生死并不足虑："忽然为人兮，何足控抟；化为异物兮，又何足患。"重要的是追求人性的完善，要使自己成为通人、大人、至人、真人、德人："通人大观兮，物无不可"；"大人不曲兮，亿变齐同"；"至人遗物兮，独与道俱"；"真人淡漠兮，独与道息"；"德人无累兮，知命不忧，细故蒂芥兮，何足以疑！"毋庸否认，贾谊生活在汉初社会，受老庄思想影响很大。他对人生价值的探索基本上是沿着庄子开拓的道路行进

①　《楚辞·涉江》：世溷浊而莫余知兮，吾方高驰而不顾。驾青虬兮骖白螭，吾与重华游兮瑶之圃。登昆仑兮食玉英，与天地兮比寿，与日月兮齐光。
②　《史记·屈原贾生列传》。

190

的。然而，他又摆脱了庄子哲学中那些消极悲观的东西。尽管对政治人事他只能痛哭流涕，但对理想人性的追求却决不会放弃。庄子是一位创造精神财富的大师。就对人生哲理的思索而言，庄子的成就恐怕比孔子还要伟大。然而庄子的道路又是一条很危险的道路，一条难成正果的道路，一条容易走火入魔的道路。只有极少数有感悟有灵性的人才能走通——贾谊便是这为数不多的人中的一位，更多的人则往往走到半途便迷失了方向。

唐初有个老庄的信徒成玄英，潜心钻研老庄著作，钻进了牛角尖，竟要否定真、善、美的存在。他说："违其心者，遂起憎嫌，名之为恶；顺其意者，必生爱染，名之为美。不知诸法，即有既空。美恶既空，何憎何爱？"又说："顺意为善，违心名恶，违顺既空，善恶安寄？且唯阿出自一口，善恶源乎一心。忘者知其不殊，执者肝胆楚越。"①在他看来一切都是假的，没有美丑之分，善恶之分，也没有是非之分，"彼此俱空，是非两幻"，②根本没有什么人生价值可言。儒、佛、道三教之中，道教的势力之所以最弱，大概也在于他们把祖师爷的路走歪了。既然人生价值不足以道，道教的修炼功夫便放在服饵、炼丹、符箓、房中、辟谷等道术上。此类道术极易换来荣华富贵，却也极易因追求者欲望无尽而黔驴技穷。不知有多少方士道徒因骗术拆穿，惹恼皇帝而掉了脑袋。

---

① 《道德经义疏》。
② 《庄子注》。

佛教传入中国以后，很快地站稳了脚跟并胜过在中国土生土长的道教，这其中的原因固然很多，但它的教义包含了中国人所肯定的对人本心的证善内容应该是很重要的一点。在佛教从印度传入之初，佛性是佛学的热门问题。所谓佛性实即对人性，对人的心理活动、精神修养等的探讨。佛教宣扬的永恒的、绝对的真如境界，虽然内容与中国传统的人生价值观不同，但精神上却是极其相似的。特别是当禅宗兴起，把佛性从西方极乐世界移到人们的内心，使佛性人性化（如惠能所说"菩提只向心觅，何劳向外求玄？所说依此修行，西方只在眼前"①）时，就越加符合中国的国情民情了。因此，尽管中国知识分子中大有反佛教的斗士，但最后连儒家正统思想也受到佛教的影响而发生变化。当然，这种变化实际上只是加深了儒学一向提倡的加强人性修养和追求永恒价值的倾向。明代王守仁曾说："克己去私，真能以天地万物为一体，实康济得天下，挽回三代之治，方是不负如此圣明之君，方能报得如此知遇，不枉了因此一大事来出世一遭也。"②这段话虽然依旧本于儒家"修身、齐家、治国、平天下"的基本宗旨，但已明显地有佛教的一些理论渗入其中了。

实际上，元明以后，随着封建专制制度的加强，儒学对社会政治的参与作用大为削弱，儒学经典的实际效用也越来越受到怀疑。王守仁指出："从册子上钻研，名物上考索，形迹上比拟。

---

① 《坛经·疑问品》。
② 《王文成公全书》，卷六。

知识愈广，而人欲愈滋；才力愈多，而天理愈蔽。"①清代颜元说得更加直言不讳："天下无不弱之书生，无不病之书生，生民之祸，未有甚于此者也。""读书越多愈惑，愈无识，办经济愈无力。"②"读书人便愚，多读更愚。"③面对这种形势，儒学不得不正视现实，力图从困境中寻觅出路。王守仁提出的一个方案是："君子之学惟求得其心。"④也就是说干脆放弃读书的功利目的，而专求其修身养性的作用。清代唐甄说："有一事可以无忧，人不知求之耳，学圣人之道是也。不求足于世，孰有与之以不足者！本无不足于己，孰有处于不足者！坦坦然，荡荡然，游于天地之间，如在唐、虞之世，其有忧乎，其无忧乎？"⑤唐甄劝世人学圣人之道，只强调它可以正己修身，他甚至认为"舍是而为事功，必至倾败而殃民"。⑥读书学道，求无忧的永恒价值。或许唐甄的目标太高，那么清代学者徐乾学所说的"做官时少，做人时多；做人时少，做鬼时多"⑦这一警语，对大多数中国人来讲更容易理解和接受。一个人活在世上，做人比做官重要，而做人并不是单为了在短暂的人生旅途获得享受、荣誉或快乐，更要考虑不受死

---

① 《传习录》。

② 《朱子语类评》。

③ 《四书正误》，卷二。

④ 《紫阳书院集序》。

⑤ 《潜书·劝学》。

⑥ 《潜书·劝学》。

⑦ 《十驾斋养新录》，卷十八。

亡限制的永恒价值，这就必须使自己成为一个真正有价值的人。

天 人 合 一

天不灭，道也不灭。永恒的宇宙自然是寻求永恒价值的最好参照物。八卦中的第一卦☰（乾）代表天。《易经》认为乾象征天："元、亨、利、贞。"《易传·文言》对此作解说：元是善的最高标准；亨是美的最集中表现；利是义的总和；贞是行为的规范。人的品德行为如果能符合天的这四德，那就可以事事顺利，获得成功，并能像天一样永垂不朽。①

元亨利贞四德，包含了中国古代对真、善、美理想境界的理解和向往，而这种价值关系中的最高形式则被认为是非天莫属的，天道是最完美的，人们追求真善美，只要向天学习，仿效天的品德行为便可以了。孔子有一天突然对学生们说："予欲无言。"老师想当哑巴，那学生还学什么呢？子贡急了："子如不言，则小子何述焉？"孔子回答："天何言哉？四时行焉，百物生焉，天何言哉？"②原来老夫子是要学学天的德行，以身教代言教，使自己的修养更上一层楼。因为"大人者，与天地合其德，与日

---

① 见《易传·文言》："元"者，善之长也。"亨"者，嘉之会也。"利"者，义之和也。"贞"者，事之干也。君子体仁足以长人，嘉会足以合礼，利物足以和义，贞固足以干事。君子行此四德者，故曰：乾，元亨利贞。
② 《论语·阳货》。

月合其明，与四时合其序，与鬼神合其吉凶，先天而天弗违，后天而奉天时。其教人也，亦以身作则，故有威可畏，有仪可象，亦如天道之直然循行，望之而可知，仪之而可得，固不必谆谆然有话言矣"。① 原始儒教具有不尚空言而求行事的特点，这是许多人已经注意到，并经常地用以批评宋明理学喜好不切实际的空论。确实，孔子留下的言论大多是一些浅近易懂，似乎切实可行的教诲；然而，他求行实事的目的并不主要在改造现实世界，而在于与天合一，在于追求与天德相符合的理想境界。孔子希望这种理想境界像天一样通过"行"来实现，而后世学子大概发觉光行不说，难以在社会上安身立命，也就有失去享受高级知识分子待遇的可能，便对如何追求理想境界穷争尽论，闹得轰轰烈烈，然而究其本心，倒实实在在和老祖宗是同出一辙的。

董仲舒把"天人合一"的理论大大发展了一步，但这一步却跨得很成问题：向宇宙追索人生价值应该是一种高尚深奥的学问，而董仲舒却把它变俗了。先秦的哲人眼睛盯着天，亦步亦趋，照天德天意行人事。董仲舒却把眼光先投向人，用人的形体、性格、感情及思维方式来拼凑天的形象。他说："人之为人，本于天，天亦人之曾祖父也，此人之所以乃上类天也。人之形体，化天数而成；人之血气，化天志而仁；人之德行，代天理而义；人之好恶，化天之暖晴；人之喜怒，化天之寒暑；人之受

---

① 《论语正义·阳货》。

命，化天之四时。……天之副在乎人，人之情性有由天者矣。"①
人是天的复本，好像是在说明人如天，其实倒是在强调天如人。
他甚至说："天地之符，阴阳之副，常设于身，身犹天也，数与
之相参，故命与之相连也。天以终岁之数成人之身，故小节三百
六十六，副日数也；大节十二分，副月数也；内有五脏，副五行
数也；外有四肢，副四时数也；乍视乍瞑，副昼夜数也；乍刚乍
柔，副冬夏也；乍哀乍乐，副阴阳也；心有计虑，副度数也；行
有伦理，副天地也。"②这样地牵强附会，虽然也可以勉勉强强地
建立起天人感应的理论体系，但毕竟有点自欺欺人。不过，董仲
舒的结论倒挺鼓舞人心：因为天的奥秘尽体现到人身，所以寻求
真善美的理想境界，无需外求，只消内向反省便成。"道莫明省
身之天"，③ "内动于心志，外见于事情，修身审己，明善心以反
道者也"。④一切追求都在人自己，反映出一种积极的以人为中心
的进取精神。当然，这一理论在先秦也早已有人提出过。子思就
说过："唯天下至诚为能尽其性。能尽其性，则能尽人之性；能尽
人之性，则能尽物之性，能尽物之性，则可以赞天地之化育；可
以赞天地之化育，则可以与天地参矣。"⑤至诚尽性正是修身审己的
目标，推而广之，便可以体会到宇宙天地化育之功的伟大，就能

---

① 《春秋繁露·为人者天》。
② 《春秋繁露·人副天数》。
③ 《春秋繁露·为人者天》。
④ 《春秋繁露·二端》。
⑤ 《中庸》。

感受到永恒价值的存在，并厕身于价值关系的理想境界之中。董仲舒接过来的显然正是这一思想，只不过他以通俗而又神秘的语言，将"天人合一"作为一种新发现隆重推出，奉献给社会。

然而，董仲舒的"天人合一"理论的缺陷在于比较粗疏，或者说仅完成了一个理论的框架。此后的儒生则匆匆忙忙地将这一理论作为工具去博取富贵，努力将它变成一种神学。宋代程颐对董仲舒的本意被湮没十分惋惜："自汉以来，无人知此。董仲舒说天人相与之际，亦略见些模样。只是被汉儒推得太过。"①程颐立志要恢复董仲舒的本意并发扬光大。他说："一人之心即天地之心，一物之理即万物之理。""仁者以天地万物为一体，莫非己也。认得为己，何所不至？若不有诸己，自不与己相干。"②又说："学者不必远求，近取诸身，只明天理，敬而已矣，便是约处。……天人一也。更不分别。"③他认为世人因为多执个体以为我，便将"我"与"天"、"地"分开。所以他一而再、再而三地强调人与天地的相通合一。他以为学者的功夫正在于加强自身修养，恢复与天地相通的人性，从而达到理想的境界。

关于从汉儒到宋儒的唯心主义或他们所建立的理论体系的负面性质与功效，即为封建统治愚弄人民的实质，以往的论著讲得很多，在此地没有赘述的必要。令我们更感兴趣的是，为什么我

---

① 《二程遗书》，卷二十二。
② 《二程遗书》，卷二。
③ 《二程遗书》，卷二。

们的先人在寻求最终价值的时候总把思绪萦绕在近乎自然意义的天地宇宙和人的和谐合一之上——天人合一，舍此别无他求？无论以后的理学家们争论如何激烈，分歧如何显著，闹来闹去也只是个如何求得天人合一的方法与途径问题。"格物致知"还是"致知格物"这实际上并不是什么认识论上具有本质意义的重大差别，而仅仅是走向"天人合一"时，先跨左脚还是先跨右脚的差别。甚至一些反理学的进步思想家，也只能批评程、朱、陆、王修身途径的荒谬，本身却也并不能抛却天人合一的归宿。清代王夫之在他那个时代可以称得上是一位大胆的理学批评家了，但他对"天人合一"的理想境界也深信不疑。他认为"人不能与天同其大，而可与天同其善"，"然仁义自是性，天事也；思则是心官，人事也。天与人以仁义之心，只在心里面。唯其有仁义之心，是以心有其思之能，不然，则但解知觉运动而已（自注：犬牛有此四心，但不能思）。此仁义为本而生乎思也。盖仁义，在阴阳为其必效之良能，在变合为其至善之条理，元有纹理机芽在"。又说："盖吾之性，本天之理也，而天下之物理，亦同此理也。天下之理无不穷，则吾心之理无不现矣。吾心之理无不现，则虽喜怒哀乐之未发而中自玄焉。万物之皆备于我者，诚有之而无妄也。此非格物未至者所可知之境界，故难一一为人道尔。……故曰'尽心则知至之谓也'，言于吾心之知无所吝留而尽其才也。此圣贤之学所以尽人道之极，而非异端之所得与也。"[1]从这些话就不难看

---

① 《读四书大全说》，卷十。

出，王夫之所推崇向往的道德境界与理学家们是没多大差别的。

近代西方科学的传入，对中华民族传统的宇宙观产生的冲击不能说不大，但以非科学宇宙观为基础的儒家的永恒价值——"天人合一"理论并没有受到多大的影响。在"中体西用"中，中体之所以冲不散，因为它的根通向茫茫宇宙中的永恒价值，这种价值不是物质层面的，而是精神层面的，对天体物质的科学解释无法动摇对至道至善价值的信心，当然也更谈不上替代了。早期改良派的代表人物之一陈炽说："形而上者谓之道，修道之谓教，自黄帝孔子而来至于今，未尝废也，是天人之极致，性命之大原，亘千万世而无容或变者也。"中国虽然在用器方面落后了，科技不如人家，但在本体上还是有很大的优势，"天将以器还中国，以道行泰西"。①西方的物质文明加上中国的精神文明，这就是早期改良派最理想的世界。

同样的观念也束缚了在思想方法上更为激进的维新派人士。谭嗣同对西学的吸收远远超过前人，对封建伦常礼教和君主专制的抨击也激烈异常，但却独独对"天人合一"却有偏好。在《仁学》中，可以看到他处心积虑地用天人相通的观念来弥补自己理论上的缺陷："仁为天地万物之源，故唯心，故唯识"，"天地乎，万物乎，夫孰知其在内而不在外乎"。他认为只要靠人的心力，就可以实现"仁—通"，实现天人一体，"通天地万物人我为一

---

① 《庸书·自强》。

身"，便进入了最高的理想境界。有了这样的信念，这位戊戌变法中最激进的猛士内心世界却显得极其平静纯净："静之以和平，天下自渐渐帖服；动之以操切，皆将诡诈流转，以心相战，由心达于外而劫运成矣。……自此猛悟，所学皆虚，了无实际，唯一心是实。"①可以肯定，这种自我解脱的完成，对谭嗣同在变法中的激进和大无畏的献身精神的形成有很重要的作用。当他高吟"我自横刀向天笑"时，正是把为变法牺牲看作实现永恒价值的最后一步。

摆脱欲望的困扰

明代的黄绾曾经下过一个很大的决心，要完成自我的道德修养。他"悔恨发愤，闭户书室，以至终夜不寐，终日不食，罚跪自击，无所不至。又以册刻'天理'、'人欲'四字，分两行。发一念由天理，以红笔点之；发一念由人欲，以黑笔点之。至十日一数之，以视红黑多寡为工程。又以绳系手臂，又为木牌，书当戒之言，藏袖中，常检之以自警。如此数年，仅免过咎，然亦不能无猎心之萌。由此益知气习移人之易，人心克己之难"。②这是一个古代的"斗私"标兵，狠斗人欲一闪念可算是做到家了。对于这种自觉精神，似乎无可指责，只能表示敬佩。然而当这种修

---

① 《北游访学记》。
② 《明道编》，卷二。

养途径变成一种社会要求，变成社会价值评价的一种标准，其悲剧性后果也就不可避免了。中国传统的儒家修身之道并不能用封建禁欲主义来概括（当然其中也包含了一些禁欲要求，但它只是对过度欲望的限制而已）。因为如果仅仅是禁欲主义，它的影响就不会很大，也不能维持长久。

对于人的欲望，中国社会历来是采取冷静、理智的态度。《老子》提倡"无知无欲"："不尚贤，使民不争；不贵难得之货，使民不为盗；不见可欲，使民心不乱。是以圣人之治，虚其心，实其腹，弱其志，强其骨，常使民无知无欲。"老子对问题看得真是太深刻了，提出的解决办法也彻底得很，用的是釜底抽薪的方法——不让人知道那些可引起欲望的事物。在他看来，艳丽的色彩，悦耳的音乐，丰美的食物，健身的娱乐对人只有坏处没有好处，奇货异物更是诱人偷盗的祸根，所以最明智的态度是只求填饱肚子而不去追求声色货利。①老百姓只要有饭吃便万事足矣，其他什么也不应该需要。所以他认为最好的政治是"我无欲而民自朴"。在统治者普遍地贪欲无度、侵剥人民的时代，劝统治者无欲是一个良好的愿望，但肯定不会有丝毫成功的希望。

孔子对人欲的态度要比老子来得现实些，他至少看到"富与贵，是人之所欲也"，而这种欲望绝非哪个人可以用无知政策来

---

① 见《道德经》第十二章："五色令人目盲；五音令人耳聋；五味令人口爽；驰骋畋猎令人心发狂；难得之货令人行妨。是以圣人为腹不为目，故去彼取此。"

取消的。孔子提出的"克己复礼"，一般都认为是要求人们克制自己的欲望，使自己的思想言行都符合礼的规定。但是应该注意的是，孔子提倡的礼并不是禁欲主义的礼，恰恰是世俗的礼。西周王朝实行这一礼并不是为了消灭人的欲望，而是为了保障统治者的欲望能全面地长久地得到满足，即不能因个别人的逞欲而妨害其他人，也不能因一时足欲而影响国家前途。孔子说"己所不欲，勿施于人"，①又说"己欲立而立人，己欲达而达人，能近取譬，可谓仁之方也已"。②自己不愿意的，不要强加于人；自己有什么欲望，应当想到别人也会有同样的欲望；要满足自己的欲望，也要想到满足他人的欲望，将心比心，彼此如一，就是仁的处事方式。"克己复礼为仁"，仁的核心又在于如何处理人欲、己欲。克己显然不是要克制己欲，而是要同时照顾人欲。如果能照顾到他人的欲望，实现自己的欲望就是符合礼的，自然也就无可指责了。

孔子的这种观念在春秋时期很流行。齐景公赐给晏婴邶殿六十邑，晏婴拒绝接受。子尾感到十分奇怪："富，人之所欲也，何独弗欲？"晏婴回答说："庆氏之邑足欲，故亡。吾邑不足欲也，益之以邶殿，乃足欲。足欲，亡无日矣。在外，不得宰吾一邑。不受邶殿，非恶富也，恐失富也。"③晋国的韩宣子向叔向诉

---

① 《论语·颜渊》。
② 《论语·雍也》。
③ 《左传·襄公二十八年》。

穷，叔向却向他祝贺。叔向列举了栾桓子、郤昭子等因骄纵泰侈，贪欲无厌而遭失败，甚至连整个家族也随之灭亡的教训，告诉他说："今吾子有栾武子之贫，吾以为能其德矣，是以贺；若不忧德之不建，而患货之不足，将吊不暇，何贺之有？"①不过度追求私欲的满足，顾及全局和长远，从务虚的角度而言，是一种道德责任；但又不单单如此，因为从务实的角度而言，这也是成功者的秘诀。

相比之下，孟子主张的"寡欲"，道德成份就要浓些。他说："养心莫善于寡欲。其为人也寡欲，虽有不存焉者，寡矣！其为人也多欲，虽有存焉者，寡矣。"②把抑制欲望作为养心修身的最佳方式，是从道德修养角度看问题，但孟子还不能忘掉实际后果，那就是存与不存。在他看来，寡欲的人早亡是很少的，而多欲的人不早亡也是很少的。这样一来，问题就不单是道德方面了。显然，孟子也没有摆脱春秋时期流行的功利性的欲望观念。

将人欲和人的存亡联系考虑正是孟子深恶痛绝的杨朱派的基本观点。他们认为，"圣子深虑天下，莫贵于生。夫耳目鼻口，生之役也。耳虽欲声，目虽欲色，鼻虽欲芬香，口虽欲滋味，害于生则止；在四官者不欲，利于生者则为"③。追求欲望的满足，以不危害人的生命为度，从这个意义上来反对纵欲，就不需要道

① 《国语·晋语》。
② 《孟子·尽心下》。
③ 《吕氏春秋·贵生》。

德约束。他们指出"世之人主贵人，无贤不肖，莫不欲长生久视，而日逆其生，欲之何益？凡生长也，顺之也。使生不顺者，欲也。故圣人必先适欲"。①又说"天生人而使有贪有欲，欲有情，情有节。圣人修节以止欲，故不过行其情也"。②这里讲的适欲、止欲都只关系到人的生命，只想到"为我"，把一个很好的大题小做了，但也因此更容易为人所接受。其时"杨朱墨翟之言盈天下。天下之言，不归杨则归墨"③不是没有道理的。

为贵生而止欲，道理虽然不深，但在中国的人生价值观念中也是有一席之地的。老庄学说中都有类似的思想，魏晋玄学对这方面更有发展。贵生已不仅仅限于不危害生命上，而且要求得自我的更大自由，自足自乐，不受外界的侵扰。东汉末的仲长统认为"人生易灭，优游偃仰，可以自娱"，"卜居清旷，以乐其志"。他认为对物质欲望不必过高，过得去就可以，而精神生活不可缺少，论道讲书，弹琴养性，"消摇一世之上，睥睨天地之间，不受当时之责，永保性命之期。如是则可以凌霄汉，出宇宙之外矣！岂羡夫入帝王之门哉！"④这也是一种"存天理，灭人欲"的模式，当然，这一模式和宋儒以后提倡的却是大相径庭了。魏晋时的嵇康把贵生发展成养生理论。他说："善养生者则不然矣！

---

① 《吕氏春秋·重己》。
② 《吕氏春秋·情欲》。
③ 《孟子·滕文公下》。
④ 《后汉书·仲长统传》。

204

清虚静泰，少私寡欲。知名位之伤德，故忽而不营，非欲强而禁也。识厚味之害性，故弃而弗顾，非贪而后抑也。外物以累心不存，神气以醇白独著。旷然无忧患，寂然无思虑。又守之以一，养之以和。和理日济，同乎大顺。……忘欢而后乐足，遗生而后身存。"①这种养生也要求寡欲，但已不仅仅只为生理需要，更顾及精神需要。清静寡欲，才能获得内心世界的自由；追求外物的欲望因为会扰乱内心的平静，拖累无忧无虑的心神而自然遭到摒弃。人到了这种境界，根本不需要再克制自己的欲望，因为欲望根本就不会产生了。人不为欲望所困扰，就可得到最大的快乐和永恒的生命。

清心寡欲才能求得心灵的超脱，大多数中国人是不会否定这一结论的。这或许也是以后的禅宗能在中国广为流传的原因之一。道佛儒三教能合一，因为它们都有一个以战胜人欲为目标的理论核心。唐代有个叫司马承祯的道士，唐玄宗对他十分敬重。他提倡的道教修炼功夫和禅宗那一套十分相近："学道之初，要须安坐，收心离境，住无所有，不著一物，自入虚无，心乃合道。"②"收心离境"就是要摒弃内心对外部世界的种种欲望。这种在人心上下功夫的修养方法，源于老庄玄学，糅合佛学，最后终于渗入到儒学中。中国人喜欢静，中国知识分子尤其偏爱静——静静地读书，静静地思索——这是权势、危难、困苦都无法

---

① 《嵇中散集·养生论》。
② 《坐忘论·收心》。

剥夺的知识分子特权。让那些政治家、阴谋家和赳赳武夫去为欲望而在尘世拼死奋斗吧！宋代周敦颐说："圣人定之以中正仁义而主静，立人极焉。"要达到静的境界必须无欲，"无欲则静虚动直"。①他进一步发展孟子的"养心寡欲"论，提出"养心不止于寡而存耳；盖寡焉以至于无，无则诚立、明通。诚立，贤也；明通，圣也"。②从寡欲进而无欲，孟子不可能会有此立意，只有得到道佛思想滋润的宋儒才敢下如此断论。

然而，持积极入世态度的儒家毕竟与道佛不同。儒家的"寡欲"、"无欲"并不排斥物质享受，并不要求人们去过苦行僧式的生活。张载的《西铭》被视为理学发展的里程碑，其中宣称："富贵福泽，将厚吾之生也；贫贱忧戚，庸玉汝于成也。存，吾顺事，没，吾宁也。"富贵贫贱都泰然处之，贫贱不抱怨，富贵也不必逃出去做和尚。显然，对传统中国社会来说，这种"无欲"的修养功夫适用面更大。官照做，禄照拿，福照享，心灵却可清静无欲，进入"天人合一"的理想境界。在宋儒的眼里，人欲的危害性被放大了："甚矣，欲之害人也。人为不善，欲诱之也。诱之而不知，则至于灭天理而不知反。故目则欲色，耳则欲声，鼻则欲香，口则欲味，体则欲安，此皆有以使之也。然则何以窒其欲？曰，思而已矣。觉莫要于思，唯思为能窒欲。"③欲之害

---

① 《周子通书·圣学》。
② 《周子通书·养心亭记》。
③ 《二程粹言》，卷二。

206

人，讲得真有点危言耸听，但窒欲的方法又简而易行。朱熹讲得更容易："人性本明，如宝珠沉溷水中，明不可见。去了溷水，则宝珠依旧自明。自家若是得知是人欲蔽了，便是明处。"①黄绾斗私欲的工程，正是依循程朱理学所指的方向设计的；思索反省，发现自己的私欲。不过，不寐不食，罚跪自击，似乎过激，有点偏离中庸之道的味道了。

治 生 与 治 学

摆脱人欲的用力方向既然是向内，静思自觉，复明本性，在行为上逃避还是尽情享受外部世界的物质文明就无所谓了。严毅清苦，敝衣蔬食，固然可磨砺人的志气，"庸玉汝于成也"；而富贵荣华，"食不厌精，脍不厌细"，"将厚吾之生也"，也同样可以陶冶出存天理的高尚心境。而从某种意义上讲，穷困更容易刺激贪欲的膨胀。穷久了，穷怕了，一旦有发财机会，红着眼睛拼命抓，什么天理人心早抛之九霄云外。明代有个吴与弼，是个程朱信徒，不去做官，一心求圣学，住在乡下亲自务农，生活十分清贫；读书讲学，专在修身养心上下功夫。苦日子过得太久了，打熬不住。六十八岁了还应诏赴京，希图捞个晚年富贵。结果皇帝赏了个小官。他不愿屈就，谢辞而归，追名求利之心昭然若揭。

---

① 《朱子语类》，卷十二。

"一时名流尽哗","诟谇丛滋",此前的苦行修炼全付诸东流。相似的事例很多。黄绾在自觉斗私上一丝不苟,对物质生活的享受却抱着很明智的态度。他批评当时社会中一些苦行砺志的人自以为品行高尚,"而饥寒切身,又切父母妻子,于是情不能堪,或有所取,或有所求,义利之间,分毫不辨,则辱身致咎莫甚焉。谚所谓'要一钱,不值一钱'……君子为学,岂不治生,岂无所取,皆视其分所当为,义所当得,力所当勤,用所当俭者,尽其心而已。……若夫始于好名,终则丧行,吾不取也"。①不能正确对待治生与治学的关系,治学再深也很难根绝私欲的复萌。

关于学者的治生问题,较早认真提出的是元代的许衡。他的观点是:"学者治生最为先,苟生理不足,则于为学之道有所妨,彼旁求妄进,及作官嗜利者,殆亦窘于生理之所致也。"②清代一些学者认为这一问题的提出和元代知识分子待遇普遍下降,不得不为生计犯愁有关。在九儒十丐的年代,没有治生能力的儒生恐怕只能落得鲁迅笔下孔乙己的地步,斯文扫地,丑态百出,还有什么崇高的精神境界可言?明以后儒学重获生机,但粥少僧多,读书做官的路也不太畅通,因而许衡的教诲竟变成一种很盛行的社会价值观念。黄绾的观点是很有代表性的。值得注意的是黄绾是浙中王学的台柱之一,而他的老师王守仁曾明确批评过"许鲁

---

① 《明道编》,卷二。
② 《许文正公遗书》,卷二。

斋谓儒者以治生为先之说亦误人"。①误人管误人，社会环境迫使学者不能不治生，王学后人也只能正视治生之说了。

　　读书人价值观念上的这一转变，可以说是一种迟到的醒悟。明末清初的陈确很有见地："学问之道，无他奇异，有国者守其国，有家者守其家，士守其身，如是而已。所谓身，非一身也。凡父母兄弟妻子之事，皆身以内事。仰事俯育，决不可责之他人，则勤俭治生洵是学人本事。……唯真志于学者，则必能读书，必能治生。天下岂有白丁圣贤、败子圣贤哉！岂有学为圣贤之人而父母妻子之弗能养，而待养于人者哉！鲁斋（许衡）此言，专为学者而发，故知其言之无弊，而体其言者或不能无弊耳。"②陈确从两个方面来阐发学者治生为先的观念。其一，养家活口是学者的本分，治生是学人必须学会的本事；其二，物质生活是精神追求的基石。不重视治生，失去了必需的物质生存基础，也就失去了成为圣人的可能。宋以前的中国知识分子紧附在统治集团的皮上，荣辱与共，哄哄天子，唱唱高调，富贵荣华滚滚而来。"耕也，馁在其中矣；学也，禄在其中矣。君子忧道不忧贫"③的信条似乎是天经地义的。然而，成吉思汗的子孙一来，情况就大变了，因为他们不吃这一套。元代"仕途自木华黎王等四怯薛大根脚出身分任省台外，其余多是吏员。至于科目取士，

---

① 《王文成公全书·传习录》。
② 《陈确集》，卷五。
③ 《论语·卫灵公》。

止是万分之一耳，殆不过粉饰太平之具。世犹曰'无益，直可废也'"。①知识分子一被当道者遗弃，马上发现自己的可怜。

古代的饱学之士，不是学经邦济世之道，就是学修身养心之法。厄运一来，学无所用，知识大贬值。元末孔齐说："吾家自先人寓溧阳，分沈氏居之半，以为别业，多蓄书卷，平昔爱护尤谨，虽子孙未尝轻易检阅，必有用然后告于先人，得所请乃可置于外馆。晚年，子弟分职，任于他所，惟婢辈几人在侍。予一日自外家归省，见一婢执《选诗演》半卷，又国初名公柬牍数幅，皆剪裁之余者。急扣其故，但云：'某婢已将几卷褙鞋帮，某婢已将几卷覆酱瓿。'予奔告先人。先人曰：'吾老矣，不暇及此，是以有此患。尔等居外，幼者又不晓事，婢妮无知，宜有此哉！'不觉叹恨，亦无如之何矣。"②知识贬值的时代，书本自然也遭殃。本来是"书中自有黄金屋，书中自有千钟粟，书中自有颜如玉"，此时只配褙鞋覆酱，相比汉代"遗子黄金满籝，不如一经"③之说，真正是天壤之别了。

知识一贬值，读书便不能代替治生，治学与治生分途，便要求治学者必须同时学会治生。清人沈垚说："宋太祖乃尽收天下之利权归于官，于是士大夫始必兼农桑之业，方得赡家，一切与古异矣。仕者既与小民争利，未仕者又必先有农桑之业，方得给

---

① 《草木子·杂俎篇》。
② 《至正直记》，卷二。
③ 《汉书·韦贤传》。

朝夕，以专事进取，于是货殖之事益急，商贾之势益重。非父兄先营事业于前，子弟即无由读书以致身通显。"①把治生问题的产生归在宋太祖身上是不够确切的，实际上沈垚在另一段话中纠正了这一观点："宋儒先生口不言利，而许鲁斋乃有治生之论。盖宋时可不言治生，元时不可不言治生，论不同而意同。所谓治生者，人己皆给之谓，非瘠人肥己之谓也。明人读书却不多费钱，今人读书断不能不多费钱。"②两段论说，实际上表明的是同一个意思：当时的读书人不讲治生是混不下去了。

今不如昔，自然值得伤感叹息，但也有人发现这并非什么大坏事，失之东隅，收之桑榆。治生意味着自立，知识分子能在经济上独立，更有助于人格上的独立。清代唐甄晚年做牙商，赡家糊口。有客讥诮他自污于贾市，不知自重。他却认为自己经商后，不借邻里，不求朋友，"贾客满堂，酒脯在厨，日得微利以活家人，妻奴相保，居于市廛，日食不匮。此救死之术也，予不我贺，而乃以诮我乎？"他以为"上富下足，贤者皆已在位，无待于养，此盛世之风也。降及下古，争用甲兵，不尚礼义，士乃贫而无节。于是富贵大臣，收而置之门下"；"降及末世，又有辟召署职之门，士之贫者犹有所藉焉。斯二者，降志屈身，士道亦既丧矣。然而士之无田，不至于饥饿困踣者，犹赖有此就食之所也。其在于今，斗食小官，皆出于朝廷选授；虽有贤能，不得为

---

① 《落帆楼文集》，卷二十四。
② 《落帆楼文集》，卷九。

也。……若其所好，则有之矣：善贾之徒，善优之徒，善使命之徒，善关通之徒。此诸徒者，多因之以得富贵矣。此其伎，士能之乎？即能之，其可为乎？"①作为对中国历代知识分子地位变迁升降的一个小结，唐甄的分析的确称得上是入木三分，一语破的。随着封建专制的加强，知识分子奴化不可避免。几百年中，这撮蕴藏着巨大能量的"毛"来到世上好像就是为了找哪张"皮"附上去似的。皮之不存，毛将焉附？于是知识分子的人格永远只能半独立甚至无独立，屈服、顺从，把自己的命运交给"皮"去安排。这些"毛"为什么总是这样柔弱，直不起腰板？因为他们缺乏独立的经济来源。唐甄公开指明了这一点，而当时的知识分子或许也有不少人已看到这点。治生就是求自立，求得人格上、精神上的独立。

关于这个问题，唐甄举了两个明代的例子。一例是张居正执政时，赈济荆州水灾，"是时荆州之二百余人，赖以活食者五十人。其不食之者，皆有田而有蓄者也；其食之者，皆无田而无蓄者也。于是得食者皆德之，而处于居正门下，大则贵，小则富。及居正没，皆禁不得进用焉"。②张居正是位改革家，投靠他本来也无庸非议。但问题不在于吃人嘴软：一旦开始歌功颂德，经济依赖便变为政治投靠。古往今来因之失风的士大夫决非只此五十人。如果觉得张居正做得好，自愿帮助他，未尝不可；被几担赈

---

① 《潜书·食难》。
② 《潜书·养重》。

米牵着鼻子走，那也许就关系到人格问题了。另一例是杨荣执政时召四川两个名士从政。结果"骆子贫而无妻，教生徒于乡里"，便接受书币，应召启行；而"殷子富有田园畜牧山林之饶"，托辞有病，坚决不去。唐甄感叹地说："夫荆士、骆子之不能守其节者，食不足也；殷子之能守其节者，食足也。节之立不立，由于食之足不足；食之无人，岂不重乎！"张居正和杨荣并非奸臣贼子，唐甄是清楚的，所以这里讲的立不立节，并不涉及是非功过曲直，而是能不能守住自己的人格，而这一人格，正是中国知识分子所能寄托理想的最后领地。在强权政治下节节败退的知识分子拼死想保住这最后的一块领地。也是这位唐甄发出一声凄怆的呼喊："身为贾者，不得已也。溺而附木，孰如无溺！"这是中国知识分子大声呐喊的求救声，然而经济独立这根救生之木也不是属于他们的。治生自立，只有极少的知识分子能走通，大部分人还得紧紧地附在皮上，像奴仆一样弯曲自己的腰。

黯淡的理性之光

灭人欲而不苦行，存天理而不迷信，追求精神的至善至美又不陷入宗教的狂热和偏执。治学不排斥治生，治生不忘治学，在物质生活和精神生活两途中采取最现实最变通的态度。这些都反映了中国传统文化的理性特色。

自孔子设教伊始，儒学便提倡独立思考精神。孔子说："学而不思则罔，思而不学则殆。""知之为知之，不知为不知，是知也。"①又说："众恶之，必察焉；众好之，必察焉。"②不但鼓励学生们思索，探索任何不知的领域，而且鼓励他们不随波逐流、人云亦云，相信自己的分析、推理和结论。

孟子在弘扬儒学中讲到一个《论语》中没有提及的孔子思想，即反对"乡原"的思想。"孔子曰：'过我门而不入我室，我不憾焉者，其惟乡原乎！乡原，德之贼。'"被孔子称为"德之贼"的"乡原"是怎样一种人呢？据孟子解释，他们是"非之无举也，刺之无刺也，同乎流俗，合乎污世，居之似忠信，行之似廉洁，众皆悦之，自以为是"。这种人无原则，无是非，八面玲珑，处处讨好，没有独立思考和独立主张，你抓不到他的任何把柄，讲不出他明显的过错。"一乡皆称原人焉，无所往而不为原人"，③原人即完善之人，可见这种乡原式人物的口碑极佳。但是两位儒学宗师却把那种没有主见，只知附和，媚世取宠之人视为行德的最大敌人。

可以说，孔孟的伟大功绩之一正在于把一种自主的思索精神注入到中国知识分子必备的德行之中。这种精神的发扬光大又成为中国知识分子的又一特权（其所以"特"，仅在于外界强权无法剥夺），成为君子区别小人的标志和知识分子引以为自豪的本

① 《论语·为政》。
② 《论语·卫灵公》。
③ 《孟子·尽心下》。

214

事。孟子说："古之贤王好善而忘势，古之贤士何独不然？乐其道而忘人之势，故王公不致敬尽礼，则不得亟见之。见且由不得亟，而况得而臣之乎？"①在古代（实际上也是在知识分子的理想中）曾经有过多么美好的时光！理性思维使知识分子能与君王平起平坐，分庭抗礼。可惜的是，后世的知识分子就很少享受这种待遇。刘备三顾茅庐可算得致敬尽礼，但诸葛亮却不敢托大，只能"鞠躬尽瘁，死而后已"，尽忠臣之责。当然，即使不再能平起平坐，只要能受到相应的尊重，自主思索的本事就已具有不低的价值了。

　　明代的王守仁在戎马倥偬之际，遇到一个叫杨茂的聋哑人，一时兴起，对他进行开导。他们以文字问答："你口不能言是非，你耳不能听是非，你心还能知是非否？（答曰：知是非。）如此，你口虽不如人，你耳虽不如人，你心还与人一般。（茂时首肯，拱谢）大凡人只是此心，此心若能存天理，是个圣贤的心。口虽不能言，耳虽不能听，也是个不能言、不能听的圣贤。""你如今于父母但尽你心的孝，于兄长但尽你心的敬，于乡党邻里、家族亲戚，但尽你心的谦和恭顺。见人怠慢，不要嗔怪；见人财利，不要贪图。但在里面行你那是的心，莫行你那非的心，纵使外面人说你是，也不须听；说你不是，也不须听。"②王守仁是主张"良知良能，愚夫愚妇与圣人同"的，他这里虽然在开导一个聋

　　① 《孟子·尽心上》。
　　② 《王文成公全书·谕泰和杨茂》。

哑人，实际上也是在阐发他的心学基本。要求普通人在日常生活中保持理智态度，循法守礼，从而把握自己内心的良知良能，这也可算是儒学理性精神的重要组成部分了。然而，对于知识阶层的要求就要高得多，自主地思索——尽管大部分只能在禁区之内自主地思索，但始终能保持"众人皆醉我独醒"的责任感——这才是儒学理性精神的核心。

王守仁有一个出类拔萃的学生，这就是后来创立泰州学派的王艮。王艮和王守仁的师生关系很不一般。两人初见面时，唇枪舌剑，各执己见。后来王守仁"讲及致良知，先生叹曰：'简易直截，予所不及。'乃下拜而师事之"。但是，当王艮辞别回去后，"绎思所闻，间有不合，遂自悔曰：'吾轻易矣！'"第二天，竟又跑到王守仁处说："某昨轻易拜矣，请与再论。"结果，从头再来，王守仁"又反复论难，曲尽端委"，王艮才"心大服，竟下拜执弟子礼"。①王守仁这个学生收得真不容易，但是，他却很高兴，说："吾擒宸濠，一无所动，今却为斯人动。"又说："此真学圣人者，疑即疑，信即信，一毫不苟，诸君莫及也。"②

儒学发展到明中叶的王门心学，儒释道三教合一的迹象越发明显。王守仁的学问中不但直接抄袭了禅宗的本体论、善恶论、渐修顿悟论等思想，在治学修身方法上也照搬了静坐收心的禅宗看家本领，然而，宗教不可少且为必需的盲从迷信成分却半点也

---

① 《心斋王先生全集·年谱》。
② 《心斋王先生全集·年谱》。

渗入不进他的治学原则中。他要求学生能自主地思索。独立思索的能力越强，他反而越喜欢。在他看来，深信不疑，不是真正的相信；只有提出疑问，解决疑问后的相信，才是真心诚意的相信。他不怕学生提问发难，因为儒学本来就是理性思维的结晶，只要是在中国这块土地方蹦出来的思想，哪怕异端邪说，至思致尽，只能归复到先师先圣的乾坤圈里去。

豁达大度的宽容气概并不是个别儒家学者的美德，而是儒学与生俱有的传统。清末小说家刘鹗对儒学的这一特点倒独具慧眼。他在《老残游记》第九回中，借了一个叫玙姑的女子之口，对儒、释、道三教发论，认为三教"道面子有分别，道里子实是一样"。肯定三教合一，也不是什么奇论，但下面一段话就令人耳目一新了："其同处在诱人为善，引人处于大公。人人好公，则天下太平；人人营私，则天下大乱。""你看，孔子一生遇到多少异端，如长沮、桀溺、荷蓧丈人等类，都不十分佩服孔子，而孔子反赞扬他们不置，是其公处，是其大处。若佛、道两教，就有了偏心，惟恐后世人不崇奉他的教，所以说出许多天堂地狱的话来吓唬人。这还是劝人行善，不失为公。甚则说崇奉他的教，就一切罪孽消灭，不崇奉他的教，就是魔鬼入宫，死了必下地狱等辞，这就是私了。"刘鹗借玙姑之口赞扬的孔子的公处、大处，不止是儒学的理性特征么？三教无论怎样渗透混杂，理性和非理性的界线还是一目了然的。千百年来，许多卫道者讲了儒教那么多的好话，但直到刘鹗之前，好像谁也没有发现儒学中的这点灵

217

光。王守仁这样做了，发扬了儒学的理性灵光，但他或许并没有意识到这一点。

儒学不需要盲从，倒是提倡思索。"季文子三思而后行，子闻之，曰：'再，斯可矣。'"①三思还不惬孔子的意，要四思而行。清代有个叫龚海峰的先生，心血来潮，出个难题考考他的四个公子："试问读书好乎？看戏好乎？可各以意对。"四个儿子都很想看戏。小儿子迫不及待地回答："看戏好。"先生怫然斥之退。长子一看弟弟出师不利，便小心地回答："自然是读书好。"先生笑了笑说："此老生常谈也，谁不会说。"问题复杂了，老二想了想说："书也须读，戏也须看。"不想先生又予以驳回："此调停两可之说，恰似汝之为人。"解题的责任落在老三头上，他不慌不忙地说："读书即是看戏，看戏即是读书。"先生掀髯大笑，说："得之矣。"②这段父子间的问答，颇有点参禅机的味道，老三的回答到底得在哪里？读书是儒家正业，看戏则可代表业余的日常生活。读书修业要用心思考，领会贯通；日常生活也不能无所用心，得过且过。儒家提倡多思，不但读书做学问要多思，做人过活也要多思。王守仁开导聋哑人在日常生活中循守理智，也有这层意思。他甚至更明确地指出："日用间何莫非天理流行，但此心常存不放，则义理自熟。"③

---

① 《论语·公冶长》。
② 《浪迹续谈》，卷六。
③ 《王文成公全书·答徐成之》。

说到"看戏即是读书"，清代金埴曾讲过这样一件事："康熙初间，有某邑民家节妇赵氏者，先是，夫亡，以无依受某聘，行有日矣。偶随里母观剧，演《烂柯山覆水》，所谓买臣妇者，极尽赧悔欲殉之态，节妇即变色起，不俟终剧而归。呼里母亟以某聘返之，且谓之曰：'我今为买臣妇唤醒矣！'遂苦节四十载而终。噫！观剧之能感人，乃如是哉！"为此，金埴对戏曲作了一番考证，得到的结论是："凡古今善恶之报，笔之于书以训人，反不若演之于剧以感人为较易也。然则梨园一曲，原不徒为娱耳悦目而设，有志斯民者，诚欲移风易俗，则必自删正传奇始矣。"[①]看戏不但即是读书，有时甚至胜过读书。

　　儒家文化的本质是理性的，但它又时时表现出一种非理性的倾向。明代到中国的意大利传教士利玛窦接触到这种文化便敏锐地发现个中的矛盾。他指出："中国所熟习的唯一较高深的哲理科学就是道德哲学，但在这方面他们由于引入了错误，似乎非但没有把事情弄明白，反倒弄糊涂了。他们没有逻辑规则的概念，因而处理伦理学的某些教诫时，毫不考虑这一课题各个分支相互的内在联系。在他们那里，伦理学这门科学只是他们在理性之光的指引下所达到的一系列混乱的格言和推论。中国哲学家之中最有名的叫作孔子。……中国有学问的人非常之尊敬他，以致不敢对他说的任何一句话稍有异议，而且还以他的名义起的誓，随时

———————————

① 《巾箱说》。

219

准备全部实行，正如对待一个共同的主宰那样。……然而，他却从未像神那样受到宗教式的崇拜。"①利玛窦作为一个西来的传教士，一方面受到西方近代科学的熏陶，一方面又为中世纪经院神学所困惑，所以他既发现了中国文化的种种弱点，又能体会到儒家思想中那黯淡的理性之光。

近现代中国有不少反封建的思想家都曾愤怒地指斥儒教的非理性倾向。封建名教杀人，"则数千年来，三纲五伦之惨祸烈毒，由是酷焉矣"。②封建礼制害人，它超临一切理性之上，使中国人"日日演其惯为奴隶之手段"，"宴息于专制政体下，无所往而非奴隶"。③然而，这种非理性的表象是否暴露出儒家文化理性特色的虚假？不是。就拿受抨击最多的"饿死事小，失节事大"而言。宋儒提出了这一命题，数百年来中国妇女的血泪和苦难便归因于此，却是冤案。程颢的儿媳和程颐的甥女都曾改嫁，而他们并不阻挠。元代的《湛渊静语》记载："伊川之后人居池阳，族尚蓄，妇人不缠足，不贯耳，至今守之。"可见二程并不是个专与妇女过不去的人。"饿死事极小，失节事极大"④好像言很重，其实也只不过是孟子舍鱼取熊掌，舍生取义的翻版，极小极大只是向人们提供一种选择，而可以选择正是理性的表现。元代有个

---

① 《利玛窦中国札记》，第一卷，第五章。
② 谭嗣同：《仁学》。
③ 陈天华：《革命军》。
④ 《二程遗书》，卷二十二。

儒学教授就常用"妇人以不嫁为节，不若嫁之以全其节"来教导人。①同是儒学，守节的含义是可以有不同理解的。即使到清代，妇女的再嫁问题也并不突出，如前文金埴所讲的那个节妇，本已准备再嫁，社会并不强行阻止或谴责，看戏以后立志守节，全由理性判断作出，即便是受礼教毒害，也是一个清醒的受害者。然而"饿死事大，失节事小"终究还是变成妇女身上的一道无形枷锁，理性的选择命题却以非理性的盲从形式付诸实践，这又不能不从中国文化本质中的矛盾以及中国社会严酷的现实中去探究缘由了。

奇妙的心理平衡

中国古代帝王的庙堂藏有一种富寓哲理的器具——"欹器"。《荀子·宥坐》记载："孔子观于鲁桓公之庙，有欹器焉。孔子问于守庙者曰：'此为何器？'守庙者曰：'此盖为宥坐之器。'孔子曰：'吾闻宥坐之器者，虚则欹，中则正，满则覆。'孔子顾谓弟子曰：'注水焉！'弟子挹水而注之。中而正，满而覆，虚而欹。孔子喟然而叹曰：'吁！恶有满而不覆者哉！'子路曰：'敢问持满有道乎？'孔子曰：'聪明圣知，守之以愚；功被天下，守之以让；勇力抚世，守之以怯；富有四海，守之以谦。此所谓挹而

---

① 《至正直记》，卷二。

221

损之之道也。'"宥坐"就是右坐，置于座右为戒；"座右铭"也是同样的道理。周王朝的统治者把欹器存放庙堂，给后世子孙作为座右之戒，就是要让他们体会欹器中所寄寓的深刻哲理。这些哲理的适应面很广，上可守国保天下，下可修身养性心。孔子看到此器，感慨万分，宏论大发，正是领会到其寓意的深远伟大。

"中而正，满而覆，虚而欹"极符合孔子十分赞赏的中庸之道，不虚不满，适可而止，办事情也就能像欹器那样端正不偏，避免失败和覆灭。一个人处世行事能以欹器为鉴，就能达到很高的道德水平。清代钱大昕作有《欹器铭》："哲人知几，如履薄冰；鉴兹欹器，拳拳服膺。"圣人哲人能深刻领会欹器的哲理，执中持衡，持满有道，立于不败之地。那么，普通人是否也能如此主动地调节自己的感情、行为，做到中正不欹呢？实际上非常困难。因而欹器原理对大多数中国人来讲，不是主动的调节，而是被动的适应。在变幻无常的社会政治经济文化环境中，总会有一部分人心中的平衡老是被打破，感情波动，信念危机，理想破灭经常地出现在他们的身上。为了适应这种变故，中国人的心理机制中也出现了一个欹器，当某种负担过重，不堪忍受时，心中的欹器便自动地"满则覆"，卸掉一部分负担；当某种失落过多，懊悔痛心时，心中的欹器又自动地"虚而欹"，填补掉一部分空虚。当然，这种脱卸或弥补只是靠一些虚假的幻想或自欺欺人的理由来完成。鲁迅先生在塑造阿Q这个人物时，显然给他安上了这种心理上的砝码。在鲁迅的笔下，这种砝器效应是丑陋和可笑的，然而千百年来中国人一直用这种砝器在保护自己，尽管生存环境、物质条件、政治气候、人际关系每况愈下，中国人却越活越多！适应能力越活越强！

其实，砝器效应不仅在小人物身上反映出它的丑陋和可笑，即便在一些德高望重的大人物身上，那种持满之道有时也仍然令人作呕。唐代宰相娄师德的弟弟将出任岱州刺史。师德临别赠言："吾以不才位居宰相，汝今又拜州牧，叨据过分，人所疾也，将何以全先人发肤？"弟弟回答："自今唾某面上者，亦不敢言，但拭之而已，以此自勉，庶不为兄忧。"哥哥却说："此适以为我忧也。夫前人唾者，发怒也，汝今拭之，是恶前人唾而拭，是逆前人怒也。唾不拭而自干，何若笑而受之？"娄师德就用这种方式处事。"当武后时，竟保其宠禄，率是道也。"①唾面自干而且笑而受之，这需要很大的感情克制能力，常人未必能甘心遭受对方这般羞辱而心中不起怒火。娄家兄弟能在极大的羞辱猝临时，保持感情天平的平衡，不为别的，因为他们能马上将保全宠禄这颗砝码投到天平翘起的那一端。

历代士大夫用以维持心理平衡的砝码很多。南宋初胡铨上书言政，得罪权要受贬，李似之书十事以赠："一曰有天命，有君命，不择地而安之；二曰唯君子困而不失其所亨；三曰名节之士

---

① 《唐语林》，卷三。

犹未及道，更宜进步；四曰境界违顺，当以初心对治；五曰子厚居柳筑愚溪，东坡居惠筑鹤观，若将终身焉；六曰无我方能作为大事；七曰天将任之，必大有摧抑；八曰建立功名，非知道者不能；九曰太刚恐易折，须养以浑厚；十曰学必明心，记问辨说皆余事。"①这十条中讲的，除了学问修养外，主要是教胡铨在遇到挫折身处逆境时，如何保持心理平衡，不灰心失望的调节方法。这些其实倒是士大夫常用的方法，并无新奇之处。

孔子在世的时候很不得志，倒霉的事好像老跟着他。有人骂他"累累若丧家之狗"，他不但不恼怒，反而说"然哉！然哉！"②真有点唾面自干的涵养。孔子抱负很大，但在政治舞台上总是当失败者，然而，他又是一个善于取得心理平衡的大师。把自己的仕途顺蹇、贫贱富贵全部归到社会的有道还是无道上：天下有道我才出来干点事业，获得富贵尚心安理得；要是天下无道我还不屑出来干，那些在乱邦危邦博取荣华富贵的人，我认为他们太可耻了。③孔子所处的时代礼崩乐坏，称得上是"邦无道"了。仕途多蹇，常守贫贱那反倒是一件非常光荣，非常值得自豪的事。这样一想，所有的失败感和屈辱感顿时烟消云散。自己的遭际虽然有如丧家之犬，但内心却非常平静。孔子不无自得地对

---

① 《宾退录》，卷一。
② 《史记·孔子世家》。
③ 见《论语·泰伯》：笃信好学，守死善道。危邦不入，乱邦不居。天下有道则见，无道则隐。邦有道，贫且贱焉，耻也；邦无道，富且贵焉，耻也。

比他更穷困的学生颜渊说："用之则行，舍之则藏，惟我与尔有是夫!"①要是这种经历与处境落在不懂得寻找心理平衡的人身上，他的表述与反应一定会大为不同："叫我做我就做，叫我滚我只好滚，只有我和你才这样软弱可欺啊!"然后和颜渊两人抱头痛哭，双双上吊了事。如果真要是这样，中国文化岂不要大大逊色了!

孟子同样也是个善于取得心理平衡的人。他的那句名言流传久远："天将降大任于斯人也，必先苦其心志，劳其筋骨，饿其体肤，空乏其身，行拂乱其所为，所以动心忍性，曾益其所不能。"②这固然可以激励人们经受艰苦磨炼、获取最终的成功，但也可以被无能者作为替自己穷困潦倒辩护的遁词。他们可以假设一个根本不可能出现的"天将降大任"来安慰自己，而实际上则不再作努力，安心于自己所处的困境。当然，孟子不是这样的人，然而，为自己失败寻找借口，文过饰非的做法在孟子身上不乏其例。他在齐国混不下去了，离开时心里不高兴，露在脸上。充虞问他："夫子若有不豫色然。前日虞闻诸夫子曰：'君子不怨天，不尤人。'"孟了回答说：彼一时，此 时也。"夫天未欲平治天下也；如欲平治天下，当今之世，舍我其谁也? 吾何为不豫哉?"③明明到处碰壁，还要口出狂言，无非是聊以自慰罢了。

---

① 《论语·述而》。
② 《孟子·告子下》。
③ 《孟子·公孙丑下》。

先秦诸子中对取得心理平衡最有研究的当推庄子。他的理论常能把人引入一种瑰丽的奇境，忘却现实生活中的不公平和不合理，使自己获得精神的解脱和自由。《庄子·大宗师》中讲到一个叫子桑的人，十分贫困，穷得饭也吃不上，他却对自己说："吾思夫使我至此极者而弗得也。父母岂欲吾贫贱哉？天无私覆，地无私载，天地岂私贫我哉？"他把自己的贫困归于天命，并且认为天地无私，决不会故意亏待他，让他贫困正是对他的关怀。这种精神好像比阿Q更阿Q，但是在千百年的封建社会中，许多不得志的知识分子正是以此来慰藉自己，用它来涂抹自己的创伤。清代穷书生王丹麓就常常用这样的话来自勉："贫者，上天所设以待学者之清俸"，"天以贫德人"。对自己的穷困不但心安理得，而且颇为得意，对他的老婆说："今处俦类之中，天幸德我，特颁清俸，义难独享，顾以共卿。"他的老婆可没有这份雅兴，讽刺他说："君意良厚，但不知何日俸满耳。"①既然在贫困中能保持心理平衡，摆脱贫困也就不重要不迫切了，这位享受清俸的王书生自然是每况愈下，"年逾四十，益困"。

人生在世不可能一帆风顺。身处逆境、遭受挫折时，通过自我心理调节，排遣过重的情绪压力，达到心理平衡，是高级生物的本能。在中国漫长的封建社会中，顺时少逆时多的广大知识分子通过心理平衡解脱自己精神上的重负，既必需又必要。然而，

---

① 《清稗类钞·明智类》。

过度地追求心理平衡，因而常常放弃了改造外部世界的努力，又成为中国知识分子的通病。尽管他们时常意识到自己的使命，但一旦面对残酷的现实，退缩者多而进攻者少。"达则兼济天下，穷则独善其身"成为自我安慰的最好借口。唐代郑綮诗做得不错，但政治才能却很低。唐昭宗任用他做宰相，"于时皇纲已紊，四方多故，相国既无施展，事必依违。太原兵至渭北，天子震恐，渴于攘却之术，相国奏对，请于文宣王谥号中加一'哲'字，其不究时病，率此类也。同列以其忝穷，每讥侮之。相国乃题诗于中书壁上，其词曰：'侧坡蛆昆仑，蚁子竞来拖，一朝白雨下，无钝无喽啰。'意者以时运将衰，纵有才智，亦不能康济，当有玉石俱焚之虑也。时亦然之"。①唐朝末年，民穷国衰，亡国征兆随处可见。郑綮既受命于危难之际，应当尽心尽力有所贡献，不能胜任便当引咎辞职，然而他虽无宰相之才，却有宰相之量，对于同僚的批评讥讽毫不在意，反而作诗揶揄那些想有所作为的人。国家早晚要灭亡，有没有才智，有没有作为又有什么意义呢？这样一想，尸位素餐便心安理得，而且还可以觉得自己真有点高人一等了。

容易取得心理平衡又是一种十分有害的惰性。因为害怕打破自己的心理平衡，人们就不容易接受甚至不惜排斥更先进的东西。《庄子·天地》中讲了这样一件事：子贡在汉水之南看到一

---

① 《北梦琐言》，卷七。

个老人在菜园里浇水。浇水的方法很奇怪：挖了通道伸入井口，拿着瓦罐下去舀水再抱上来灌溉，既吃力又效率低。子贡很同情他，便告诉他有一种叫桔槔的取水机械，不但省力而且效率高。谁知老人非但不感谢他的好意反而忿然作色，并讥笑子贡说："吾闻之吾师，有机械者必有机事，有机事者必有机心，机心存于胸中则纯白不备，纯白不备则神生不定，神生不定者，道之所不载也。吾非不知，羞而不为也。"意思是说：机械是机巧的事情，做机巧事必定有机变的心，心有机变就不纯洁了，就会心神不定，就无法守住"道"，我不是不知道可用桔槔，而是鄙视它，不愿去用它。这一席话说得子贡"瞒然惭，俯而不对"。这位抱瓮灌圃的老人大概是最早提出人被物异化问题的人。庄子对他是赞扬的。文明的发展固然创造了更高的生产力，但同时也使人日益失去人性自然的纯洁慧美。用笨办法灌水虽然很艰苦，但老人的内心却非常平静。如果用省力的桔槔取代了，便会希望用更省力的方法来取代。这样内心就无法再保持原来的平静，方寸一乱，本性顿迷，难免沦为物的奴隶，"多危身弃生以殉物，岂不悲哉！"①

尽管理由十足，在今天看来，抱瓮老人的这种排斥人类文明成就的态度仍然是非常可笑和可悲的。然而，千百年来，这种愚昧、倒退的观念竟滋蔓不绝，甚至到清代还有人用相同的论调来

① 《庄子·让王》。

228

反对西方先进科学技术的传入。康熙时，有个杨光先反对西洋历法，他说："宁可使中国无好历法，不可使中国有西洋人，无好历法，不过如汉家不知合朔之法，日食多在晦日，而犹享四百年之国祚。有西洋人，吾惧其挥金以收拾我天下之人心。如抱火于积薪，而祸至之无日也。"①近代有个方浚颐反对引进西方机器，他发的议论更酷肖抱瓮老人："今天下言时务者，动以泰西机器为至巧至精，而欲变吾之法，师彼之法。……广制器之所，讲利器之方，谋非不善也，志非不壮也，图维规画非不精详而周至也。顾吾思之，机主于动，生于变，戾于正，乖于常。以技艺夺造化，则干天之怒；以仕宦营商贾，则废民之业；以度支供鼓铸，则损国之用。……夫岂知中国三千年以来，帝王代嬗，治乱循环，惟以德服人者始能混一区宇，奠安黎庶，虽武乡侯之木牛流马，亦仅能行于蜀汉鼎足三分。而所谓天锡勇智，表正万邦者，要不在区区器械机巧之末也，曰有本在。本何在？在民。"②杨光先、方浚颐的论调不但经不起一驳，而且被历史证明是完全错误和有害的。然而，这种思维定势在中国人的文化积淀中并未完全消除。我们这个民族实在是太善于以己之长，揭人之短了！用自己值得夸耀的过去来冲淡今日的落后，用自己的知足常乐来抨击发达社会的种种困扰和烦恼，甚至幻想以中国传统文化为基石创造一种新文化来拯救全世界人类摆脱工业社会的困境。本来

---

① 《中西纪事》，卷二。
② 《二知轩文存·机器论》。

求得心理平衡是人们对外界的压迫制约无力反抗时迫不得已使用的聊以自慰之法，但发展到后来，却成为一种值得炫耀的美德，一切可能冲破平衡的东西都被视为洪水猛兽。

意气、门户和党争

维持心理平衡的方法不排斥通过某种理性的思考，但更多的却是靠无理性的直觉，在这种直觉中，意气是个很重要的内容。意气是一种带有强烈感情或情绪的意志，是人们价值意识的表现之一。具有价值意识的人不可能没有意气。《管子·心术》中说："是故意气定然后反正。"孔夫子所说的"士不可以不弘毅"也包含了这层意义：一个人活在世上要有大志，要有坚强的决断能力。这种决断力表现为意气，当意气风发、精神昂扬时，自信心很强，便能有所作为。但是另一方面，意气太盛，意气用事，让情绪排斥了理性思索，又给自己和他人，甚至给整个社会带来灾难。在中国历史上，因意气用事而坏事的不少，而在封建社会中、后期，意气和门户、党争结合起来，往往成为社会灾祸的重要根源，究其原因，不能不从传统价值观念的缺陷上去寻找症结。

明代李贽对君子误国深有感触。他针对有人提出"主意于误国而误国者，残贼之小人也，不待诛也。主意利国而误国者，执拗之君子也，尚可怜也"的论调，进行了断然的批驳："公但知小人之能误国，不知君子之尤能误国也。小人误国犹可解救，若

230

君子而误国，则末之何矣。何也？彼盖自以为君子而本心无愧也。故其胆益壮而志益决，孰能止之。……故余每云贪官之害小，而清官之害大；贪官之害但及于百姓，清官之害并及于儿孙。余每细查之，百不失一也。"①从表面上看来，李贽之言似乎过于偏激，但是其中确实包含了一部分真理。君子一旦误国，危害更大，更无法挽救，是有史可证的。这些君子自以为真理在胸，无私无畏，一意孤行，中途出了偏差，甚至到了人所共知的危急关头，仍不知悔悟，"胆益壮而志益决"，一错再错，害民误国，几代人都恢复不过来。

就拿王安石变法来说，北宋的灭亡不能归因于此，但北宋末年乱政误国的蔡京之流却确确实实是与变法有密切联系的。王安石搞变法完全必要而且正确，但他听不得不同意见，意气过盛。不少正直的士大夫并不全盘否定变法，而仅仅对变法的不良现象直言指责，便被目为反对派，受到打击排挤。结果敢说真话实话的人被清洗一空，而奉承拍马之徒把王安石团团包围起来。像邓绾、练亨甫、李定等人是典型的阿谀小人。邓绾以颂王安石得官，"乡人在都者皆笑且骂，绾曰：'笑骂从他笑骂，好官还我为之。'"②这种无耻之徒，王安石居然重用不疑。司马光对变法成见很大，但对王安石本人却相知很深。他说："介甫固大贤，其失在

---

①　《焚书·读史·党籍碑》。
②　《宋史纪事本末·王安石变法》。

于用心太过，自信太厚而已。"①这一论断是客观公正的。意气用事使王安石不能克服自己也清楚的弊病。他曾说过："惟免役也，保甲也，市易也，此三者有大利害焉。得其人而行之，则为大利；非其人而行之，则为大害；缓而图之，则为大利；急而成之，则为大害。"②说是如此说，做起来就由不得自己了，在一批不才苟贱贪鄙之人的主持下，大利变成了大害，也葬送了变法可能会有的好前景。

同样的意气用事现象在反对变法的保守派一方也很严重。元祐更化，司马光上台，把王安石变法的各项措施不顾好坏，全部推翻。差役变成免役是历史发展的必然趋势。对这一点，苏轼看得很清楚，便反对司马光恢复差役，说："法相因则事易成，事有渐则民不惊。三代之法，兵农为一，至秦始分为二。及唐中叶，尽变府兵为长征卒。自是以来，民不知兵，兵不知农。农出谷帛以养兵，兵出性命以卫农，天下便之，使圣人复起，不能易也。今免役之法实大类此，公欲骤罢免役而行差役，正如罢长征而复民兵，盖未易也。"③范纯仁也对司马光说："治道去其太甚者可也。差役一事尤当熟讲而缓行，不然滋为民病。愿公虚心以延众论，不必谋自己出，谋自己出则谄谀得乘间迎合矣。役议或难回，则可先行之一路，以现其究竟。"④苏、范两人都是旁观者清，

---

① 《司马温公文集·与介甫书》。
② 《王文公文集·上五事书》。
③ 《宋史纪事本末·元祐更化》。
④ 《宋史纪事本末·元祐更化》。

实事求是地建议，但司马光一意要全盘否定变法，听不进他人忠告。结果蔡京投其所好，"独如约悉改畿县雇役，无一违者"。司马光大加赞赏，说："使人人奉法如君，何不可行之有！"①可见，意气用事会使人失去起码的辨别能力。

由意气进而发展成门户之见，给中国政治生活带来的危害就更大。士大夫阶层以不同学术观点或不同政治见解结成联盟，还算得上情有可原，可以理解；然而，许多门户成见和党争往往起源于一些枝节小事，则令人感到可笑与可厌了。北宋后期的朔、洛、蜀三党本无重大分歧，为了什么事情闹得水火不相容呢？洛党的首领程颐是一个迂腐的道学家，事事循古守礼，为性格豪迈的苏东坡看不惯，不免常和他开几个不大不小的玩笑。有一次是在司马光治丧期间，朝臣百官先参加了一个庆礼，然后想去给司马光吊丧。程颐学究气大发，引经据典说："子于是日哭，则不歌。岂可贺赦才了，却往吊丧。"有人反对说："子于是日哭则不歌，不言歌则不哭，今已贺赦了，却往吊丧，于礼无害。"苏轼赞同说："明堂乃吉礼，不可谓歌则不哭。"认为程夫子生搬硬套古训不合情理。谁知程颐还不服输，又提出"司马诸孤不得受吊"。苏轼又气又好笑，便用鄙言俗语讥刺程颐说："颐可谓鏖糟陂里叔孙通。"②此事朱熹也有记述，认为苏程"结怨之端，盖自

---

① 《宋史纪事本末·元祐更化》。
② 《孙公谈圃》。

233

此始"。洛、蜀两党互相攻讦。蜀党人士攻击程颐说："颐在经筵僭横，造请权势，腾口间乱，以偿恩仇。市井之间，目为五鬼之魁。"①洛党则指责苏轼"诽怨先帝，无人臣礼"。结果程颐、苏轼相继离开朝廷。值得注意的是，元祐时的三党以地域为分，这正是我们前文所讲到的中国传统价值观念中的乡情乡谊成分的作用。地域籍贯的偏见再加上意气，使本可以同舟共济的"君子"变成冰炭不容的仇敌。邵伯温说："是时既退元丰大臣于散地，皆衔怨刺骨，阴伺间隙，而诸贤者不悟，自分党相毁。至绍圣初，章惇为相，同以为元祐党，尽窜岭海之外，可哀也。吕微仲秦人，戆直无党，范醇夫蜀人，师温公不立党，亦不免窜逐以死，尤可哀也。"②元祐党人和王安石等变革派人士之间的是是非非姑且不论，和章惇、蔡京之流相比，称他们为贤者也并不过分。然而正是这些贤者，像小孩子一样闹脾气，弄得两败俱伤，使北宋更快地走向灭亡，其中还有什么理性思索的余味呢？

明代中叶以后，党争越演越烈，门户之见根深蒂固，简直闹到是非不分、唯派为是的地步。明后期政治确实腐败，东林党作为黑暗政治的对立面，作为社会道德的中流砥柱，作为正直士大夫的集体力量，本来应该而且可以在那个黑暗的年代里起一些重要的积极作用。然而，由于意气、门户和党争等诸消极因素空前绝后的膨胀，几乎完全抵消了东林党的进步作用，不但葬送了东

---

① 《邵氏闻见录》，引自《宋人轶事汇编》。
② 《邵氏闻见录》，卷十三。

林党自己，葬送了明王朝，而且在中国知识分子中间注射了最有害的病毒，使知识分子阶层比以往更为软弱无力。

黄绾曾指出："今日朋友专事党护勾引，以立门户，自相标榜，自为尊大。不论人之贤否，事之是非，情之诚伪，凡其意合者，辄加称重回护，以为贤、为是、为诚，而尊大之；凡与其意不合者，辄不论其贤、其是、其诚，概加毁讪排抑而卑小之，所以致人之怨恶不平，皆在于此。且勾引日众，类多浮欺，至有恶少，亦不知择，皆谓一体之仁如此。共谈清虚，遗弃人道，切恐将来为患不细，或致伪学之禁，以为衣冠之忧，吾党可不戒哉！"①黄绾所抨击的是嘉靖年间的门户之弊，离明末剧烈的党争尚有时间上的距离，但他所揭露的门户意气，在当时的士大夫中间已积重难返了。

在封建专制制度下，有积极参与意识的知识分子结成党社团体，为他们共同的政治主张或理想奋斗，本不是一件坏事（现代学者中甚至有人认为这是民主参政意识的源流，这恐怕言之有过，只是良好的幻想了）。谢国桢先生说："吾国最不幸的事，就是凡有党争的事件，都是在每个朝代的末年，秉公正的人起来抗议，群小又起来挟私相争，其结果是两败俱伤，所以人民提起来都头痛。但我以为党争的发生，至少，是一种人民自觉的现象，同时与国家政治的制度也很有关系。所以在一个不良的政治之

① 《明道编》，卷一。

下，而有党争的事件发生，也可以说是人民自觉的进步。但要是诸党相轧，也有极大的危险。"①问题正在于中国的党争总是诸党相轧，最一塌糊涂，不可收拾。如果说对专制王朝末年黑暗政治的强烈不满和抗议是中国士大夫与知识分子阶层自觉的表现，是一种民主意识的潜源，那么腐败污染这一潜源的正是党争。自觉是理性的觉醒，而无理性的意气每每战胜理性的觉醒，中国政治最大的悲哀正在于此。

明人夏允彝对明末党争的严重后果较有觉悟，他公开指出东林党与非东林党专事内讧，不顾大局，对于明末的衰败乃至明朝的灭亡，双方都负有不可推卸的责任。他说："三党之于国事，皆不可谓无罪。平心论之，始而领袖者为顾、邹诸贤，继为杨、左，又继为文、姚，最后如张溥、马世奇辈，皆文章气节足动一时；而攻东林者始为四明沈，继为亓、赵，继为崔、魏，又继为马、阮，皆公论所不与也。东林中亦多败类，攻东林者亦间有清操独立之人，然其领袖之人，殆天渊也。东林之持论高，而于筹边制寇，卒无实著。攻东林者自谓孤立任怨，然未尝为朝廷振一法纪，徒以忮刻胜，可谓之聚怨而不可谓之任怨也。其无济国事，两者同之耳。"②这一立论观点鲜明，剖析入木三分，但却是很多人不愿正视也难以接受的，黄宗羲还专门撰文一一批驳，然而事实终归是事实，历史是任何人也无法涂改的。

---

① 《明清之际党社运动考》。
② 《汰存录纪辨》。

对此，《三垣笔记》的作者李清也有同感，他说："东林诸君子皆以文章气节廉隅相高，即间有假借，犹存白日面目，予初入垣犹然。及环召后，见诸扫门政府者，言夷行跖，恬不知愧，而省中尤横，予知必为国祸，痛切言之。……故以君子与小人角，犹胜负半，惟君子与君子角，而以小人乘其敝，则一蹶不振之道也。且今之君子，亦岂尽如洛、蜀、朔之徒，威单然有以自标哉！不过一二败类，貌君子而实小人者。此分门，彼别群，庙堂之心战，猛过钜鹿，于封疆何利之有？且不特此也，遇君子则能为君子之言，或理学，或节义，既欲弄簧之百舌以鼓喙；遇小人则能为小人之事，或情面，或贿赂，又欲效献媚之九尾以扫门。如吴昌时、廖国遴等，比比是也。谓是崇清议乎，干实功乎？诸臣何助竟焉！"这些批评并不过分，《明史·崔景荣传》记载："方东林势盛，罗天下清流，士有落然自异者，诟谇随之矣。攻东林者，幸其近己也，而援以为重。于是中立者，类不免蒙小人之玷；核人品者，乃专以与东林厚薄为轻重，岂笃论哉！"初以是非分门户，终以门户定是非，真正可悲！

　　显然，东林党的失败很大程度上是由他们自己酿成的。当然这并不能说完全是东林党的一些领袖人物或骨干分子的过错。事实上，对于门户意气的危害，东林党魁们是比较清醒的。顾宪成说："今日议论纷纭，诚若冰炭，乃不肖从旁静观，大都起于识见之歧，而成于意气之激耳。"①邹元标不但对此有所认识，而且

---

① 《顾端文公集·与友人书》。

237

努力矫正。《明史·邹元标传》记："时朋党方盛，元标心恶之，思矫其弊，故其所荐引不专一途。尝欲举用李三才，因言路不与，元标即中止。王德完讥其首鼠，元标亦不较。"然而，这些认识和努力起不了什么作用，门户意气、朋党争斗的传统，到了明末已经是积重难返。东林党得势时，借追究三案，弹劾其他党人，搞得人人自危，结果与东林不合的人都跑到魏忠贤那里去了。明人吴应箕说："夫近时所角者皆朝臣，角至不胜至借官竖以扑之，其祸亦略与汉同。夫士人与宦竖角，而诬以朋党，可言也；上人与士人角，而以朋党相倾，犹可言也；倚宦竖以作孽，而倾士人，此固向者节甫辈之所羞称，而不意圣朝士大夫为之，然则不有东林，其可谓世有士人也哉？又何党之足云？"①马士英说："予非畔东林者，东林拒予耳！"②马士英为人行事俱不足论，但东林得势时，他竭力想倚附，最终不成转而成仇，其中原委倒是值得深思的。

气节和生死观

所谓气节，指的是志气和节操。孟子说："夫志，气之帅也；气，体之充也。夫志至焉，气次焉，故曰：'持其志，无暴其气。'""吾善养吾浩然之气……其为气也，至大至刚，以直养而

---

① 《东林本末》。
② 《三垣笔记》（下）。

无害，则塞于天地之间。其为气也，配义与道；无是，馁也。是集义所生者，非义袭而取之也。行有不慊于心，则馁矣。"①这种志气必须符合道义，是道义在人的精神上的集中反映。千百年来这种浩然之气往往使中国知识分子激动不已；邪不侵正，正气凛然，不可侵犯，几乎成为一种宗教性的格言。

节操是指带有意志力的操行，它既与道德有关，又与社会政治相连，而其中很大成分又与忠的内容重叠。《左传》记载了这样一件事：子臧是曹宣公的庶子，曹成公杀了哥哥自己继位，遭诸侯反对，兵败被俘。诸侯各国认为子臧是贤人，想立他为曹国国君。子臧坚决不同意，他说："前《志》有之，曰'圣达节，次守节，下失节'。为君，非吾节也。虽不得圣，敢失守乎？"于是便逃到宋国。子臧讲的节与封建等级观念有关。圣人可以应天命，不受限制；次一等的贤人则应该守节，安分守己，不逾常规；只有愚者才轻举妄动，超越自己的名分，招灾惹祸。

守节对于臣子来说便意味着忠于君主，不怀二心；对侠士来说便是知恩图报，信守诺言；对妇女来说便是从一而终，恪守妇道。这些节操实际上就是以忠贞不渝为中心的道德品质。从战国秦汉起，这种品质便成为中国人最重要的基本道德判断标准。汉代苏武出使匈奴，宁死不屈，啮雪吞毡，不移其志，被视为有气节者的榜样，甚至连后来叛降的李陵也敬佩羡慕。"李陵置酒贺

---

① 《孟子·公孙丑上》。

武曰：'今足下还归，扬名于匈奴，功显于汉室，虽古竹帛所载，丹青所画，何以过子卿。'"①统治者对这种气节自然极力推崇，给苏武以极大的荣誉。重气节在两汉蔚然成风。《后汉书·党锢列传》记载："及汉祖杖剑，武夫勃兴，宪令宽赊，文礼简阔，绪余四豪之烈，人怀陵上之心，轻死重气，怨惠必仇，令行私庭，权移匹庶，任侠之方，成其俗矣。自武帝以后，崇尚儒学，怀经协术，所在雾会，至有石渠分争之论，党同伐异之说，守文之徒，盛于时矣。至王莽专伪，终于篡国，忠义之流，耻见缨绂，遂乃荣华丘壑，甘足枯槁。虽中兴在运，汉德重开，而保身怀方，弥相慕袭，去就之节，重于时矣。逮桓灵之间，主荒政缪，国命委于阉寺，士子羞与为伍，故匹夫抗愤，处士横议，遂乃激扬名声，互相题拂，品核公卿，裁量执政，婞直之风，于斯行矣。"这段话是对两汉重气节的概括。然而我们不难发现，在不同的情势下，气节的内涵是在不断变化的。

后世对汉代的气节多有批评。清人赵翼说："盖其时轻生尚气已成习俗，故志节之士好为苟难，务欲绝出流辈，以成卓特之行，而不自知其非也。"②认为汉人崇尚气节的动机不纯，标准不明，流弊甚多。其实赵翼的这种观点在宋代已很流行。程颐曾说："东汉士人尚名节，只为不明理。若使明理，却皆是大贤也。"③汉

---

① 《汉书·苏武传》。
② 《廿二史札记》，卷五。
③ 《二程语录》，卷十一。

代的气节尚未与理紧密联系，所以后人总觉得不足。朱熹说："近看温公论东汉名节处，觉得有未尽处，但知党锢诸贤趋死不避，为光武、明、章之烈，而不知建安以后，中州士大夫只知有曹氏，不知有汉室，却是党锢杀戮之祸有以驱之也。且以荀氏一门论之：则荀淑正言于梁氏用事之日，而其子爽已濡迹于董卓专命之朝，乃其孙或则遂为唐衡之婿、曹操之臣，而不知以为非矣。盖刚大方直之气，折于凶虐之余，而渐图所以全身就事之计，故不觉其沦胥而至此耳！"①宋以后的士大夫对不区分对象的忠贞气节不满，这自然是封建礼教复兴，帝王正统观念强化的结果。由是，气节便逐渐地带上了理学的色彩。单单忠贞不贰、持节守志并不符合封建社会后期专制集权王朝的需要，只有忠于中原正统帝王，忠于汉民族国家，坚决维护汉族文化和汉民族精神的人才被视为气贯长虹，名垂千秋的伟人。

唐太宗发动玄武门之变，杀兄逼父，取得帝位，后世多有微词，而卷入这场变动的士大夫的各种表现更引起许多纠缠不清的笔墨官司。其中魏征是个最有争议的人物。这位被唐太宗称为能照出自己过错得失的"人镜"，对贞观之治所起的作用是非同一般的。《贞观政要·任贤》中说他"参预朝政，深谋远算，多所弘益"。在他死后，唐太宗还特地作诗悼念："劲条逢霜摧美质，台星失位夭良臣。唯当掩泣云台上，空对余形无复人。"②对于他

---

① 《朱文公文集·答刘子澄书》。
② 《魏郑公谏录》，卷五。

在唐初政坛上的杰出贡献，谁也不能否认。但是，因为他原先是太子建成的僚属，建成被杀，他既不思为主人报仇，又不殉难尽节，反而改投李世民的门下，尽心事奉新君。在宋儒的眼里，实在是太没有气节了。程颐认为魏征的行为违背理义，功不足赎罪。朱熹虽然不那么苛刻，比较客观，但也认为他背叛太子的变节行为不足取，只是以后的功绩可嘉，所以"功罪不相掩"。

宋儒这种气节观念对明清两代影响极大，甚至连一些反理学的思想家也难脱其樊篱。清代王夫之说："若王（珪）、魏（征）之于建成，则兄弟当父在之日而拘大难，俱为不仁不义，而建成则高祖所立之家嗣也，已受父命而正大位，非纠（指春秋齐国与齐桓公争位的公子纠）比矣。王、魏受命于高祖为宫僚，则义不容于不死。……即如征者，特粉饰太平一谏臣耳。有太宗为君，房、杜为相，虽无王、魏，唐自晏然……魏征不死之时，有何把柄？幸逢纳牖之主，遇事有言，遂见忠效；倘遇愎忌之君，则更无可自见矣。……魏征所欲为者，忠臣也。忠则不欺其君者也。不欺生君而欺死君，口舌之功，安足以赎心中之慝！"①显然，王夫之认为魏征在玄武门之变后不容不死的观点，受愚忠思想毒害很深，但是他毕竟是个叛道者，所以能毫不留情、一针见血地指出魏征以及那些被封建余孽津津乐道的历代铮臣谏士都只不过是可怜的为封建专制集权统治粉饰太平的工具，这批人的历史功绩

① 《读四书大全说·论语·宪问篇》。

绝没有什么了不得的，所以生不足庆，死不足惜，还不如为成全气节，一死了结。

元末有个著名的学者叫危素。他少通五经，曾投在吴澄门下求学，常以文章德行自居。元顺帝时入朝做官，深受器重，官至礼部尚书、参中书省事、御史台诏书侍御史。元朝灭亡后，他没有死节，而是投靠朱元璋，在新王朝中重新开始他的政治生涯。就学问而言，危素确实是个人才，他在元代参修宋、辽、金三史，到明代又参加修元史，治史态度相当严肃。然而，人们绝不会忘记他临难苟活偷生的行为。相传有一天，朱元璋听到房间门帘外有人走过，脚步声很重，便问是谁。那人回答说："老臣危素。"明太祖大怒，说："我以为是文天祥走过，才这样雄赳赳、气昂昂的，原来是你啊！"刺得他无地自容。后来，朱元璋终于找了个借口，把他谪居到滁州，让他老死在那里了。危素没有为腐朽的元王朝殉死，在封建卫道士们看来便是大大的失节，以致被看不起，这实在是很不公平的。且不说弃暗投明行为本身的正确，即便讲守节，朱元璋集团中元朝旧臣很多；若讲忠贞不贰，朱元璋本身即有背叛小明王的行动，该当何论？历代统治者对守节者的推崇，说穿了，也不过是政治上的宣传与利用。

久而久之，气节比事功更重要，评价一个人不是看他一生做了些什么，而是看他的死表现了什么。中国有句成语叫"盖棺论定"，论为什么要等棺材合上了才能定呢？就是因为死这一道关比整个一生所有的事件都重得多。对死节的畸形偏重，导致中国人，尤其是一些功名心较重的士大夫，重死难而轻拼搏。只要临死大节凛然，从前的污点错误、怯懦无能统统可以一笔抹净；相反，若有一念之差，苟且偷生，哪怕忍辱负重，别图报负，也成了千古罪人，万世受人唾骂。

史可法是明末声名最盛的死难节士，一向被认为是民族英雄。但翻一翻历史，查一查他在当时的表现，除了宁死不降，保全了自己的气节外，其他方面均令人失望至极。在守扬州的战役中，他调度无术，悲观失望，只想"一死以报朝廷，亦复何恨；独先帝之仇未报，是为恨事耳！"①不考虑如何击退清军，却不忘惩办农民起义军。在给妻子的信中甚至说："如此世界，生亦无益，不如早早决断也。"完全忘了自己肩负的重任。是时史可法身为大帅，生比死更重要，而他只想如何全名节，唯以死报国。这种思想情绪不能不影响他的行为，影响正在进行着的抗清斗争。例如当他的部下想乘清兵未集结时背城一战，史可法阻止而"不知坐失事机"；②部将李栖凤、高岐凤要叛降，史可法竟说："此吾死所也。公等何为？如欲富贵，请各自便。"好像除了完节而死之外，再也没有什么值得他关心的了。

---

① 《史忠正公集·遗书》。
② 《青磷屑》，卷下。

244

迂腐与超脱

宋人笔记《冷斋夜话》中有一则笑话。说那时候有个叫彭渊才的人，为人迂腐，又轻信一些荒诞不经之说。他家养着两只鹤，他一直引以为自豪，因为他相信这是两只真正的仙鹤。有一次，来了客人，他夸耀说："我的这两只是仙禽，不同凡鸟。凡鸟都是卵生，而独有它们是胎生。"话音未落，有个园丁兴冲冲地来报喜说，昨晚那只鹤生了一个像梨一样大的蛋。彭某一听大怒，脸也气红了，大声叱骂，将园丁撵走。此时，另一只鹤分开两脚，伏在地上好久不动。彭某走近去，用手杖将它赶起，却发现鹤屁股孵过的地方赫然留下一个大蛋。事实击破了谎言，然而彭某并不感到惭愧，他长叹一声说："世道不对啰！连仙鹤也变种了！"

彭某的迂腐可笑，固执可恨，但是在许多方面，尤其在价值判断方面，我们的态度却常常会和彭某的态度相去不远。许多传统的价值评判标准正是建立在类似仙鹤胎生这样荒诞的想象之上。为了维持这种美好的信念，便极端仇恨那些虽然能带来实际的经济收益而于谎言不利的产蛋事实。从人的主观精神而言，这种始终不渝地保持自己内心的理想、清高，或许称得上是一种伟大的超脱精神；然而对眼前真实社会利益判断，其标准的模糊、混乱和颠倒，又是多么令人吃惊的迂腐！千百年来，中国人正是背负着这种既迂腐又超脱的价值观念艰难地前进，尽管中华民族是个刻苦耐劳、聪明勇敢的民族，然而，这张韧性的观念大网把整个民族牢牢地纠缠与束缚，使得我们的脚步越来越沉重。在世界文明以蒸汽机为其开路而掀开新的一页历史时，我们却大大地落后了。

知识分子的使命感

中国知识分子既自豪而又痛苦，这是因为他们处身社会之中，总要比其他阶层的人们来得更清醒一些；他们的价值目标总是明确的，外力难以更动的。利玛窦对此看得非常清楚："标志着与西方一大差别而值得注意的另一重大事实是，他们全国（指中国）都是由知识阶层，即一般叫做哲学家的人来治理的。井然有序地管理整个国家的责任完全交付给他们来掌握。……因此，结果是凡希望成为有教养的人都不赞成战争，他们宁愿做最低等的哲学家，也不愿做最高的武官，他们知道在博得人民的好意和尊重以及在发财致富方面，文官要远远优于武官。更加令外国人惊异的是，在事关对皇上和国家的忠诚时，这些哲学家一听到召唤，其品格崇高与不顾危险和视死如归，甚至要超过那些负有保卫祖国专职的人。也许这种情操来自于：人们有了学问，心灵也就高尚了。"①

---

① 《利玛窦中国札记》，第一卷，第六章。

从北宋起，最高统治者重文轻武的方针便逐步确立，到明中叶时已经发展成一种矫枉过正的偏见。这种偏见对知识阶层似乎是很有利的，使他们在政治上能获得较大的权力，在社会中获得好名声和威望，以及随之而来的经济上的种种利益。从表面上看，知识分子价值观念的相对稳定和这种矫枉过正而且日趋严重的偏见不无关联，这正是作为西方人的利玛窦首先感觉到并十分容易理解的。然而，这种偏见的形成恰恰是由于知识阶层价值观念的相对稳定才得以出现并日渐发展的，也就是说，中国知识分子价值观念的相对稳定在社会尚未重文轻武之前就已经是一种客观存在的现象。统治方针的转向正是基于这一现实。这是利玛窦所不了解的，所以他对知识阶层在危难时刻表现出的高度责任感和大无畏精神感到惊异。

孟子曾说："无恒产而有恒心者，惟士为能。若民，则无恒产，因无恒心。"①孟子所说的恒心是指人所常有的善心。他认为普通老百姓一旦失去赖以生存的物质财产，便无法再守住常善之心，做坏事甚至铤而走险等等，便成为不可避免。只有有学问的知识分子，他们的追求超脱了物质享受，所以能穷不失道，贫不苟求，保持自己一贯的品行道德。孟子所作的论断虽然有一定道理，但肯定不是普遍的、绝对不变的。或许，在他那个时代士的恒心要比后来者强得多，至少，当鲁迅忍不住要塑造一个孔乙己

---

① 《孟子·梁惠王上》。

的形象时，"惟士为能"已经整个地动摇了。不过尽管如此，守贫，仍不失为中国知识阶层的一大特长，守志，更是知识阶层聊以自慰自勉的法宝。两千多年前的荀子的一段话，也许可以代表中国知识分子的心声："志意修则骄富贵，道义重则轻王公；内省而外物轻矣。传曰：'君子役物，小人役于物。'此之谓矣。身劳而心安，为之；利少而义多，为之；事乱君而通，不如事穷君而顺焉。故良农不为水旱不耕，良贾不为折阅不市，士君子不为贫穷怠乎道。"①两千多年来的知识分子基本上遵循这一价值判别标准生活着。这一价值判别标准包含着知识者的自我修养的完善，也包含着对社会强烈的责任感、使命感。

这种责任感与使命感总伴随着强烈的忧患意识，这就不但使知识分子激动不已，而且使整个民族为之悲戚和振奋。正是出于这种忧患意识，出于这种与生俱来、难以排遣的责任感与使命感，屈原写出了《离骚》。"屈平疾王听之不聪也，谗谄之蔽明也，邪曲之害公也，方正之不容也，故忧愁幽思而作《离骚》。""'离骚'者，犹离忧也。……其文约，其辞微，其志洁，其行廉。其称文小而其指极大，举类迩而见义远。其志洁，故其称物芳；其行廉，故死而不容自疏。濯淖淤泥之中，蝉脱于浊秽，以浮游尘埃之外，不获世之滋垢，皭然泥而不滓者也。推此志也，虽与日月争光，可也。"②司马迁的这些评论应该说是相当深刻的。

---

① 《荀子·修身》。
② 《史记·屈原贾生列传》。

"忧"，是使命感的核心。宋代范仲淹说："不以物喜，不以己悲，居庙堂之高，则忧其民，处江湖之远，则忧其君，是进亦忧，退亦忧。然则何时而乐耶？其必曰：'先天下之忧而忧，后天下之乐而乐'欤！"①漫长的封建社会中，值得忧虑的事情实在太多了，知识分子的忧不仅随着社会败坏程度的加深而增多，而且随着专制制度的加强而沉重。他们不仅要为国家、民族、人民、君王的命运忧，而且越来越要为自身的命运忧。

屈原自投汨罗，是因为他对楚国的绝望；贾谊哭泣至死，是因为对皇帝的失望。在那时候，"死"独立于"忧"之外，死是解忧的办法和归宿。但是，到了后来，死成为忧的内容了，以天下为己任，包含了为天下献身；先天下之忧则包含着先牺牲。范仲淹在决心揭露皇帝宠信的内侍阎文应的罪恶前，"凡数夕，环步于庭，以筹其事。家有藏书预言兵者悉焚之，戒其子纯祐等曰：'我今上疏言斥君侧宵人，必得罪以死。我既死，汝辈勿复仕宦，但于坟侧教授为业。'"②幸好，此时宋仁宗还较开明，非但没处罚范仲淹，反而将阎文应贬逐岭南。"圣贤相遇，千载一时矣"，只能算范仲淹命大福大。明嘉靖时，海瑞卜疏直攻皇帝的种种过失，指斥他愚昧迷信，祸国殃民。嘉靖皇帝看了大怒，将奏疏抛在地上说："快去把他抓起来，别让他跑了。"旁边的太监告诉皇帝，海瑞不会逃跑。听说他上疏时，自知触忤，难免一

---

① 《范文正公集·岳阳楼记》。
② 《麈史·忠谠》。

249

死，已先期买好棺材，诀别妻子，他的仆人也都逃光了。从宋到明，五百年中专制皇权又强了不知几多，知识分子要履行自己的使命得为自己更多忧几分。海瑞的幸运不在皇恩浩荡，而在于嘉靖皇帝不久一命呜呼，新皇帝不想背此恶名，鲠直的海瑞才得以被释放。

或许正因为皇权专制淫威的可怕，更反衬出中国知识分子使命感的强烈。钱大昕对此深有感慨："元祐党籍三百九人，不皆粹然正人也，而至今与马、吕并传者，蔡京挤毁以成其名也。建文奸党诸人，非皆凛然忠臣也，而至今与方、练俱传者，成祖肆刑以成其名也。奸臣暴君快意于一时，而被其毒者，流芳于百世，心愈狠而计愈拙，当时无恻隐羞恶之心，后世岂无是非之心哉。"①

然而，在另一方面，皇权专制淫威的增强也使不少知识分子不得不考虑现实的利害关系，背叛自己的良心，违反自己的使命。明嘉靖初有场大礼议之争，事情虽然由世宗追尊本生父母而引起，但涉及的范围却很广，内中关系到的政治意义也相当深远。大部分官员都反对世宗的做法，自以为守正不阿，坚持原则。当皇帝一意孤行时，他们中有人表示"国家养士百五十年，仗节死义，正在今日"，"万世瞻仰，在此一举，有不力争者击之"。一时群情激昂，一百九十名朝廷官员跪伏左顺门哭谏，声

---

① 《十驾斋养新录》，卷十八。

震阙廷。但皇帝的答复是将他们统统抓进监狱，然后充军的充军，夺俸的夺俸，杖杀的杖杀，"自是衣冠丧气"。有人认为明代知识分子责任感、使命感的中落由此而始，这是不无道理的。嘉靖后期之所以士风不正，诌谀奉承、奴颜婢膝之行风靡，和专制暴政的高压作用是有深刻联系的。于慎行耳闻目睹明中叶士大夫气节盛衰的巨大变化，感触良深。评论说："士之气节盛衰亦有时哉。有唱而后和，有锐而复竭，此皆非义理之勇也。本朝如靖难之举，死者不下十百。至于土木之难，寂然不过一二。如嘉靖大礼，举朝争之，死且窜者不下数十。至于易世之后，如庙祧之递迁，两宫之推崇，亦有许大事体，复寂然无一人言者。"①原因究竟何在呢？他认为是士大夫没有义理之勇，盛衰受风气影响。其实，所谓的风气，正是专制程度的晴雨表。统治者稍稍放松，开畅言路，粉饰太平，风气大盛，人人以天下为己任，琐碎小事也非得争出个大义大节不可。一旦龙颜大怒，肆刑狠罚，风气顿时衰落，各人自顾不暇，蝇营狗苟，哪里还会把什么使命放在心头！

明末顾炎武痛感社会风气日下，指出"礼义廉耻，国之四维，四维不张，国乃灭亡"。②他提出的"天下兴亡，匹夫有责"实际上正是这一意义的展开。他说："天下风俗最坏之地，清议

① 《谷山笔麈》，卷十六。
② 《日知录·廉耻》。

尚存，犹足以维持一二。至于清议亡，而干戈至矣。"①顾炎武不是要复古，所向往的也并非是汉晋清议，而仅仅只是要统治者让知识分子议政，让他们实现自己的使命。这一主张，明末清初的启蒙思想家都很赞成，直到清末维新派仍念念不忘这一目标，梁启超所办的《清议报》就开门见山地标明了宗旨："维持支那之清议，激发国民之正气。"②

封建知识分子的使命感实质上完全是为封建王朝的长治久安而发的，但专制统治者每每不领此情。清代的乾隆皇帝御制《书程颐论经筵札子后》就说得明明白白："夫用宰相者，非人君其谁乎？使为人君者，但深居高处自修其德，惟以天下之治乱付之宰相，己不过问，幸而所用若韩、范，犹不免有上殿之相争；设不幸而所用若王、吕，天下岂有不乱者，此不可也。且使为宰相者，居然以天下之治乱为己任，而目无其君，此尤大不可也。"在这位皇帝看来，既然连宰相以天下为己任都大不可，那普通知识分子要以天下为己任，就实在太狂妄，太自大，真差不多够得上大逆不道、犯上作乱了。乾隆时有个大臣"每敷奏及民间水旱疾苦，必反覆具陈，或继以泣。上辄霁颜听之，必笑曰：'汝又来为百姓哭矣。'"③乾隆这句话像是玩笑又像是表扬，其实，他的真实感情倒是一种嘲讽，即对臣下居然以天下为己任这种"不

---

① 《日知录·清议》。
② 《横滨清议报叙例》。
③ 《清朝野史大观·清人逸事》。

识时务"态度的一种嘲笑。当那些书呆子真的把天下兴亡重任揽到自己身上时，皇帝便会觉得他们岂但迂腐到了可笑的程度，有时简直顽固到了可恼可恨的地步。这正应了中国那句俗话"皇帝不急急太监"。使命感常常使一些封建士大夫慷慨激昂、意气风发，而在皇帝看来，实在是喧宾夺主、越俎代庖，结果好心成了恶意。到了这个地步，知识分子只能厄运临头了。胡中藻将自己的诗集命名为《坚磨生诗抄》，乾隆皇帝认为以此自号，是有心谋逆，于是用放大镜摘出诗中语句，加以谤讪诋毁的罪名，谕九卿严审。他说："'一把心肠论浊清'，加'浊'字于国号上，是何肺腑？""'老佛如今无病病，朝门闻说不开开'，朕每日听政，召见臣工，何乃有朝门不开之语？"这样捕风捉影、深文周纳，简直是荒唐至极了，但胡中藻却因之送了性命。该死的死了，活着的"避席畏闻文字狱，著书都为稻粱谋"，①哪里还敢去多想自己的使命呢？

为了防止知识分子多管闲事，统治者从教育阶段入手，将读书人的使命感磨灭在早期阶段。明太祖曾命礼部在各学校刻石立碑，对生员作出种种纪律限制。其中很突出也很值得后人研究的一条称："天下利病，诸人皆许直言，惟生员不许。今后生员本身切己事情，许家人报告。事不干己，辄便出入衙门，以行止有亏。革退。若纠众扛帮，骂詈长官，为首者问遣，余尽革为民。"

----

① 《龚自珍全集·咏史》。

清代明后，此项旧规保留，顺治九年再次颁刻学宫，其中第七条与前条一脉相承："军民一切利病，不许生员上书陈言。如有一言建白，以违制论，黜革治罪。"①防患于未萌，统治者的心机实在是够良苦的了。

离经叛道者的轨迹

在中国历史上，不乏对传统大胆挑战的思想家，他们提出的"异端邪说"，往往是对当时社会价值观念的否定。但是，不管他们的思想理论多么惊世骇俗或多么激发人心，最终却总像是在封建社会的大池塘中投入一块小小的石子，永远是只起涟漪，掀不起大浪。更令人惊奇的是，那些离经叛道的思想家在卫道士们的围攻中显得倔强不屈，但最后却每每毁在自己的消沉之中。

东汉王充菲薄古代圣贤，抨击当朝权贵，讥讽时尚风俗，所发议论"不与世同，故文刺于俗，不合于众"。②也就是说，在价值观念上与传统社会发生了牴牾。在汉代儒学一尊地位已经稳固的气候下，他竟然写出《问孔》、《刺孟》等篇诘文，新颖得出奇，更大胆得出格。王充叛逆思想的萌发在于他对实际经济利益的分析考察。他由"富人之宅，以一丈之地为内，内中所有，柙匮所赢，缣布丝绵也；贫人之宅，亦以一丈为内，内中空虚，徒

①　《松下杂抄·卧碑》。
②　《论衡·自纪》。

254

四壁立"①的强烈经济反差中得出"富商之家，必夺贫室之财"②的结论，看到了儒学重义轻利、重虚轻实的虚伪。他对孔子"民无信不立"的观点批评得直率、尖锐："使治国无食，民饿弃礼义，礼义弃，信安所立？《传》曰：仓廪实知礼节，衣食足知荣辱。让生于有余，争生于不足。今言去食，信安得成？"他认为在兵、食、信三者之中，最有价值的不是信而是食，"去信存食，虽不欲信，信自生矣"。③这种重视实际的态度虽然还扣不上公开叛逆的帽子，但他进一步认为"世俗之所谓贤洁者，未必非恶，所谓邪污者，未必非善也"，④那就已经完全是和传统社会对着干了。

王充思想的这种离经叛道使他的著作《论衡》长期得不到流传。直到东汉末才被蔡邕、王朗作为异人奇书，用来提高自己的清谈本领，由江东带到中原。讥世之作变为魏晋名士的谈助，这样一个可悲的结局，不能不让人扼腕长叹！但是，我们也要注意到，王充思想中的反叛内容最早却是被他自己扼杀的。对经济不合理现象的愤懑和对世俗道德价值的怀疑，并没有导致王充去寻求新的价值观念，相反却以"命"来作为一切问题的答案。他说："命当贫贱，虽富贵之，犹涉祸患矣；命当富贵，虽贫贱之，

---

① 《论衡·别通》。
② 《论衡·偶会》。
③ 《论衡·问孔》。
④ 《论衡·累害》。

犹逢福善矣。故命贵，从贱地自达；命贱，从高位自危。故夫富贵若有神助，贫贱若有鬼祸。"①"人禀气而生，含气而长，得贵则贵，得贱则贱。贵或秩有高下，富或资有多少，皆星位尊卑大小之所授也。"②或许，这种原因的追寻与探究也是不得已，因为王充生活在这个世上太不得志，他也需要取得心理上的平衡。借助于"命"，他才得到了安慰："且达者未必知，穷者未必愚。遇者则得，不遇失之。故夫命厚禄善，庸人尊显；命薄禄恶，奇俊落魄。必以偶合称材量德，则夫专城食土者，材贤孔、墨。身贵而名贱，则居洁而行墨，食千种之禄，无一长之德，乃可戏也。若夫德高而名白，官卑而禄泊，非才能之过，未足以为累也。"③

明代李贽被朝廷视为"妖人"，是一个名副其实的异端思想家。他的一部书稿取名《焚书》，因为其中"所言颇切近世学者膏肓，既中其痼疾，则必欲杀我矣，故欲焚之，言当焚而弃之，不可留也"。连自己也觉得太离经叛道，当然也就可以预料社会传统势力不会放过自己；但是他终于还是把这部充满反叛思想的著作刻印了出来。他说："夫欲焚者，谓其逆人之耳也；欲刻者，谓其入人之心也。逆耳者必杀，是可惧也。然余年六十四矣，倘一入人之心，则知我者或庶几乎！余幸其庶几也，故刻之。"④

① 《论衡·命禄》。
② 《论衡·命义》。
③ 《论衡·自纪》。
④ 《焚书·自序》。

李贽不但在思想理论上反理学，反传统，在价值观念以及由此产生的处世行事方式上更是让时人骇怪。袁中道在为他作传时这样评论他："大都公之为人，真有不可知者：本绝意仕进人也，而专谈用世之略，谓天下事决非好名小儒之所能为。本狷洁自厉，操若冰霜人也，而深恶枯清自矜，刻薄琐细者，谓其害必在子孙。本屏绝声色，视情欲如粪土人也，而爱怜光景，于花月儿女之情状亦极其赏玩，若借以文其寂寞。本多怪少可，与物不和人也，而于士之有一长一能者，倾注爱慕，自以为不如。本息机忘世，槁木死灰人也，而于古之忠臣义士，侠儿剑客，存亡雅谊，生死交情，读其遗事，为之咋指砍案，投袂而起，泣泪横流，痛哭滂沱而不自禁。……嗟呼！才太高，气太豪，不能埋照溷俗，卒就图圄，惭柳下惠而愧孙登，可惜也夫！可戒也夫！"[①]李贽的为人之所以使人觉得难以理解，恰恰在于他竭力摆脱旧传统的束缚，争取个性的解放与张扬所作的奋斗和努力。这种奋斗和努力是困难的。因为困难不仅仅来自世俗社会的压力，而且来自叛逆者本身内部积淀的传统因素。内外的压力迫使叛逆者最终难成正果，不得不拐入歧途。

李贽这位有如此倔强的反叛心理和战斗精神的思想家最后剃度归佛，大概正在于内外压力的巨大作用。他自己说："五十以后，大衰欲死，因得友朋劝诲，翻阅贝经，幸于生死之原窥

---

① 《珂雪斋文集·李温陵传》。

见斑点。"①又说："此生虽非甚聪慧，然甚得狷者体质，有独行之意。今于佛法分明有见，虽未知末后一著与向上关捩，然从此稳实……"②

李贽的好朋友袁宏道，和李贽一样在尘世不得志，转而倾心佛教。袁宏道虽然没有李贽那种狂劲，但他提倡的人生价值观念也足以令世人大大地惊骇了。例如，他认为一个人活在世上真正的快乐只有五种："目极世间之色，耳极世间之声，身极世间之鲜，口极世间之谈，一快活也。堂前列鼎，堂后度曲，宾客满席，男女交舄，烛气熏天，珠翠委地，金钱不足，继以田土，二快活也。箧中藏万卷书，书皆珍异。宅畔置一馆，馆中约真正同心友十余人，人中立一识见极高，如司马迁、罗贯中、关汉卿者为主，分曹部署，各成一书，远文唐、宋酸儒之陋，近完一代未竟之篇，三快活也。千金买一舟，舟中置鼓吹一部，妓妾数人，游闲数人，泛家浮宅，不知老之将至，四快活也。然人生受用至此，不及十年，家资田地荡尽矣。然后一身狼狈，朝不谋夕，托钵歌妓之院，分餐孤老之盘，往来乡亲，恬不知耻，五快活也。……士有此一者，生可无愧，死可不朽矣。若只幽闲无事，捱排度日，此最世间不紧要人，不可为训。"③这样的五乐在当时社会中有多少人敢于赞同？结果，向往这五乐的叛道者也终于无

① 《续焚书·圣教小引》。
② 《续焚书·与焦弱侯》。
③ 《袁宏道集笺校·与龚惟长》。

路可走，只得皈依佛门。"早知婴世网，悔不事袈裟。"①袁宏道的这两句诗，不正反映出独醒者那种无可奈何的心情？

高鹗在续《红楼梦》后四十回中，把宝玉的归宿写成遁入空门、大彻大悟，被认为是狗尾续貂的大败笔，其实不然。在中国这样的封建社会中，像宝玉这样一个任意嘲笑、贬低、践踏甚至抛弃传统价值观念的叛逆者，实在难以想象出他能有更合情合理的归宿。传统价值观念就像法力无边的如来佛祖的手掌，你可以学孙悟空翻它几个跟斗，自以为跳离得很远了，其实还在其中。从表面上看来，传统的价值观念似乎是很容易被攻击，很容易动摇，很容易崩溃的。其实远非如此。而且，即使它受到冲击，也是很容易复原再生的。许多离经叛道的斗士奋斗、挣扎，但在很多时候，他们不得不借传统来反传统，这就导致了当他们无法冲破传统的罗网反而受到重压时，传统的死灰在他们心中复燃，斗士反倒变成了传统的热心维护者。他们皈依佛门，只是换了一个门槛而已，因为时至明清，外来的佛教早已浸透了中国传统的油膏。在疏而不漏的罗网之中，离经叛道者是没有出路的。

圣人何在？

与离经叛道者背离圣人之道相反，中国社会的绝大多数人却

---

① 《袁宏道集笺校·宿僧房》。

是始终相信圣人之道的。当然，相信的程度有深浅的不同，而且相信不等于能照着做，圣人只不过是一种遥远的模糊的价值理想的终极，一种可望而不可求的理想人格。事实上，古往今来，能真正被公认为圣人的人屈指可数。三皇五帝像是云雾中的人物，即便是尧、舜、禹，他们本人以及他们的事迹也带着太浓的神话气息，这种极似神话的事迹演变到后来，也就成为农业宗法社会伦理道德规范的人格样板，而尧、舜、禹本人的形象则干瘪枯燥、毫无生气。和这三位不同，周公和孔子这两位圣人大概算得上形象较丰满了，这两位已经摆脱了神话和帝王身份的绊羁，能更自由地显示他们本身的人格特点。

圣人人格的特点是什么？董仲舒说："圣人者，见人之所不见者也。故圣人之言，亦可畏也。"[①]圣人能看到的常人所不能见的东西是什么呢？是天意。圣的繁体字"聖"，有一个耳朵和一个口，它的古体也包含着这两个部分。所谓圣，其本义是耳朵特别灵，能听到上天神祇的声音，然后用口传给人民。这恐怕和古代宗教仪式中的巫祝有关。孔子说自己"五十而知天命，六十而耳顺"大概也在暗示自己与凡夫俗子不一样，已经有了超凡入圣的特异功能。不过，孔老夫子说这话，大概主要还是想说明，经过反复修炼，自己的认识已经完全同天意合拍了。天人合一，在孔子身上是充分得到体现的，而这，就是中国知识分子所向往的

---

① 《春秋繁露·郊语》。

理想人格。这种理想人格，说穿了也就是没有个人的人格，把自己的思想、意志、行为统统自觉地套进天意的樊笼之中。

"天不生仲尼，万世如长夜"，两千多年来，传统中国社会对孔子的评价这么高，可见圣人对中国传统社会是何等重要。"天令之为命，命非圣人不行；质朴之谓性，性非教化不成；人欲之谓情，情非制度不节。"①中国社会历来是讲求与推崇纵向联系与控制的，除了皇权这一条以天子名义主宰万民的控制线以外，圣人作为天命的传达者还有一条系住万民之心的控制线。皇帝的政迹臣民可以亲身感受，说来说去是明君少而昏君多，帝王的胡作非为和社会的黑暗混乱因果甚明，所以单靠皇帝来号召人民，常常难以使全国上下精诚团结。圣人则不然，秦汉以后虽然没有在世的圣人，但是儒家贤哲们却总是把圣人挂在嘴边，圣人至善至美、无瑕可剔，只有他才能建成理想的社会。"故圣人在上，以仁育万物，以义正万民。天道行而万物顺，圣德修而万民化；大顺大化，不见其迹，莫知其然之谓神"②在儒家宗师的心目中，圣人已不再是具体哪一个人（甚至连周公、孔子也不是，因为当这两人在世时，并没有出现大顺大化的理想社会），而是一种理想的人格化。他是攻不垮推不翻的，现实社会的罪恶糜烂不能玷污他的圣名，人间的一切不平怨恨也绝不能发泄到圣人头上。圣人的社会完美无缺，而在现实生活中受苦受难的老百姓则应该在

---

① 《汉书·董仲舒传》。

② 《通书·顺化》。

对圣人的幻想中抚平自己的伤痛。

有了圣人这样伟大的人格以及产生出如此重要的社会功效，将圣人作为最高的价值理想不是很超脱吗？宋明理学家都要人们对自己的人心下功夫，求超凡入圣。请注意，这正是他们的高明处。"士希贤，贤希圣，圣希天"，人追求不断完善总是一件好事。有人问周敦颐："圣可学乎?"周敦颐回答他可以学，又问有什么要诀，回答是："一为要，一者，无欲也，无欲则静虚动直。"①朱熹发挥这一思想，把它归结到十六字："人心惟微，道心惟微，惟精惟一，允执厥中。"这本是《尚书·大禹谟》中的一句话，朱熹别加阐发，竟成了圣人之道的真传，它的要义也就是使人心服从道心，两者合一，达到封建道德修养的极顶。但是，这一修养方法说起来容易做起来难，即便朱熹本人也从来不曾身体力行去实践过。结果，真传心诀又成为一种空洞的理想，理学大师的说教变成白日梦呓："一有聪明睿智能尽其性者出于其间，则天必命之以为亿兆之君师，使之治而教之，以复其性，此伏羲神农黄帝尧舜所以继天立极。"②而这一席话却又暴露了这位理学大师还未完全逃出功利圈：圣人之道难道只能归到帝王之业上去才算功德圆满?

朱熹的超凡入圣之道在现实中行不通，后人甚至更有将南宋灭亡归罪理学盛行的说法，所以朱熹虽然是伟大的思想家，却是

---

① 《通书·圣学》。
② 《大学章句》。

理论和实践都不行，超脱和事功两不济。明代创出个王学，不像朱熹那样去假求外物，穷理明性，而专意从自己内心花功夫。王守仁不无得意地说："杀人须就咽喉上著刀；吾人为学，当从心髓入微处用力。"①很有点独得要秘正道的味道。但是，追查一下王守仁觉悟的转捩点，竟也和向咽喉上砍刀一样鲜血淋淋。当他双手沾满反抗者的鲜血以后，他感到"破山中贼易，破心中贼难"。②光靠圣人治而教之并不能恢复一个太平世界，只有让圣人钻进每个人的心里去才能根绝一切反抗暴动。于是，他大唱起"个个人心有仲尼"，"人人有个作圣之路"，在超凡入圣这条路上的每一个普通老百姓都可以享受公平。他说："良知良能，愚夫愚妇与圣人同；但圣人能致其良知，而愚夫愚妇不能致，此圣愚之所由分也。"③在他看来，中国的社会坏得很，不平等的地方太多，要改革的东西也不少，老百姓性子一急，就不肯耐心地等待圣人复出，天下太平，而要自己解放自己，揭竿而起，占山做贼，"杀尽不平方太平"了。而他王守仁现在给了老百姓一个希望，原来普通百姓也有圣人同样的良知良能，不必自甘堕落，做贼做盗，而可以去致其良知，超凡入圣。清代唐甄说："自良知之说出，使天下之蒙昧其心者，于是求之。如旅夜行，目无所见，不辨东西；鸡再号，顾望一方，微有爽色，而知日之出于是

---

① 《王文成公全书·与黄宗贤》。

② 《王文成公全书·与杨仕德薛尚谦书》。

③ 《王文成公全书·传习录》。

263

也。爽色者，日之见端也；良知者，心之见端也。执此致之，直而无曲，显而无隐，如行九轨之途，更无他歧。故曰'人皆可以为尧舜'。人皆可以为尧舜者，人皆可以明心也。仲尼以忠恕立教，如辟茅成路；阳明子以良知辅教，如引迷就路。"①王守仁的引迷就路其实只是他破心中贼的一种试验，用入圣的希望去代替作乱的念头，实际上正是一种价值观念的替换。

让平民百姓都去争取当圣人，实际上等于要每个人都和自己去做对头。斗一下自己的私心杂念当然值得提倡，但你真要做圣人，那路程恐怕实在不会短。王守仁的嫡派弟子邹守益认为凡人入圣，"戒慎恐惧"是第一要诀。你想成为圣人，就得时时"如临深渊，如履薄冰，所以保其精明之不使纤尘或萦之也"。②让自己无时无刻不在恐惧中，自然不会再有什么心思去造反了。

圣人从宫殿庙堂走入寻常巷陌，实在是把知识分子自己设立的最高价值理想变成引导人们循规蹈矩、安分守命的诱饵。王守仁的学生中有部分人特别注重这种"平民教育"，将"人皆可为圣人"的香饵撒到社会下层的苦难百姓中去。如果就此认为他们是一心想做统治者的帮凶，欺骗人民，那实在也不公平。但是，"人皆可为圣人"的观念一旦深入人心，对高高在上的统治者肯定是有利的。明隆庆年间，兴化县遭水灾，"田庐俱没，人心滔滔思乱"。县令请当地一个著名的理学家韩贞去感化说服乱民。

---

① 《潜书·法王》。
② 《东廓邹先生文集·九华山阳明书院记》。

韩贞驾小舟，遍历乡村，作诗一首进行劝喻："养生活计细商量，切勿粗心错主张。鱼不忍饥钩上死，鸟因贪食网中亡。安贫颜子声名远，饿死伯夷姓字香。去食去兵留信在，男儿到此立纲常。"结果，万民为之感，"虽卖妻卖女，而邑中无萑苻之惊"。[①]可见，圣贤之说有时候还真会比加之以刀刃要灵呢！

从另一方面来看，"人皆可为圣人"又导出了和封建等级观念完全背离的平等思想。这恐怕也是近代维新思想家康有为喜欢利用圣人之道的原因之一。他的《中庸注》对此的论述是"人人性善，文王亦不过性善，故文王与人平等相同……凡人亦可自立为圣人"，"人人既是天生，则直录于天，人人皆独立而平等"。西方资产阶级的"天赋人权"思想竟然通过宋明理学的一个论点得以在中国成立，惟其得以成立的同时，也被阉割得只剩一个空洞的道德意义。天赋予每个普通人的平等权利难道只能是自贻伊戚的入圣希望吗？

在中国，人人以圣人作榜样，以圣人思想左右自己的思想，对社会秩序的安定作用极其重大。圣人不是神，圣人之道也不是宗教，但他却能一统中国人心，给人人心中套上一道精神枷锁。这种中国式的"宗教社会化"，不似宗教，胜似宗教，常常起到了宗教所无法代替的作用。无论是中国土生土长的道教，还是外国传入的佛教、祆教、基督教，都曾经成为下层人民反抗暴虐统

---

① 《韩乐吾集·韩乐吾先生行略》。

265

治的思想武器，而圣人之道却从来不曾成为反叛者的武器。

帝王思想的价值追求

"做了宰相望诸侯，做了诸侯望皇帝"，这是一句中国民间讽刺贪心不足者的谚语。皇帝在中国封建社会是凌驾一切之上的第一人，如果讲立志，那么，想做皇帝可就是最大的志，大得稍有泄漏便会遭来杀身之祸，因为在位的皇帝绝不能容忍他的臣民中有谁想对他取而代之。然而，作为一种价值追求的目标，"皇帝"也实在是太诱人了：皇族后裔会为之互相残杀，如南朝宋武帝刘裕的子孙为了夺皇位，"九子，四十余孙，六七十曾孙，死于非命者十之七八"。①权臣会策划阴谋，如王莽篡汉；甚至稍有军队武力便会想入非非，做起帝王梦来。曹操曾说："设使国家无有孤，不知当几人称帝，几人称王。"②曹操的军事胜利打破了当时许多军阀的美梦，但他自己也没逃脱图谋篡位的干系。有趣的是明朝有个太监叫曹吉祥，因发动夺门之变，拥英宗复辟有功，升司礼太监，总督三大营，权势猛涨。他的嗣子曹钦任都督，封昭武伯，便一心想做皇帝。有一次他问门客说："古有宦官子弟为天子者乎？"门客回答："君家魏武其人也。"③一个太监的养子，

---

① 《二十二史札记·宋子孙屠戮之惨》。

② 《三国志·魏书·武帝纪》。

③ 《明史·曹吉祥传》。

因养父有了大权，便萌发做皇帝的大志。实在不是他想入非非，而是无法抵御权力的诱惑。

想做皇帝的并不单单是贵族官僚军阀，连下层百姓中也不乏其例。陈胜还辍耕垄上时便有鸿鹄之志，他的志用"王侯将相宁有种乎"来注释，无非是想有朝一日当帝王。从陈胜、吴广造反到太平天国起义，充满着各式被压迫者的帝王梦。刘邦、朱元璋等梦想成真，便编造出真命天子的谎话来粉饰；李自成、洪秀全功亏一篑，却惹来后人指责他们不该急于想当皇帝。例如孙中山先生说："洪秀全当时在广西起来，打过湖南、湖北、江西、安徽，建都南京，满清天下大半为他们所有。但是太平天国何以终归失败呢？……依我的观察……最大的原因，是他们那一班人到了南京，就互争皇帝，闭起门来大相残杀。第一杨秀清和洪秀全争权，洪秀全既做了皇帝，杨秀清也想做皇帝……因为发生做皇帝的内乱，韦昌辉便杀了杨秀清，消灭他的军队。韦昌辉把杨秀清杀了之后，也专横起来，又和洪秀全争权。后来大家把韦昌辉消灭。当时石达开听见南京发生了内乱，便从江西赶到南京，想去排解，后来见事无可为，并且自己也被人猜疑，都说他也想做皇帝，他就逃出南京，把军队带到四川，不久也被清兵消灭。……太平天国的势力便因此大衰。……所以那种失败，完全是由于大家想做皇帝。"[1]

---

[1] 《民权主义》，第一讲。

农民领袖会不会不想做皇帝？有没有不想做皇帝的造反首领？翻遍史籍，恐怕难以找到。既然根本难以逃脱帝王思想的控制，那么，失败就成了必然：做成皇帝，变成封建统治者是失败；做不成皇帝，壮烈牺牲也是失败。对于下层人民来说，这简直是一个诱人的毒果。其实，想做皇帝常常比当成皇帝有意思得多。刘邦大功告成，做了汉朝皇帝，但他似乎并没有感到做皇帝的幸福，直到两年后，叔孙通给他搞了个隆重的朝仪，方使他略有体会，说："吾乃今日知为皇帝之贵也。"①赵匡胤通过陈桥兵变，黄袍加身，当上宋太祖。但却一直心神不宁，雪夜访赵普，才定下收兵权之计。"与故人石守信、王审琦饮酒，帝屏左右谓曰：'吾资尔曹之力多矣，念尔之功不忘。然为天子亦大艰难，殊不若为节度使之乐，吾今终夕未尝敢安枕而卧也。'守信等问其故，帝曰：'此岂难知。所谓天位者，众欲居之尔。'"②宋太祖的这番话，目的是要逼手下大将交出兵权，手段不可谓不奸诈，但话中所说，却句句是真情，做大家都想一争的天子确实太艰难了，个中滋味只有自己才知道啊！

或许正因为皇帝不是好做的，历史上拥立皇帝的人常常比被拥立的皇帝还要起劲。史书载后周那次兵变经过："时主少国疑，中外密有推戴匡胤之意……是夕，次陈桥驿。将士相聚谋曰：'主上幼弱，吾辈出死力破敌，谁则知之！不如先册点检为天子，

---

① 《史记·刘敬叔孙通列传》。

② 《邵氏闻见录》，卷一。

然后北征，未晚也。'……甲辰黎明，将士逼匡胤寝所，匡义、赵普入帐中白之。匡胤时被酒卧，欠伸徐起，将校已露刃列庭，曰：'诸将无主，愿册太尉为皇帝。'匡胤未及对，黄袍已加身矣。众即罗拜呼万岁，掖之上马，还汴。匡胤揽辔曰：'汝等贪富贵立我，能从我命则可，不然，我不能为若主矣。'"①史书记载虽然为尊者讳，尽量替宋太祖掩饰去一些篡位野心，但周围的谋士兵将为贪富贵，拥立之心比赵匡胤更迫切，大概也是不错的。东汉刘秀在坐上皇帝宝座前也有一番犹豫，《资治通鉴》卷四十对此有过一段记载："还至中山，诸将复上尊号；王又不听，行到南平棘，诸将复固请之，王不许。诸将且出，耿纯进曰：'天下士大夫，捐亲戚，弃土壤，从大王于矢石之间者，其计固望攀龙鳞、附凤翼，以成其所志耳。今大王留时逆众，不正号位，纯恐士大夫望绝计穷，则有去归之思，无为久自苦也。大众一散，难可复合。'"在此可以活生生地看到那些起劲拥立者的心思。

"伴君如伴虎"，这句话固然反映皇帝操臣下的生杀大权，做臣下的时时处于危险之中，不会是令人愉快的事。然而，做了皇帝被人视为吃人的野兽来防范、驯化或欺骗，那不能不说也是一种悲哀。宋代庆历年间富弼和范仲淹因如何处罚弃城官员发生争执，富弼嘲笑范仲淹主张宽刑是"欲作佛"，范仲淹回答说："主上富于春秋，吾辈辅导当以德，若使人主轻于杀人，则吾辈亦将

---

① 《宋史纪事本末·太祖代周》。

269

以不容矣。"①富弼叹服。宋代专制集权比前代大为增强，人们对皇帝的戒心也更大。程颐在哲宗时当崇政殿说书，"每进讲，色甚庄，继以讽谏。闻帝在宫中盥而避蚁，问：'有是乎?'帝曰：'然，诚恐伤之耳。'颐曰：'推此心以及四海，帝王之要道也。'帝尝凭槛偶折柳枝，颐正色曰：'方春时和，万物发生，不当轻有所折，以伤天地之和。'"②避蚁、折柳这些小事，都被理学家提高到王道天理来评议，皇帝要有十二万分的耐心受教，实在是不好当啊！宋明理学讲天理人欲，改造帝王是他们的重要目标。明代马文升有一本《题为正心谨始以隆继述事疏》，专门教训皇帝。他说："切惟人君之要莫大乎谨始，谨始之要，莫先于正心，而正心之要，又在主乎敬焉尔。若敬有不存，则心放，心放则德不谨，而万事俱不立矣，何望其凝天命，得人心，保大业，而隆治道也哉。"③天晓得有几个皇帝能遵守此道！

大臣、学者希望帝王养成高尚情操，而帝王在外界的重压下，结果往往却是走向反面，甚至一心追求低级乐趣。西汉"成帝厌高美之尊号，好匹夫之卑字，崇聚剽轻无义小人以为私客，晨夜与群小相随，乌集杂会，饮醉吏民之家，乱服共坐，流湎媟嫚，溷淆无别，黾勉遁乐，昼夜在路。典门户奉宿卫之臣执干戈

---

① 《麈史·忠谠》。

② 《宋史纪事本末·洛蜀党议》。

③ 《明纪世文编》，卷六十二。

270

而守空宫，公卿百僚不知成帝所在，积数年矣"。①东汉灵帝也"列肆于后宫，使诸采女贩卖，更相盗窃争斗，帝着商估服，饮宴为乐"。②唐代"僖宗皇帝好蹴球、斗鸡为乐。自以能于步打，谓俳优石野猪曰：'朕若作步打进士，亦合得一状元。'野猪对曰：'或遇尧舜禹汤作礼部侍郎，陛下不免且落第。'"③明代武宗更为出格，不但"令内侍出所储摊门，身衣估人衣，戴瓜拉，自宝和至宝延凡六店，历与贸易，持簿算，喧询不相下，别令作市正调和之。拥至廊下家，廊下家者，中官住永巷卖酒家也。筝篆琵琶嘈嘈然，坐当垆妇于其中，杂出牵衣，蜂簇而入，薅茶之顷，周历诸家；凡市戏跳猿鹢马斗鸡逐犬，所至环集，且实宫人于勾栏，扮演侑酒，醉即宿其处，如是累日"。他迷恋下层市井生活，而且嗜武成癖，皇帝的尊号不用，自己封自己一个"威武大将军太师镇国公"。④在他看来，宫内生活远远不及市井之乐，皇帝之位甚至还不如将军之职。封建社会中，各种争斗大抵是权力的争斗，皇帝居于权力的顶峰，是权力价值的最高表现，但身为帝王者，对之却往往以两种极端形式表现出来：或是为所欲为，滥用权力，或是并不看重，甚至厌恶。深究其因，无非是"高处不胜寒"，在权力之巅的人怎么会不感到这种权力剥夺了他

---

① 《汉书·谷永传》。
② 《后汉书·灵帝纪》。
③ 《北梦琐言》，卷一。
④ 《明武宗外纪》。

应有的正常人生活乐趣所带来的厌烦，以及时时如影随形的威胁或危机呢？

大众价值观导向

古代中国是一个等级社会，社会中各阶级、阶层所处的政治、经济、文化地位差异很大，价值观念其实也不可能守之如一。然而，它们之间总存在着许多共性的东西，而且必定会有一个阶级或阶层所持有的价值观念成为社会价值观念的主导，对其他各阶层人的思想和行为起着影响和制约的作用。

《尚书·周书》中的《梓材》是周公怕康叔年少治不好国而作的一段告诫文字。最后有这样几句话："皇天既付中国民越厥疆土于先王，肆王惟德用，和怿先后迷民，用怿先王受命。"译成白话即：上天既然把中国的人民和疆土交付给我们周朝先王，现在的王就必须依照德去行事，教导迷民使他们和睦喜悦，以完成先王所受的使命。在周公这位大圣人眼里，人民是一群迷民，他们不知自己的追求，不明白自己真正的好恶，没有自己的价值判断，无法完成自我独立的选择，因此，君王教导这批迷民，像引导迷途的羔羊返回归途，沿着先王开辟的道路前进就成为一项义不容辞的责任。

对民众价值观念的诱导，在先秦已经受到相当普遍的注意。《易·兑彖》说："'兑'，说也。刚中而柔外，说以'利贞'，是以顺乎天而应乎人。说以先民，民忘其劳。说以犯难，民忘其死。'说'之大，民劝矣哉!"（"兑"通"说"，即"悦"）这个兑卦所讲的其实就是如何引导民众喜怒爱好的哲理。它的奥秘在于：如果你要想达到目的，不要强迫人民去为你实现，而是把这一目标变成能令人民所喜悦的、渴望追求的东西。这种可称为"悦民之道"的方法，正是一种价值观念的引导，它外柔而内刚，既完全体现了统治者的愿望，又顺天应人，毫无勉强威逼。用悦民之道导民争先出力，人民会忘记自己的疲劳，用悦民之道驱民攻关履险，人民会忘记自己的死亡。所以，这种方法是治理人民最最理想的上策，它可以使人民自觉地振奋起来，为实现自己的价值理想（实际上是统治者诱导出来的符合统治利益的价值观）而舍生忘死地拼搏。

如果我们的先人能一直恪守这些古训，世界的事情也许就会变得十分简单。但历史绝不可能如此简单地行进。中国的历代统治者可能从没有忘记悦民之道的重要，但真正能够实施悦民之道的，为数实在是寥寥无几。孟子说："上有好者，下必有甚焉者焉。"[1]历代帝王所好的是挥霍享乐、奢侈浪费，如果将这种追求也变为全国普遍的追求，那亡国指日可待了。晏子曾指责齐景公说："今君税敛重，故民心离；市买悖，故商旅绝；玩好充，故家货殚。积邪在于上，蓄怨藏于民，嗜欲备于侧，毁非满于国。"[2]一个国家

①　《孟子·滕文公上》。
②　《晏子春秋》。

搞成这样，还有什么悦民之道能为民导向？

其实，作为一个封建国家，即便是组织正常的财政，也很难起到悦民之道的作用。汉武帝时桑弘羊这个大理财家为武帝的文治武功打下了扎实的经济基础。他的财经政策虽然巧妙，使"民不益赋而天下用饶"，[①]但是，对社会价值观念却起了一个负向引导的作用。这个负向是相对于统治者意愿或者说是古代圣贤总结出来的最佳引导方向而言的。这种背道而驰的结果给古代社会带来的严重后果是无法估量的，由是，桑弘羊在死后的千百年中一直受到抨击和辱骂。诚如当时的贤良文学们所批评的那样："治人之道，防淫佚之原，广道德之端，抑末利而开仁义，毋示以利，然后教化可兴，而风俗可移也。今郡国有盐铁、酒榷、均输，与民争利。散敦厚之朴，成贪鄙之化。是以百姓就本者寡，趋末者众。夫文繁则质衰，末盛则本亏。末修则民淫，本修则民悫（"悫"即诚朴）。民悫则财用足，民侈则饥寒生。"[②]政府率先争利必然导致民众争利，"示民以利，则民俗薄。俗薄则背义而趋利，趋利则百姓交于道而接于市。"想象一下，两千年前的汉朝曾经也出现过一个全民经商的闹剧，不能不令人感到好笑同时也感到吃惊。几年前的全民经商似乎是现代中国人价值观念的一次大裂变，其实只是古影的回光返现。如果再往深层思考，谁能不为我们传统价值观念的顽强延续和巨能不竭感到震惊和恐惧呢？

---

① 《史记·平准书》。
② 《盐铁论·本议》。

对统治集团侈靡仿效的，首先是社会上的富裕阶层。汉昭帝时，社会消费习俗大变。在穿着上，"今富者缛绣罗纨，中者素绨冰锦。常民而被后妃之服，亵人而居婚姻之饰。"在饮食上，"今民间酒食，殽旅重叠，燔炙满案，臑鳖脍鲤，麑卵鹑鷃橙枸，鲐鳢醢醯，众物杂味。"在日用上，"今富者黼绣帷幄，涂屏错跗。中者锦绨高张，采画丹漆。"显然是一幅超前消费的景象。随着生活水平的超前，厚葬之风也刮起来："今生不能致其爱敬，死以奢侈相高；虽无哀戚之心，而厚葬重币者则称以为孝，显名立于世，光荣著于俗。故黎民相慕效，至于发屋卖业。"风气所到，一般老百姓弄得死人也死不起。东汉时长安城中有一首歌谣："城中好高髻，四方高一尺，城中好广眉，四方且半额。城中好大袖，四方全匹帛。"①这种审美价值观上的递增效应实际上在其他方面也同样发生，从而形成一种强大的压力，对于封建秩序是一种极其严重的威胁。宋代吕祖谦说："见倚于市门者，得帛于一笑之顷，则回视蚕妇数月之劳不胜其迟矣；见坐贾区者，得粟于一日之间，则回视农夫终岁之劳不胜其迟矣。"②付出劳动的强弱与获取收益的多寡反差如此强烈，能对一般织妇农夫不产生影响？顾炎武在《天下郡国利病书》中收录了一篇《歙县风土论》，文中将明代歙县社会盛衰变化分为四个阶段：在弘治以前，当地"家给人足，居则有室，佃则有田，薪则有山，艺则有圃。

① 《后汉书·马援传》。
② 《东莱博议·宋人围曹》。

275

催科不扰，盗贼不生，婚媾依时，闾阎安堵。妇人纺织，男子桑蓬，臧获服劳，比邻敦睦。……诈伪未萌，讦争未起，纷华未染，靡汰未臻。"到了正德末、嘉靖初，情形就不同了。其时"商贾既多，土田不重；操赀交接，起落不常。能者方成，拙者乃毁；东家已富，西家自贫。高下失均，锱铢共竞；互相凌辱，各自张皇。于是诈伪萌矣，讦争起矣，纷华染矣，靡汰臻矣。"到嘉靖末、隆庆间，"末富居多，本富益少；富者愈富，贫者愈贫。……贸易纷纭，诛求刻核；奸豪变乱，巨猾侵侔"。到万历末，局面一发不可收拾，"金令司天，钱神卓地；贪婪罔极，骨肉相残，受身于享，不堪暴殄；因又作扳，靡有落止"。社会风气败坏到了无以复加的地步。

明中叶以后，随着商品经济的发展，对封建等级社会的各个方面都产生了最为猛烈的冲击。金钱日益成为主宰社会的力量和衡量人的价值的砝码。任何行政命令或儒学说教都比不过金钱的诱惑和驱动。旧的价值观念不断出现裂痕，价值天平向物质财富的掠夺与占有方面猛烈倾斜，不顾一切追逐财富的已不单单是那些商贾贩客，卷入这个致富的旋涡中的是整个社会！尽管绝大部分人根本发不了财，甚至只会变得更穷更苦更惨，但是他们可以永远抱着发财的希望：希望飞来横财，希望行善得报，希望儿孙富贵。他们更有羡慕、赞叹、评论他人发财或落魄的权利，使自己精神上得到一丝安慰和满足。"凡是商人归家，外而宗族朋友，内而妻妾家属，只看你所得归来的利息多少为重轻。得利多的，尽皆爱敬趋奉；得利少的，尽皆轻薄鄙笑。犹如读书求名的中与不中归来的光景一般。"①这虽是小说中的描写，却和那本著名的《金瓶梅词话》所刻画的图景一样，让我们看到了这个物欲横流社会的缩影。

面对大众价值观念的大滑坡，那批正在孜孜不倦地探索和追求人生永恒价值的理学家中也出现了不小的骚动，离经叛道者层出不穷。李贽是这方面的代表。他从大众价值观的变化反思到儒家传统的迂腐和虚伪："自朝至暮，自有知识以至今日，均之耕田而求食，买地而求种，架屋而求安，读书而求科第，居官而求尊显，博求风水以求福荫子孙。种种日用，皆为自己身家计虑，无一厘为人谋者。及乎开口谈学，便说尔为自己，我为他人；尔为自私，我欲利他；我怜东家之饥矣，又思西家之寒难可忍也；某等肯上门教人矣，是孔孟之志也，某等不肯会人，是自私自利之徒也；其行虽不谨，而肯与人为善，某等行虽端谨，而好似佛法害人。以此而观，所讲者未必公之所行，所行者又公之所不讲，其与言顾行、行顾言何异乎？以是为孔圣之训可乎？翻思此等，反不如市井小夫，身履是事，口便说是事，作生意者但说生意，力田作者但说力田。凿凿有味，真有德之言，令人听之忘厌倦矣。"②李贽在这段文字中所讥刺不单单是耿公一人，而是当时还死抱住迂腐虚伪的儒家说教的那批卫道士。然而李贽的呼声在

① 《二刻拍案惊奇·叠居奇程客得助》。
② 《焚书·答耿司寇》。

当时毕竟太微弱，最后连他自己也为世所不容，落得个引刀割喉自杀的悲惨结局。传统价值观念不能阻止社会下层对它的背离，却有足够的力量捍卫它自己。

价值荒与价值系统的重建

周期性的农业丰歉循环而导致的大饥荒对古代农业社会会带来后果严重乃至破坏性的大冲击。加之多数以大饥荒、大动乱为前提的周期性王朝盛衰更换，使中国历史充满了冲突、动乱和战争。然而，这些还仅仅是经济、政治上的周期变化，在对中国历史有深刻影响的文化深层结构中，是否也有同样的同期性变化呢？这种变化的表现、结果和实质又是怎样的呢？这样一个饱蕴哲学与史学内含的课题，恐怕至今尚未引起人们足够的思考和注意。

春秋末年，齐国派晏婴出使晋国，在宴会上和晋大臣叔向谈论时势。两人对自己生逢季世深感忧虑。旧的价值崩溃了，原来最显贵的家庭相继沦为皂隶，诸侯的权威也名存实亡。叔向哀叹："肸闻之，公室将卑，其宗族枝叶先落，则公从之。肸之宗十一族，唯羊舌氏在而已。肸又无子。公室无度，幸而得死，岂其获祀。"①曾经最引人自豪的宗族关系在此时将丧失其价值，叔向在迷失自己最宝贵的价值以后，无所适从，能得个善终已经是

①　《左传·昭公三年》。

他余生的最大愿望，完全放弃了其他的追求。这种价值失落或许还称不上价值荒，因为毕竟它只是发生在社会一部分人的中间，而且很快又会有新的价值可以来填补空白。不过，这种现象在春秋末年还只是个开头，随着封建社会的发展、成熟和衰落，价值荒的出现越来越频繁，周而复始的周期越来越短，发作的程度越来越加重，其后遗症也越来越难以治愈。

最为常见的价值失落是在政治动乱之后。东汉末年，中央政府腐败无能，社会正常秩序无法维持，人们的价值观念也出现了许多空白。葛洪说："汉之末世，则异于兹，蓬发乱鬓，横挟不带，或袒衣以接人，或裸袒而箕踞。朋友之集，类味之游，莫切切进德，闇闇修业。攻过弼违，讲道精义，其相见也，不复叙离阔，问安否，宾则入门而呼奴，主则望客而唤狗。其或不尔，不成亲至，而弃之不与为党。及好会，则狐蹲牛饮，争食竞割，掣拨淼折，无复廉耻。以同此者为泰，以不尔者为劣，终日无及义言，彻夜无箴规之益。诬引老庄，贵于率任，大行不顾细体，至人不拘检括，啸傲纵逸，谓之体道。"[1]那些文人名士放浪形骸、自甘堕落。一向自重自爱、端庄矜持的知识分子竟然落到如此失态的地步，难道不正是旧价值观念崩溃的表现么？

西晋以后，社会越发混乱，善恶、是非、功过、丑美——所有的价值观念——统统颠倒。《晋书·孝愍帝纪》论曰："国之将

---

① 《抱朴子·疾谬》。

279

亡，本必先颠，其此谓乎！"当时有个文人叫王沈的，作了一篇《释时论》痛砭时弊。他在文中借东野丈人之口说："今则不然。上圣下明，时隆道宁，群后逸豫，宴安守平。百辟君子，奕世相生，公门有公，卿门有卿。指秃腐骨，不简虫仁。多士丰于贵族，爵命不出闺庭。四门穆穆，绮襦是盈，仍叔之子，皆为老成。贱有常辱，贵有常荣，肉食继踵于华屋，疏饭袭迹于耨耕。谈名位者以谄媚附势，举高誉者因资而随形。至乃空嚣者以泓噌为雅量，琐慧者以浅利为枪枪，脢胎者以无检为弘旷，偻垢者以守意为坚贞，嘲哮者以粗发为高亮，韫蠢者以色厚为笃诚，淹娄者以博纳为通济，视视者以难入为凝清，拉答者有沈重之誉，嗛闪者得清剿之声，呛哼怯畏于谦让，阗茸勇敢于饕诤。斯皆寒素之死病，荣达之嘉名。凡兹流也，视其用心，察其所安，责人必急，于己恒宽。德无厚而自贵，位未高而自尊，眼罔向而远视，鼻髐胤而刺天。忌恶君子，悦媚小人，敖蔑道素，慑吁权门。心以利倾，智以势惛，姻党相扇，毁誉交纷。当局迷于所受，听采惑于所闻。京邑翼翼，群士千亿，奔集势门，求官买职，童仆阆其车乘，阍寺相其服饰，亲客阴参于靖室，疏宾徙倚于门侧。时因接见，矜厉容色，心怀内荏，外诈刚直，谭道义谓之俗生，论政刑以为鄙极。高会曲晏，惟言迁除消息，官无大小，问是谁力。"①王沈是个出身寒素的才子，因为"不能随俗沉浮，为时豪

---

① 《晋书·文苑传》。

所抑"，对社会价值评判的混乱颠倒当然是深痛恶绝的。然而，整个时代如此，个人之力又能奈其何？魏晋南北朝时期，士族的腐败已到了极点。他们丧失了作为人所必需的最基本的能力。对他们说来，文才武略、机智权谋没有丝毫价值，只要出身高门，就能享受人间一切优越的待遇。他们终日"熏衣剃面，傅粉施朱，驾长檐车，跟高齿屐，坐棋子方褥，凭斑丝隐囊，列器玩于左右，从容出入，望若神仙"。①走路要人扶，连马也不敢骑，有人听到马叫以为是虎啸。士族发展到这个地步，已经成为一个没有价值寄托的阶层，是一个真正的价值荒层次。公元584年南朝发生侯景之乱，世家大族毫无还手之力。他们"肤脆骨柔，不堪行步，体羸气弱，不耐寒暑，坐死仓猝者，往往而然"。②连自己性命也保不住，大难临头"莫不衣罗绮，怀金玉，交相枕藉，待命听终"。③战国时期，已经有深明事理的触詟劝说赵太后，讲明了"君子之泽，三世而斩"的道理。而魏晋南北朝士族的这种结局，更是从悲惨的一面论证了这个道理的永恒性。

　　曾经为全社会最为看重的门阀在动乱中失去了它的价值，然而直至唐初仍没有新的价值可以取而代之。士族的政治地位下降了，但社会崇尚门阀的遗风很快又死灰复燃。山东士族持其族望，嫁女多索聘礼，而那批有权有势的新贵们却心甘情愿地去送

①　《颜氏家训·勉学》。
②　《颜氏家训·涉务》。
③　《南史·侯景传》。

礼求婚。这种状况连文治武功的大唐天子李世民也迷惑不解、无可奈何："我不解人间何为重之。"①这些被剥夺、被抛弃的前朝遗民为什么仍会有人去抬举他们，看重他们？唐高宗时极有权势的大臣薛元超对自己亲信的一番话大概可以说明就里："吾不才，富贵过分，然平生有三恨：始不以进士擢第，不得娶五姓女，不得修国史。"②薛元超官至中书令，高宗离京曾留他辅太子监国，富贵确已到人臣之极。然而他也有人生遗憾之处，难以求得心理上的平衡——对没有能与高门大族缔姻一直耿耿于怀。然而，门阀的吃香在其实际价值，即靠门阀做官发财的功能已经消退之后，竟仍然能延续久长，实在是很耐人寻味的。唐高宗时，中央明令禁止新贵以钱财向旧士族买婚，结果适得其反，旧士族"禁婚嫁，益自贵"，"潜相聘娶，天子不能禁"。③甚至到唐文宗时，崇尚门阀的风气还是有增无已，以至连大唐天子也不得不感叹说："民间修婚姻，不计官品，而上阀阅，我家二百年天子，顾不及崔卢。"④

在魏晋南北朝，门阀制度发展到了鼎盛阶段，所谓的"下品无高门，上品无贱族"，充分体现了门阀的绝对价值。然而，正是在这一时期，由于门阀士族本身的腐败，庶族寒人反倒利用以

---

① 《旧唐书·高士廉传》。
② 《隋唐嘉话》（中）。
③ 《新唐书·高俭传》。
④ 《新唐书·杜兼传》。

前不可能出现的时机，一步步掌握了军政实权。以致最后世家大族丧失了政治上的权力，完全成了一种摆设。不过，我们也要看到，宋齐梁陈各朝寒人出身的皇帝及权臣在掌权以后，也还都要借用士族这块牌子，作为合法政权的标志，门阀本身的实际价值逐渐丧失，士族的价值观念崩溃，导致的是以自甘颓废丧气，自甘沉沦为表象的价值荒。而门阀的另一种价值——作为一种传统和荣誉——在以后的数百年中却越来越被人看重。可见在注重传统的中国社会，"金不换"的牌子是很难更换的，哪怕只是徒有虚名！

在中国，与实际利益紧密相连的价值往往不能长久，而脱离实际的精神价值却百劫不衰。和古代重义轻利的价值观相反的商贾市民中重利的价值观念一直存在。但是，这种价值观一直受到正统的重义轻利价值观的抨击和制约。一方面，商贾即使逐利于市也讲信讲义。明清商人势力大大膨胀，而打出重义旗号的商人尤为突出。他们提出"士商异术而同心"的口号："故善商者处财货之场而修高明之行，是故虽利而不污。善士者引先王之经，而绝货利之径，是故必名而有成。故利以义制，名以清修，各守其业。天之鉴也如此，则子孙必昌，身安而家肥矣。"[1]另一方面，商贾如果一味重利，在中国社会是没有出路的，最后终不免失去目标。结果，社会上最富有的商贾阶层在价值追求上却最贫乏。

---

[1] 《空同先生集·明故王文显墓志铭》。

清代盐商财发得太大，"竞尚奢靡，无论婚嫁丧葬之事，凡宫室、饮食、衣服、舆马之所费，辄数十万金。有欲以万金一时费去者，买金箔从金山寺塔向风扬去，顷刻而散；又有以三千金尽买苏州不倒翁，倾于水中，水道为之塞者；有喜美貌者，自司阍以至灶婢，皆选十数龄清秀之辈；或反之而尽用奇丑者，自镜之以为不称，毁其面，以酱敷之，暴于日中；有好大者，以铜为溺器，高五六尺，夜欲溺，起就之。一时争奇斗异，不可胜计"。①就社会总体而言，走到这样极端的人毕竟是少数，然而追求物质财富到了一定程度，在中国这样一种环境里，最后也只能走上这种豪侈之路。财富的追求者变成为财富的破坏者，物质价值对他们突然失去了意义。沙三是清代苏州巨富，几年中将财产挥霍殆尽。妻子见他不可救药，分家离去。后沙三贫困至极，衣食不给，妻子要接他去。他说："吾手挥十万金，不数载辄尽，今乃仰食于儿女子耶？"甘心过贫贱生活，有钱就喝光，一图醉饱。苏州地方官想以他作反面教员，警戒世人，叫他参加端午舟会，好出出他的丑，谁知他大乐，自己写了一副对联："借景玩龙舟，不履不衫，三少爷及时行乐；回头看虎阜，是真是假，大老官触目伤心。"②沙三可以说是个与传统价值观念完全背道而驰的家伙，背叛的结果是使自己陷入绝境，然而，正是因为价值荒导致的绝境使他一下子变得超脱，忽然达到了中国传统价值观念中的最高

---

① 《清稗类钞·豪侈》。
② 《清稗类钞·豪侈》。

境界。沙三的历程与儒家宗师、理学大家的修身养心完全不同，但最终却殊途同归，这难道不是只有在传统中国社会才会出现的奇迹吗？

财产所有权关系的影响

中国传统价值观念中重传统，重道德，重精神的倾向的形成和中国古代特有的经济状态关系十分密切，其中，财产所有权的位置举足轻重，对价值观念的变化、定型起着决定性的作用。

私人财产所有权的不明确、不完善是中国封建社会中的原始社会残余。由于中国没有经过充分发展的奴隶社会，原始公社的分配原则和方式对封建经济影响特别深。从战国到清代，一直都有人不断地提出要恢复古老的井田制，因为井田制中的土地公有，各家分种和地主制中的土地国有，私人占用有相通之处。原始公有制下的公共财物到后期成为氏族首领侵吞的对象，公有经济利益首先和权力结合起来。封建经济仍以公有经济作为招牌，但这个公有实质上是以皇帝为首的一小撮封建统治者的私有，而且封建公有经济和权力的结合实际上变得更加紧密。明末清初的启蒙思想家黄宗羲看到了这一点："后之为人君者不然，以为天下之利害之权皆出于我，我以天下之利尽归于己，以天下之害尽归于人，亦无不可；使天下之人不敢自私，不敢自利，以我之大私为天下之大公。始而惭焉，久而安焉，视天下为莫大产业，传之子孙，受享无穷。"①

如果仅从"普天之下，莫非王土"这句笼统的诗句，或从皇帝有权随时褫夺臣民的财产生命上来理解，天下大公为皇帝一人之大私是有道理的。但是实际上皇帝对普天之下的土地财产并没有切实的支配权，"莫非王土"只是名义上的归属。汉代皇帝能直接支配使用的只有"私奉养"这一部分，即"山川园地市肆租税之入，自天子以至封君汤沐邑，皆各为私奉养，不领于天下之经费"。②帝室私有财政由少府掌管，"供养劳赐，壹出少府，盖不以本藏给末用，不以民力供浮费，别公私示正路也"。③此时皇帝的大私与国家大公之间的区别是十分明显的。当然，间接地讲国家财产也受皇帝控制，但有了这种区别，对皇帝的所有权终归是一种限制。明代皇庄盛行，皇庄的出现与其说是对皇室土地所有权的强调，不如说是对"普天之下，莫非王土"信念的动摇。因而，有大臣上疏指出："街谈巷议，咸谓四海之内，莫非王土，何独以此之谓皇庄？臣等窃闻外议如此，恐不足为圣德之光。"④皇帝不满足空有最高所有权的虚名，要实际掌握一部分土地，便使他的那些信奉古训的臣民们要大惑不解了。

明代是专制皇权空前强化的时期，但其时皇帝的财产所有权

---

① 《明夷待访录·原君》。
② 《史记·平准书》。
③ 《汉书·毋将隆传》。
④ 《明经世文编》，卷四十八。

却明显削弱。对中国社会情势熟谙的传教士利玛窦说："我已做过彻底的调查研究，可以肯定下述情况是确凿无疑的，那就是：皇帝无权封任何人的官或增加任何人的赐钱，或增大其权力，除非根据某个大臣提出的要求这样做。然而，不应由此得出结论说，皇帝凭自己的权威就不能对他家族有关的人进行赏赐。……皇帝所做的这类赠礼也由他个人财产中而不能从公款中提取。"①利玛窦的叙述是符合明代实际状况的，皇帝名义上拥有全国的一切，而实际上很大部分已被官僚集团所掌握，官僚集团并不特指某个或某几个大官僚，而是指始终处于一人之下万人之上的那股特权势力。

封建权力和经济利益财产所有权的结合主要由官僚来实现，这是封建公有制的特点。由于权力转移的经常，财产所有权也不可能牢固地掌握在某个私人手里。汉高祖时代的丞相萧何就已经洞察这层变化关系，他"置田宅必居穷处，为家不治垣屋。曰：'后世贤，师吾俭；不贤，毋为势家所夺。'"②失权失势也就失去了保护自己财产所有权的能力，这是封建社会的铁的规律。明代"士一登乡举，辄受投献为富人"，③"一登仕籍，此辈（指奴仆）竞来门下，谓之投靠，多者亦至千人"。④一挤入官僚阶层，土地

---

① 《利玛窦中国札记》，第一卷，第六章。
② 《史记·萧相国世家》。
③ 《海瑞集·海忠介公传》。
④ 《日知录·奴仆》。

奴仆不招自来。同样，一旦失势，所有的土地财产奴仆统统充公没收。有个皇帝把一些拼命收刮、广积财富的贪官称为"朕之外库"，听起来像是玩笑话，其实是充满了血腥气的大实话。因为只要皇帝愿意，随时随地可以夺去臣下对自己财产的所有权。明代张居正死后，受过他气的人向万历皇帝说张家积财很多，"其宝藏逾天府"，比皇帝还多，"帝心动"。后来，"帝疑居正多蓄，益心艳之"，下令查抄，"得黄金万两，白银十余万两"。①在中国封建社会，像这种大臣失势后被抄家的事例不胜枚举。

官场沉浮和财产消长的连带关系是那样紧密，不能不引起人们的反思。然而反思的结果，往往又回归到我们在前面"公与私"中所讨论过的重义轻利的价值观。明代有一册书叫《天水冰山录》，记录了严嵩被籍没资产，金银珠玉、异宝奇珍、寻常玩好、服物、田房之类不计其数。清人赵怀玉为之作序，序中评论说："人即富贵，同此耳目口鼻之具而已。方丈之供，餍饫不过果腹；万间之厦，偃仰不过容膝。不能日食百牢、身衣千袭也；不能夏兼进炉、冬兼奏扇也。而顾昼夜孳孳干没不已者，特夸多斗靡务快一时心志，以为不若是，则权不足以胁人，富不足以甲众。"沈志雍在该书的跋中说："儒者立身，莫先于义利之辨。……是以居家为寒士，出仕为廉官，往往身苦而家穷；小人之心，人欲锢蔽，天理昏昧，知有利而已，不知有义也，是以居家为豪绅，出

---

① 《明史·张居正传》。

仕为贪吏，往往身荣而家富。究之为寒士为廉官者，清风峻业，泽被天下，名垂万古，向之所谓身荣家富者，曾几何时，而已身戮家籍矣。嗟夫！天理未尝言利而有利如此，人欲终日求利而不利如此，此君子所以不以利为利，而以义为利也。观耕石斋一卷《冰山》之录，士君子慎勿纵欲，而以利为利也哉。"

在封建社会，官僚占有的土地财产占整个社会土地财产的大部分，从表面上看来，民间的财产所有权相对于官僚的财产所有权似乎稍为稳定一些，但实际上更缺少保障。汉末的王田，宋代的公田，明代的官地皇庄，清代的圈地，都不同程度地强夺民间田产。此外，封建政府的土地赋税政策也常常使人们被迫放弃土地所有权。宋代职役十分繁重，为了逃避此役，"至有孀母改嫁，亲族分居；或弃田与人，以免上等；或非命求死，以就单丁，规图百端，苟脱沟壑之患"。①明代徭役过重时也有同样情况发生，如嘉靖年间，"齐民困于征求，顾视田地为陷阱，是以富者缩资而趋末"。②清初统治者在江南大兴"奏销案"，凡拖欠赋税钱粮的一律严惩，"故当日多弃田而逃者，以得脱为乐，赋税之惨，未有甚于此时者也"。③田产所有权竟然成为一桩拖累，人们以摆脱这种所有权为乐，不能不说是封建政府创造的奇迹！

除了田产所有权，其他财产所有权也同样无保障。汉代武帝

---

① 《宋史·食货志》。

② 《明世宗实录》，卷五百四十五。

③ 《阅世编·赋税》。

时曾发起一场告缗，简直可以说是政府剥夺民产的杰作好戏。当时国家财政拮据，政府要人民分忧。而民间有资产者都隐匿自己的财产，不肯拿出来帮助政府渡过财政难关。于是龙颜大怒，下令告缗，凡"匿不自占，占不悉，戍边一岁，没入缗钱"，没有自报财产有罪，报不实、漏报也都有罪，而且重赏告发者，于是一场全国性检举揭发运动爆发，"中家以上大氐皆遇告"。政府"得民财物以亿计，奴婢以千万数，田大县数百顷，小县百余顷，宅亦如之"。私人所有权遭到如此蔑视与戏弄，"民偷甘食好衣，不事畜臧之业"。①逼得老百姓吃光用光，社会经济当然也为之受挫。但是，对统治者来说大功告成，目的达到。所以，后世的一些统治者也常常要弄类似的手法。王莽以五均六筦和货币改革，弄得人摇手触禁，"富者不得自保，贫者无以自存"。②和武帝的办法如出一辙，后果当然也相差无几。南朝宋文帝时军费开支太大，政府筹措不继，便要朝野臣民"各献金帛等物，以助国用"；光献不够又强借，令"杨、南徐、兖、江四州，富有之民，家赀满五千万，僧尼满二千万者，并四分换一，过此率讨，事息即还"。③名为借用，实有借无还。这是典型的无赖行径。这种行径唐代后期也多采用。"肃宗即位，遣御史郑叔清等籍江淮蜀汉富

---

① 《汉书·食货志》。
② 《汉书·食货志》。
③ 《宋书·索虏传》。

商右族訾畜，十收其二，谓之率贷。"①德宗时，"陈京请借富商钱。……行借钱令，约罢兵乃偿之，搜督甚峻，民有自经者，家若被盗然"。②清朝后期，财政陷入困境，先以劝捐官爵封典诱引富户出钱支助国用，后来财政急剧恶化，政府滥发空白官衔证书，贱价换钱，劝捐失去吸引力，政府便干脆强迫勒捐，硬派定额，非完成不可。民间怨声载道，叫苦连天，甚至出现"田产变弃，铺户关闭"③的局面。

封建社会财产所有关系的不稳定使人容易产生追求物质利益的不可靠感。清代钱泳目睹家乡一些大家族的盛衰兴亡，深有感叹："生前占尽三州利，死后空留半亩坟；堪笑世人贪益富，不知于我似浮云。"④曹雪芹在《红楼梦》第一回中所写的《好了歌》也正表达了这种富贵荣华是靠不住的思想："陋室空堂，当年笏满床；衰草枯杨，曾为歌舞场……金满箱，银满箱，转眼乞丐人皆谤；正叹他人命不长，哪知自己归来丧？……甚荒唐，到头来都是为他人作嫁衣裳。"

动荡中的稳定

在探索中国封建社会长期延续的原因时，社会价值观念方面

① 《新唐书·食货志》。
② 《文献通考·征榷考》。
③ 《王侍郎奏议·论徽州续捐局扰害折》。
④ 《登楼杂记》。

的特殊性是一个不容忽视的问题。中国传统的价值观念总是与实际价值若即若离，而那些先圣先哲、智人贤士又老是千方百计将社会理想的价值标准拔高，努力使它们超脱平凡，成为永恒。结果往往是适得其反，给中国传统的价值观注入了一种容易虚脱的病根，即在社会经济、政治发生周期性动乱的同时，社会价值观念也显示出一种周期性的痉挛。这种周期性的痉挛与经济、政治周期性动乱虽然不完全同步，但相互之间的影响是显而易见的。那么，到底是前者影响了后者，还是后者影响了前者呢？

较早觉察中国社会价值观念内在矛盾的是韩非，他在《诡使》中指出："世一治一乱者，何也？夫上之所贵与其所以为治相反也。夫立名号，所以为尊也；今有贱名轻实者，世谓之高。设爵位，所以为贱贵基也；而简上不求见者，世谓之贤。威利，所以行令也；而无利轻威者，世谓之重。法令，所以为治也；而不从法令、为私善者，世谓之忠。官爵，所以劝民也；而好名义、不进仕者，世谓之烈士。刑罚，所以擅威也；而轻法不避刑戮死亡之罪者，世谓之勇夫。……常贵其所以乱而贱其所治，是故下之所欲，常与上之所以为治相诡也。今下而听其上，上之所急也；而惊憉纯信、用心、怯言，则谓之窭；守法固，听令审，则谓之愚；敬上畏罪，则谓之怯；言时节，行中适，则谓之不肖；无二心、私心，听吏从教者，则谓之陋。难致，谓之正。难予，谓之廉。难禁，谓之齐。有令不听从，谓之勇。无利于上，谓之愿。少欲、宽惠、行德，谓之仁。重厚自尊，谓之长者。私学成群，谓之师徒。闲静安居，谓之有思。损人逐利，谓之疾。险躁佻覆，谓之智。先为人而后自为，类名号，言大本，称泛爱天下，谓之圣。言而不可用，行而乖于世者，谓之大人。贱爵禄，不挠上者，谓之杰。"这里被韩非所谴责的许多社会价值标准，在以后漫长的封建社会中相当流行乃至有重要的地位。韩非过激地迷信法治，他的主张其实并不宜在传统中国社会实行。但是因为他常能冷静地旁观中国社会，毫不留情地揭穿真相，许多问题倒被他讲得非常透彻。中国传统价值观念确实对社会具有一种致乱的潜在作用。这种作用经常地与它本该发挥的维系社会、国家、民族的基本功能相悖，以致使中国社会多乱而少变，动荡不止而大体稳定。

秦始皇采用了韩非的理论，重功利，轻仁义。只有为国家立功、作出贡献的才给予爵位田宅，享受富贵。只要能成功便不计手段，一切以利作为动力和武器。统一中国的大业，在他的谋臣计划下变成一场大规模的贿赂活动。尉缭认为用金钱收买六国豪臣，"不过亡三十万金，则诸侯可尽"。①秦王朝建立后，重功利的势头有增无已，重农抑末只是一种表面政策，骨子里唯利是从。从事畜牧业的商人乌倮牛马多得数不清，"秦始皇帝令倮比封君，以时与列臣朝请"。四川一个女商人经营矿业发了大财，"秦皇帝以为贞妇而客之，为筑女怀清台"。难怪司马迁要发出感叹："夫

---

① 《史记·秦始皇本纪》。

293

俴鄙人牧长，清穷乡寡妇，礼抗万乘，名显天下，岂非以富邪?"①从这里可以清楚地看出，秦朝价值观念较先秦有一大变，但这一大变在中国很难久存。汉人严安说："乡使秦缓其刑罚，薄赋敛，省徭役，贵仁义，贱权利，上笃厚，下智巧，变风易俗，化于海内，则世世必安矣。秦不行是风而循其故俗，为智巧权利者进，笃厚忠信者退；法严政峻，谄谀者众，日闻其美，意广心轶……"②秦的早夭和其价值观是很有关系的。

汉接秦敝，百废待举，其中最令人关注的是如何改变秦代"弃礼义，尚诈力，任刑罚"的价值取向。汉武帝以后儒家复兴，传统价值观念重新一统天下，然而也很快暴露出它致乱的潜因。班固说："自孝武兴学，公孙弘以儒相，其后蔡义、韦贤、玄成、匡衡、张禹、翟方进、孔光、平当、马宫及当子晏咸以儒宗居宰相位，服儒衣冠，传先王语，其醖藉可也，然皆持禄保位，被阿谀之讥。彼以古人之迹见绳，乌能胜其任乎!"③官僚上层在崇古求虚中变得软弱，社会上更是普遍地重名轻实，结果被王莽得逞其间，其成功正是利用了社会价值观的弱点。他"折节力行，以要名誉，宗族称孝，师友归仁"，进入官场后，"爵位益尊，节操愈谦。散舆马衣裘，赈施宾客，家无所余。所赡名士，交结将相卿大夫甚众。故在位更推荐之，游者为之谈说，虚誉隆洽，倾其

---

① 《史记·货殖列传》。
② 《史记·平津侯主父列传》。
③ 《汉书·匡张孔马传赞》。

诸父矣"。①而王莽的失败也正在其"嘉慕前圣之治，而简薄汉家法令，故多所变更，欲事事效古；美先圣制度，而不知己之不能行其事。释近趋远，所尚非务，故以高义退致废乱"。②

东汉以后，重虚名，轻实事的风气越演越甚。徐干对东汉末年朝政有尖锐的批评："自公卿大夫州牧郡守，王事不恤，宾客为务，冠盖填门，儒服塞道，饥不暇餐，倦不获已，殷殷沄沄，俾夜作昼，下及小司，列城墨绶，莫不相商以得人，自矜以下士，星言夙驾，送往迎来，亭传常满，卒吏传问，炬火夜行，阍寺不闭，把臂揽腕，扣天矢誓，推托恩好，不较轻重，文书委于官曹，系囚积于图圄，而不遑省也。详察其为也，非欲忧国恤民谋道讲德也，徒营己治私，求势逐利而已。有策名于朝，而称门生于富贵之家者，比屋有之。为之师无以教训，弟子亦不受业，然其于事也，至乎怀丈夫之容，而袭婢妾之态，或奉货而行赂，以自固结，求志属托，规图仕进，然掷目指掌，高谈大语。若此之类，言之犹可羞，而行之者不知耻。嗟呼！王教之败，乃至于斯乎？"③朝政到了如此地步，王朝不亡，更待何时？大一统的中原王朝无法维持下去了，接着三百多年的分裂和传统价值观念的致乱病灶有很大的关联。晋代陈颊指出："中华所以倾弊，四海所以土崩者，正以取才失所，先白望而后实事，浮竞驱驰，互相

---

① 《汉书·王莽传》。
② 《全后汉文·新论》。
③ 《中论》，卷下。

贡荐，言重者先显，言轻者后叙，遂相波扇，乃至凌迟。"①这真是一语中的之论，然而取才失所，还只是价值观念失偏的一部分表象。

汉族传统文化固然源远流长，光彩夺目，但其中的致乱病灶传染力也非常强。许多少数民族靠着自己的文化在边疆地区崛起，迅速强大，或与南部汉族政权对峙鼎立，或入主中原，成为中国的唯一统治者。然而，这些勇敢的民族在进入中原以后都不免被汉化。接受汉族较为先进的文化本是一种进步，但同时产生的另外一个结果则是他们原有文化和价值观念的动摇和抛弃。

十二世纪女真族的兴衰是一个很好的说明。《金史·兵志》说："金兴，用兵如神，战胜攻取，无敌当世，曾未十年遂定大业。原其成功之速，俗本鸷劲，人多沉雄，兄弟子姓才皆良将，部落保伍技皆锐兵。加之地狭产薄，无事苦耕可给衣食，有事苦战可致俘获，劳其筋骨以能寒暑，征发调遣事同一家。是故将勇而志一，兵精而力齐，一旦奋起，变弱为强，以寡制众，用是道也。"剽悍的民风和尚武精神是女真兴盛的根本。对于这点女真首领们曾经非常自豪，并十分看不起重文的宋朝。靖康元年，当金军兵临汴京城下时，这种意识尤其强烈。他们高傲地在给宋军的通牒中说："贵国太平，积有岁年。止以奢华适意，人民柔脆，不习骑射，创初设教，以不知兵之众而拒我熟练征伐强勇之士，

---

① 《晋书·陈颏传》。

望求可济，往昔无闻。"①

然而，当女真贵族在中原站稳脚跟后，情况便有了很大的变化。《金史·文艺传》说："金用武得国，无以异于辽，而一代制作能自树立唐、宋间，有非辽世所及，以文而不以武也。"看得出，《金史》的作者对金代"以文而不以武"的转变是很赞赏的，但是正是这种转变把曾经"无敌当世"的女真族政权推向灭亡。在"儒风丕变，庠序日盛，士由科第位至宰辅者接踵"的大趋势面前，女真贵族中的世袭军人价值观发生动摇。他们纷纷想弃武从文，进太学，试进士，以求升迁。太傅徒单克宁向章宗表示自己对此事的忧虑说："承平日久，今之猛安谋克其材武已不及前辈，万一有警，使谁御之？习辞艺，忘武备，于国弗便。"②金朝廷中能看到这层危机的人不少，但风气所变已不是个别人所能挽回，更有许多女真大臣竭力主张吸收先进的汉文化。进士出身的平章政事徒单镒大力推崇儒家义理道德、修身养性那一套。他说："为政之术，其急有二。一曰，正臣下之心。窃见群下不明礼义，趋利者众，何以责小民之从化哉。其用人也，德器为上，才美为下，兼之者待以不次，才下行美者次之，虽有才能，行义无取者，抑而下之，则臣下之趋向正矣。其二曰，导学者之志。……使学者皆宋经学，不惑于近习之靡，则善矣。"③提倡重

---

① 《大金吊代录》，卷一。
② 《金史·徒单克宁传》。
③ 《金史·徒单镒传》。

义轻利，重德轻才，以儒家经典为指导，凡此种种，都是导致宋王朝衰弱的原因。金朝统治者正在步宋王朝之后尘。他们"正礼乐，修刑法，定官制，典章文物粲然成一代治规"，然而"向之所谓维持巩固于久远者，徒为文具，而不得为后世子孙一日之用，金源氏从此衰矣"。①

其实，像女真政权走上这条由盛而衰的道路，实非他们所愿，然乃身不由己。对于任何入主中原的少数民族政权来说，要统治中国整块土地，要成为中原王朝的皇帝，要成为人数众多的汉族老百姓的统治者，舍弃学习与接受汉族文化之外别无选择。从两晋南北朝直到清末以来的历史证明，凡是对先进的汉民族文化采取不排斥乃至欢迎态度，以积极的姿态去吸收与融合并取得成效的少数民族政权，必然能够造就一个有利于百姓休养生息，发展生产的安定的社会环境，它自身的统治也当然可以相对稳定，持续有时。反之，则必然是民族矛盾与阶级矛盾激烈，内乱迭生，社会不稳，统治也难以维持。这是一条不移的规律。不应忽略的是在欢迎、学习和吸收一种新文化的同时，如何根据本身的条件对之加以扬弃，从而使自身获得更健康的发展。这也应是一条不移的规律。

综观中国大历史，改朝换代频繁不绝。无论是汉民族政权的更换，还是少数民族政权与汉民族政权的替代，新王朝的创建者

---

① 《金史·章宗纪》。

总能或多或少地看到旧王朝的失误，看到前朝衰世社会的各种弊病。因而，在王朝伊始，社会价值观念一般都是比较注重实际，注重才干，注重革新。可是，这种状况不会维持很久，新贵们很快厌倦了自己的追求。他们发现还是传统的东西最能够体现尊荣、舒适和快乐，因而也显得最有价值。他们希望社会永远保持在对他们最为有利的状态，整个社会重实重才重变对于他们来说是危险的，而传统的价值观念最符合他们那种希冀保住既得利益的愿望。尽管他们有时可能会意识到自己又在蹈前朝的覆辙，但是已经别无选择。

尾　语

　　曲解或者误解文化传统的精神质素，似乎往往会成为一种习惯。或者是赞美，或者是痛斥，作为对象的文化传统都成了一种模式、一种固定、一种僵化。两种态度所表现出来的民族情感在片面与狭隘方面倒是并无二致。这种心态及其派生的研究方式的发展结果则当然是被缚与自缚。也许，对于一个知识分子而言，在诸如文化、传统、价值观念这样的研究命题面前，倒会受到一场真正的考验。在这里，真正深层的思考与解析不但必要，而且必然；虚伪与粉饰不但全无市场，反而会贻笑大方。因为，研究者所面对着的研究对象——不管他是否意识到——实际上不可能不包含着他自身。正因为如此，当解剖的刀锋霍然而行时，你感受到的是一种灵魂拷问，但同时也是一种精神升华。

　　中国文化历来重生。儒家也好，道家也罢，皆以重生为本。上自万尊君主，下至布衣草民，无不图生活之安逸与生命之长寿。在一个对等级、尊卑、秩序有着异常严格规定的社会里，重生意识与民族性格负面的联系是明显易见的：对肉体生命的重视抑制了对生命本质的追求；因循守旧、唯唯诺诺、谨小慎微、得过且过……犹如灰尘一般充斥在空间。即使是自诩"以天下为己任"的知识分子（就对于知识的载负而言，他们无疑是社会中最精英的一群）也能在儒道互补——这真正是中国文化的大传统与大特色！它们既能够支托在相同境遇下不同人物的不同心境，又能够支托在不同境遇下相同人物的不同心境——中找到出路。当他们在"入世"与"出世"之间进退维谷，在"道"与"势"之间苦苦挣扎时，正是儒道互补的文化为他们提供了出路——所谓"达则兼济天下，穷则独善其身"正是最好的注脚。

我们今天研究传统价值观念，并非只是对历史作纯静态的解剖——虽然这种解剖必不可少，但它应是另一研究领域的内容——而是针对现实生活命题的动态的发掘。因此，如何扬弃，如何更新传统价值观念，就成了本书所要探讨的重点所在。历史上虽然有过不少思想家努力企图冲破传统价值观念的罗网，但由于缺少新的评判标准，不得不囿于旧的天地，以传统批判传统，从而也根本无法找到出路。其实，在价值观念的变化过程中，理论批判、文化宣传、舆论鼓动，乃至行政干预都只能起有限的促进作用，具有决定作用的因素则是经济状态的鼎新，而其中首要的是财产所有权关系的变更和发展。产权不清不明不完善是中国封建社会中的氏族公社残余，它既是封建经济长期停滞不前的原因，也是传统价值观念稳定难变的根源。传统价值观念表现出来的迂腐正在于对经济利益判断标准的模糊、混乱和颠倒，它的超脱则在于对精神文明的执着追求。

历史已经掀开了崭新的一页。1978 年以降的历史证明了中国正经历着千百年来未有之大变局。身居无可置疑将会改变国家与民族命运的激荡大变局中，我们对于传统价值观念的探究当然也就有了汇入完成国家与民族现代化指向的努力之中的意义。而要使中国成为真正意义上的世界大国与强国，传统价值观念中那种黯淡人性光辉，磨耗民族锐气的迂腐理应坚决抛弃，而那种执着精神追求，激励民族斗志的超脱，在经过时代的荡涤与改造之后则毫无疑问有继续存在和发扬光大的价值。

再版后记

本书再版之际，我们要在此感谢提供了帮助的各位朋友：

上海人民出版社社长兼总编辑王为松先生，他在就任上海书店出版社社长期间，就提出了此书再版的建议并始终予以真诚的关心。

上海书店出版社前任社长许仲毅先生，他促成了此书的再版落实，并给予了极大的鼓励。

上海书店出版社主持社务的孙瑜先生、副总编辑杨柏伟先生、编辑陈鉴先生，他们在本书修订过程中提供的支持和指正，为再版的最后完成助益良多。

华东师范大学教授杨国强先生，作为中国近代史研究的翘楚，他对于中国传统文化、传统价值观、传统道德在历史变迁之中的沿续与贯连，有高屋建瓴的深刻、独到的见解；他的赐序，是对本书的鼓励。

此次再版，距离初版已有二十年之久。回首我们亲身经历过的最近半个多世纪的历史，虽然自以为从"昏昏"的桎梏与心态中走出，又何尝敢言一定达到了"昭昭"的意识与境界？忆及当年书生意气，感慨真是何止万千！

好在自上世纪七十年代末改革开放以降，无论是悲剧抑或喜剧，历史都一定不会如以前数千年中那样循环或重演，虽然它还会有某些旧时片断的影子或回响，虽然它的步子有时还会显得蹒跚或踉跄，但它的进步却是无疑的。

再版对初版时的文字、标点错讹以及排印误差进行了纠正。如果仍有错误，责任自然在于我们。

作　者

2020 年 10 月

图书在版编目(CIP)数据

衍续与嬗代:中国传统价值观漫论/施正康,陈达
凯著.—上海:上海书店出版社,2021.1
　　ISBN 978-7-5458-1974-8

　　Ⅰ.①衍…　Ⅱ.①施…　②陈…　Ⅲ.①中华文化-文
化研究　Ⅳ.①K203

中国版本图书馆 CIP 数据核字(2020)第 216872 号

责任编辑	杨柏伟　何人越
特约编辑	陈　鉴
技术编辑	丁　多
装帧设计	郦书径

衍续与嬗代:中国传统价值观漫论

施正康　陈达凯　著

出　　版	上海书店出版社	
	（200001　上海福建中路 193 号）	
发　　行	上海人民出版社发行中心	
印　　刷	苏州市越洋印刷有限公司	
开　　本	889×1194　1/32	
印　　张	9.875	
版　　次	2021 年 1 月第 1 版	
印　　次	2021 年 1 月第 1 次印刷	
ISBN 978-7-5458-1974-8/K·387		
定　　价	48.00 元